IN SEARCH OF
ISAIAH
BERLIN
A Literary Adventure

寻找
以赛亚·伯林

思想形诸文字的探索

［英］亨利·哈代 著
王蓓 译

In Search of Isaiah Berlin
A Literary Adventure

© Henry Hardy, 2018
This translation is published by arrangement with Bloomsbury Publishing PLC.
本译著经布鲁姆斯伯里出版有限公司授权出版。

这张合影的日期是1979年6月2日，摄于牛津大学沃尔夫森学院。这也是我所知的我与伯林的唯一一张合影

牛津海丁顿屋,伯林的大部分文稿存于此处

伯林在海丁顿屋的书房

伯林海丁顿屋书房门上的人物照片

伯林1964年参加英国广播公司（BBC）访谈节目时的情形，当时正是他人生的巅峰时期

1974年夏，伯林与夫人艾琳在一起，这也是我开始与伯林合作的那一年

1985 年，伯林在万灵学院办公室

1992 年 7 月 11 日，伯林在伦敦巴比肯艺术中心与钢琴家伊莫金·库珀交谈。后者当天与科林·戴维斯和伦敦交响乐团合作演奏了莫扎特第 25 号钢琴协奏曲

1994 年，伯林与以色列小说家阿摩司·奥兹在一起

1995年，伯林在英国广播公司电视节目上接受叶礼庭采访

目　录

序言 ·· 1
导论　天才与迂夫子 ·· 5
第 1 章　开端 ··· 23

做　书

第 2 章　一项计划诞生了 ·· 39
第 3 章　关于哲学卷的信件，或名"胆怯退缩" ············ 69
第 4 章　《选集》 ··· 90
第 5 章　平凡的十年 ··· 157
第 6 章　《扭曲的人性之材》 ··· 170
第 7 章　《北方的巫师》 ··· 198
第 8 章　《现实感》 ··· 212

目 录

探索思想

第 9 章　非天使亦非疯子：伯林的人性观 …… 273
第 10 章　多元主义与宗教 …… 296
第 11 章　道德核心与人类视域 …… 366
第 12 章　结局 …… 420
第 13 章　尾声 …… 427

参考文献及题外话 …… 430

序　言

> 尾声的最后一部分充满了普通的张三李四无从理解的优秀思想。当然，用批评家们的话来说，这部分最好去之不留。所以，就当如此；只有托尔斯泰无法去之不留。他就是为了这些思想而写作这本书的。[1]
>
> ——阿诺德·本涅特（Arnold Bennett）
> 论《战争与和平》

本书结合了两类非常不同的叙述，二者都基于我与以赛亚·伯林的大量往来通信。第一类叙述是我作为伯林编辑的工作故事；第二类讲述了我们关于多元主义、宗教信仰以及人性等问题的哲学交流。如果读者仅对其中一类内容感兴趣，就可以只读这一部分而不必去读另一部分。哲学内容为第 9—11 章，几乎是完全自成一体的。我本可以遵循托尔斯泰的先例，将这些章节的内容作为本书的一个"尾声"，然而这两条线索是交织在一起的，正是由于我对伯林思想的回应才激励我从事编辑其作品的工作。我不想隐瞒这一事实，不过我确实将有关哲学讨论的部分从他们编辑故事的时间顺序中择了出来，这样读者就可以单独阅读这部分，或是略过不读。

1

序言

　　伯林曾经将19世纪俄国知识阶层"加工"西方思想的方式称为"飞去来器效应"（boomerang effect）：

　　　　通过与永不枯竭的俄式想象力接触而被改变与激发，通过被决心践行其所信之事的人认真严肃对待，这些思想中的一些又返回西方，并对其产生重大影响。这些思想作为世俗的、理论上的、抽象的学说离开西方；作为充满炽烈激情的、具有派性的、准宗教式的信仰又回到西方。（《现实感》，第195页[①]）

　　将我对伯林思想过于执着的忧心与上述现象，或者是与托尔斯泰的尾声相提并论将是狂妄自大的，但确为事实的是，我认真严肃地对待伯林的思想，并且试图展示，这些思想中还有某些为他本人所忽视的隐含意义；而尽管我这个普通的张三李四无从理解文中所展现的思想，但记录这些探究的过程正是写作本书的一个主要动机。

＊　＊　＊

　　如果读者朋友对本书作者哈代的个人背景感兴趣，可以登录以下网址阅读一篇简短的自传概述：https://www.wolfson.ox.ac.uk/~hardy/lists/unpublished/auto-obituary.html。

　　我应该感谢阅读了本书草稿并提出修改意见的各位，我随心所欲地"剽窃"了他们的建议。我要感谢乔治·克劳德

[①] 此类引文所示页码为英文原书页码，余同。——译者注

（George Crowder）、圭蛭田（Kei Hiruta）、埃丝特·约翰逊（Esther Johnson）[*]、安娜·马丁斯（Ana Martins，她还建议了本书的主标题）、贝阿塔·波兰诺夫斯卡-塞古尔斯卡（Beata Polanowska-Sygulska）、我在I. B. 托雷斯（Tauris）出版社的编辑塔蒂亚娜·怀尔德（Tatiana Wilde，她也建议了本书的副标题），以及我的文字编辑萨拉·特里（Sarah Terry）。对于某些具体问题的帮助，我要感谢约翰·巴纳德（John Barnard）、安吉·古德盖姆（Angie Goodgame）、塞缪尔·格滕普兰（Samuel Guttenplan）、尼古拉斯·霍尔（Nicholas Hall）以及玛丽·哈代（Mary Hardy）。我还希望借此机会感谢许多同事，在将近50年的时间里，他们对我编辑伯林著作的工作曾给予过至关重要的多方面的帮助，无论是在编辑方面、档案方面、行政方面还是秘书工作方面。他们是布丽吉德·艾伦（Brigid Allen）、维多利亚·本纳（Victoria Benner）、已故的贝蒂·科洪（Betty Colquhoun）、詹姆斯·查普尔（James Chappel）、乔治娜·爱德华兹（Georgina Edwards）、休·伊夫利（Hugh Eveleigh）、詹森·费雷尔（Jason Ferrell）、斯蒂芬·格罗斯（Steffen Groß）、尼克·霍尔（Nick Hall）、罗杰·豪舍尔（Roger Hausheer）、詹妮弗·霍姆斯（Jennifer Holmes）、迈克尔·休斯（Michael Hughes）、埃丝特·约翰逊（再次感谢）、艾琳·凯莉（Aileen Kelly）、塞蕾娜·穆尔（Serena Moore）、德里克·奥福德（Derek Offord）、

---

[*] 关于埃丝特本人与伯林的相遇，请参见其亡夫的文章《与以赛亚·伯林的会面》（Meeting Isaiah Berlin），可登录如下网址阅读：http://berlin.wolf.ox.ac.uk/writings_on_ib/johnson.htm。

序言

埃莉奥诺拉·帕格尼尼（Eleonora Paganini）、凯特·佩恩（Kate Payne）、马克·波特尔（Mark Pottle）、塔蒂亚娜·波兹尼亚科娃（Tatiana Pozdnyakova）、金·雷诺兹（Kim Reynolds）、泰莎·鲁杰罗（Teisha Ruggiero）、娜塔莉亚·萨兰娜（Natalya Sarana）、诺曼·所罗门（Norman Solomon）、约瑟夫·冯·齐策维茨（Josephine von Zitzewitz）。

感谢劳丽·泰勒（Laurie Taylor）与《泰晤士高等教育》（*Times Higher Education*）允许我引用在本书第155页所引的段落。

以赛亚·伯林著作托管会（Isaiah Berlin Literary Trust）中我的受托人同伴们要求我声明我是以个人名义写作此书，而不是以该机构受托人的身份，因此，我在此书中所表达的所有观点都仅仅作为我个人的观点而提出。

亨利·哈代
2018年5月于赫斯沃尔

导　　论
天才与迂夫子

为了带着年轻人前进，偶尔就得说些话。[1]
——H. A. L. 费希尔（H. A. L. Fisher）1932 年 2 月 22 日
致特雷沙姆·利弗（Tresham Lever）的信

I

本书所讲述的故事是关于一位天才的思想家、作家以及谈讲人与一位迂夫子编辑不经意间形成的关系，后者近乎迂腐地痴迷于细枝末节。说不经意间，是因为双方对彼此相遇都并无计划，更未预期过他们的相遇会生发出后来的结果。

那位天才从不做计划。当他还居住在肯辛顿（Kensington）上艾迪逊花园（Upper Addison Gardens）33 号的自家大宅里时，每当母亲将早餐送到他的床上，并问起"今天你计划做些什么"的时候，"这总是叫我抓狂，"他曾如此告诉自己的传记作者，"'我没有任何计划，我也并不打算订什么计划，'在 13 岁的时候，我就那样说，'要什么计划呀？'"[2]

而这位迂夫子却惯于制订太多的计划，总是为自己一生中该做些什么而忧心忡忡。结果，他将生命中的大多数时光都投入了一项事业。若他的人生道路未曾偶然地与那位天才的生命轨迹彼此交错，他甚至从不会想到自己会从事这项事业，而对于这次偶然事件的结果，他也从未感到有什么遗憾之处。

编辑工作，总被人们想成——如果还有人想到它的话——某种乏味单调的低端文字工作，最好将其隐于幕后。一个广为流传的说法是，最优秀的编辑工作就是留下最少可见的痕迹。然而，事实可以证明，无论是作为一种经验还是就其结果而言，编辑们在状态最佳的时候所进行的思想助产形式都可能会惊人地振奋精神。毋庸讳言，的确需要对付大量乏味单调的工作，不过，知晓乏味单调工作背后的广阔视野，便会将勃勃生命力融入其中，并将其变为可达到某种更高创造性目的的工具。

存在各种不同类型的编辑，从新闻业与广播电视行业中气焰煊赫的大佬编辑，到为出版社工作、以保证付梓文本的流畅性与准确性为己任的卑微的技术编辑，都不乏其人。在这两个极端之间，我们会发现这样一些编辑，他们在一堆散乱的原始材料中发现一本或若干本可能成形的书。他们意识到，这些材料可以被精心组织，从而形成一个整体，使其价值远超各部分的简单叠加。这样的编辑以某个未经打磨、尚未出版的原始文本为工作对象——或许是某篇已被遗弃的粗糙草稿，或许是对一次即席评论的笔录——其目的是将它转化为可以出版的形式。正是在这一领域，我们正在讲述的故事徐徐展开，而也正是在这里，与通常的情况一样，编辑的任务是使读者尽可能直接无碍地聆听到作者的声音，防止读者的注意力被转移，尤其是不要为"某个作为过客的编辑留下的痕迹"所误导。[3]

在眼下的这个例子中，编辑的角色更加具有挑战性，而相应地，也更能带来满足感，其令人满足的程度超乎其所梦想。那位天才十分多产，却毫无出版其作品的欲望。他说自己仅仅是为了赚取佣金而写作，就像一辆出租车，除非有人招手，否则绝不会开动。他的演讲和讲座，一经口头发表，其美妙便被浪费于众人散去后的荒寂空气中；他偶尔的出版物，常常是在他相当勉强的情况下榨取出来的，长期滞留于机构小册子或行业内专业期刊的纸页上。而他对这些情况竟然都感到心满意足。他承认自己从未设想过创作出一套对广大读者具有永久价值的大规模作品集，一套可以将一系列专题性分册条理清晰、合乎逻辑地组合在一起的作品集。他并不认为自己拥有任何一种能够产生共鸣的信息需要传递出去（或许，需要传递的反而是对这种能够产生共鸣信息的警告），也从不寻求信徒的追随。

那些知晓他作品的人却持不同意见，并且对其作品未能获得应有重视这一情况倍加关切。应当将这些作品从其零零散散的存在状态中打捞出来，加以整理，为了子孙后代而对其进行抢救。这方面亟须进行大量的编辑工作。这是一项打动人心同时又令人望而生畏的工作，花费了整整四十年才终告完成。它彻底改变了该编辑的生命，也改变了作者的声名。

那位天才是来自里加城（Riga）的俄裔犹太人，名叫以赛亚·伯林。他是位哲学家、观念史学家以及公共道德研究者，生于1909年，卒于1997年。这位迂夫子式的编辑则是个英国人，正在写下如上话语，而此后他会改用第一人称来叙述。

导论　天才与迂夫子

我对伯林既爱又怕。爱很容易理解，他在诸多方面都令人喜爱：聪颖智慧，热情洋溢，投入专注，积极向上，慷慨大方，富有灵感；他对变幻多端的生活万花筒抱有近乎孩童一般的兴高采烈；他浑身洋溢着思想魅力与道德魅力；他对人物与人的观念怀有强烈兴趣，并且无论在口头讲演中还是诉诸笔端时，都能以出神入化的方式赋予它们以鲜活的生命。在我经验所及的范围内，他的这种能力无人可以匹敌。

怕则源于他有一种凌驾于我之上的力量。在他生命的最后25年中，我都作为他文集的主要编辑与他共事，而我总是屈从于他出尔反尔的决定。他系统性地低估了自己写作的价值（同时却又坚持说，他被其他人系统性地高估了），而关于哪些作品应该被收入文集中，他总是不断改变主意、反复无常，即便是在我已经做了相关工作的情况下他也一样会改变想法，尽管这工作是在此前已得到他保证的条件下进行的。他有点近乎病态地优柔寡断。正如在下文中会看到的那样，有一次，他甚至试图撤回我已经准备好出版的整整一卷书稿。

我原本不应该企盼他承担做决定的义务，因为这决定在他看来已不再正确；然而，他没有表现得更为稳定一贯，更为谨慎认真，更为体贴周到，这总是会让人感到挫败。我总是要不断地担心，自己脚下正踩着的那块小毯子会被拽走，让我措手不及。无论已出版了多少荣获评论界热情赞许的书卷，他对于我出版下一本书的建议也丝毫未表现出更为顺从的态度，出版另一本书的努力仍然必须从头开始。在伯林于1997年离世之后，情况依然如故，因为其遗孀艾琳（Aline）所指定的某些遗稿受托人证明了，他们如同伯林本人一样也抗拒更多的作品出版。《致命一击》（The coup de grace）于2017年才面世，而同时，此书出版商请求再版伯林《启蒙的时代》（The Age of Enlightenment）的建议则遭到拒绝，尽管此举违背了受托人的基本职责，即保持伯林的作品处于刊行状态。

到伯林去世为止，我已经出版了他的八卷作品。在其离世之后，又有七卷作品，以及在我参与之前他已出版的三部作品的新版本先后面世。2015年，四卷本伯林书信集编纂完成。现在，主要工作终于做完了，到了回首往事，以及迂夫子讲述故事的时候了。

II

问题34：您想要拥有哪一项自然天赋？
以赛亚·伯林：天才。[4]

天才是什么？我发现，对"天才"的正式定义严重缺乏。《牛津英语大词典》（OED）将其定义为："异乎寻常聪颖的人，或天赋异禀之人。"换句话说，天才就是将寻常能力发挥到非凡的程度的人。但是，这并不正确。一位天才可以做出和芸芸众生完全不同的事——是性质相异，而不仅仅是程度有差别。

我毫不怀疑伯林就是位天才。在解释原因之前，我先来引用一段他自己评论天才时所说的话——"天才"这个概念总是令他着迷，就像"思想深度"一样吸引着他。

9

导论 天才与迂夫子

一个他最为中意的定义,借鉴了芭蕾舞者瓦斯拉夫·尼金斯基(Vatslav Nijinsky)的一段话,而此人正是位传奇的天才:

> 有时候有人会问我,当我使用这个能唤起高度共鸣但是并不精确的术语时意味着什么,我只能这样回答:有一次,舞者尼金斯基被人问起如何能跳跃得那样高,据说,他回答道,自己并不觉得这是个大问题。大多数人在跃起到空中后便会立即落下。"为什么要立刻落下来呢?在你返回地面之前,就在空中多待一会儿,为什么不呢?"据说,他就是这样说的。在我看来,天才的衡量标准之一,就是拥有全然轻松、可见地完成常人无法做到的某件事的能力。这件事常人不仅做不到,而且也知道自己根本做不到,甚至还不知道此事是如何做到的,亦不明白自己为什么无从入手。(《观念的力量》第3版,第380页)

挑战地球引力并不仅仅是比我们跳得更高,而是做某件我们根本无法做到的事。当然,尼金斯基实际上并不是真的挑战了地球引力,但他看起来是挑战了,并以此展示了自己的天才。

伯林还曾说过,天才创造了新的可能性。伯林与伟大的俄语诗人安娜·阿赫玛托娃(Anna Akhmatova)于1945年在列宁格勒(Leningrad)首次会面,在评论她时,伯林说:

> 我突然间就被带到了一位天才的诗人面前,她所流露的那些情感、思想以及生命形式,若未曾得以展现,我永远也

不会理解……仅仅是这个人存在于世这一事实,便极大地拓展了另一个人的想象力。(《以赛亚·伯林2:自由及其敌人》节目录影带)

他的存在也有此作用。

关于天才的存在,伯林也给我们留下了一些线索,即遇到天才时我们会感受到的某些征兆。尤其是与天才之人交谈,会使我们的头脑加速运转。对于伯林来说,鲍里斯·帕斯捷尔纳克(Boris Pasternak)与弗吉尼亚·伍尔芙(Virginia Woolf)都表现出这种天才:

> 帕斯捷尔纳克之全部所是及一切所做即一位天才诗人之所是和所为:他在日常谈话中便展现出天才诗人的品质,就如同他在作品中所展现出来的一样。我无法下笔形容这种品质。在我看来,唯一像他那样说话的人就是弗吉尼亚·伍尔芙。根据我与她不多的几次会面情形判断,伍尔芙像帕斯捷尔纳克一样会令人头脑加速运转,以像他一样以令人激动的方式,有时候则是令人恐惧的方式,抹去我们头脑中关于现实的寻常图景。(《观念的力量》第3版,第380页)

关于路德维希·维特根斯坦(Ludwig Wittgenstein),他也发表过类似言论:"维特根斯坦是个天才之人,他的确过度地令人兴奋。"(《逻辑的小径》——以赛亚·伯林与斯图尔特·汉普希尔对话录影带,11)伯林还说过:"我感觉自己处于一位十分难以满足的天才面前：……所举的例子已经很完美了，但他还是说：'等一下，等一下，我会想出个例子。'"（《以赛亚·伯林2：自由及其敌人》节目录影带）关于另一位哲学天才，他的朋友约翰·奥斯汀（John Austin），伯林评论道：

> 在我所熟识的哲学家当中，他当然是最有能力的人。与人独处时，他是绝佳的谈话对象，因为他不会坚持让别人将其话语"翻译"成他自己的语言，或是"翻译"成某种特定的官方语言，这种官方语言要求一切事物都必须加以翻译。他能够完美理解他人所说的话，以极度的敏锐性和明晰性针对其所言与之交谈，并且令人头脑加速运转。（《逻辑的小径》，节目脚本第8页）

与伯林交谈亦会令人头脑加速运转，还会令人感觉本人暂时比自己所知的更为聪慧。他以深沉的低音连珠炮式地侃侃而谈，一系列音节自行轻快地倾泻而出，仿佛他的思想已然跑到了声音前面。他是思想活跃度的催化剂，而这正是天才的另一条判断标准。他会令你感觉到自己高于生活，将你提升到一个更高远的层次；他将目光投向你，你便会觉得在那一刻，你就是他瞩目的中心、他唯一关注的人。他使精神的世界生机勃勃、充满个人色彩、非常重要、激动人心——以及乐趣充盈——以某种我初遇他时感到的相当新奇的方式。他喜欢将知识分子定义为想让思想变得尽可能有意思的人，而这一定义为如下问题提供了部分解答，即他为什么曾经并且仍然如此声名显赫。斯塔尔夫人

（Germaine de Stael）曾这样评价与自己同时代的让-雅克·卢梭（Jean-Jacques Rousseau）：他"让一切燃烧"（《自由及其背叛》第 2 版，第 28 页）。而伯林正是这一说法的完美实例。

伯林对天才的最后一条定义是，天才将悖论转化为寻常话语。这也是伯林自己通过的一项考验，只要举出他对"多元主义"（pluralism）一词的运用便足以证明。这一术语意味着承认人类的终极价值以及由此构成的文化都是多元的、不可简化的，它们有时候难以彼此相容，且常常不可通约。即便这一洞见并非伯林首创，也是由他将其推向前台、置于中心。他将多元主义运动引入当代道德哲学之中，也使多元主义得到了更为广泛、更为普遍的认识。在后文中我们还将详论这一点。

往昔大多数天才的个性都仅仅保存于故纸堆中，这使得他们天才的本质难以得到鲜活的呈现。幸运的是，不计其数的关于伯林的影音资料得以保存，人们可以从中寻觅体现其自身特殊天才的证据。在尝试传达这些证据之前，让我先完整引用伯林的一段话，它正来自这些录音记录。在 1976 年布莱恩·麦基（Bryan Magee）的一次采访中，伯林赞同麦基的说法，即哲学问题就好似孩童提出的问题一般：

孩子们会向长辈问这样的问题。他们不会问："时间是什么？"……他们所问的是："为什么我没法遇上拿破仑？"设想一下有个孩子这样提问——看起来孩子如此发问是自然而然的——而你回答："你遇不到他，他已经死了。"然后，[孩子会问：]"那为什么会这样？为什么他死了就会让我们没法相遇？"接下来，如果这位父亲足够精明老练，他就会解释死亡意味着躯体与大地融为一体，死去的拿破仑再也无法复生，而这发生于很久很久以前。再接下来，……一个思维复杂的小孩会说："那么，就不能把身体的那些部分再拼到一起吗？"然后父亲会说："不行，拼不到一起的。"是哪种意义上的"不行"呢？于是，一堂关于物理学的课便会随之而来。

接着孩子说："不，我其实并不是想要那样，我现在不想让拿破仑出现在我面前了。我想要回到过去，看看他在奥斯特里茨战役（Battle of Austerlitz）①中的样子。我想要的是这个。""哦，这你可做不到。"父亲说。"那又为什么？""因为你不能回到过去。""为什么我不能？"于是我们就遭遇到了一个哲学问题。"不能"意味着什么？不能回到过去的"不能"和你说"2乘以2不能得到7"的"不能"，指的是不是一个意思？或者当你说"你不能在深夜两点买香烟，因为这是法律禁止的"的时候，这句里的"不能"是不是又一个意思？再或者，说"我不能记起"，或者"我希望自己能长到9英尺高，但仅仅凭希望，我也不能做到呀"，这两句中的"不能"又是什么意思？……就这样，我们便一头扎入哲学当中。

接下来，你会说："好吧，这就是时间的本质。"而一些

---

① 奥斯特里茨战役发生于第三次反法同盟战争期间，具体时间为1805年12月2日，战场位于今捷克境内的奥斯特里茨村。此役中，法国军队在拿破仑指挥下取得了对俄奥联军的决定性胜利。——译者注

人则会说:"不,不,不存在时间这么个东西,'时间'不过是指代'之前''之后'以及'与此同时'等概念的一个词语。把时间作为一个实体来讨论就是个形而上学的陷阱。"由此我们便开始了。

不过,大多数父亲并不想以如上方式回答孩子们的问题。他们只会叫孩子闭嘴,别再问傻问题,他们会告诉孩子:"还是爬树去吧。"然而,这些是会反复出现的问题,而哲学家就是不惧怕这些问题的人,并且做好准备去解决它们。可惜的是,孩子们终究会被塑造成不再问这些问题的人,而那些没有被如此塑造的孩子则会成为哲学家。[5]

那么,伯林的天才之处是什么呢?简而言之,我会说,就在于他作为人本身的天才。当然,是作为某一特定类型的人:因为没有人能具备一切类型的人的所有特征。他关注人,以及人的观念,即人类精神的生命,但又不仅如此。伯林的天才集中了不同的方方面面,其中每一方面本身都不具有决定性意义,但是在他的一切所为和所是中,这些方面都同时共存,特别是共存于他思考和说话的方式之中,从而创造出某种一以贯之并且具有必不可少吸引力的人格。这些方方面面中包括机敏的智慧;对当前主题的密切投入;充满不懈善意的良好幽默感,并且对积极一面的强调,能够(在大多数情况下)理解人们的意图,而不是大杀其威风;能够毫不费力地以巨大的幅度拓展所涉及的范围;谈话和书写所表现出的超凡卓绝的流畅自如,以19世纪的方式掌握运用语言,远离一切空泛的行话术语(从不谈论"叙事""话语"之

导论　天才与迂夫子

类）；对普遍的人性，以及某些特定个人的独特本质，都具有敏锐的洞察力；丝毫不妄自尊大，总是说"我可能是错的，这些就是我的观点，不管它们有没有价值"，以及"我并不认为自己是个多么重要的人物——这并不是故作谦逊，这就是纯粹的实事求是"（《以赛亚·伯林2：自由及其敌人》节目录影带）。

我最后想提及的伯林天才的组成部分是其直接性，我的意思是，按照他自己用来形容别人的话说，就是在他与客体之间空无一物。他直截了当地洞见，而不是透过一面理论的玻璃暗中窥探。他也是如此评价俄国批评家维萨里昂·别林斯基（Vissarion Belinsky）的，还有戴维·塞西尔爵士（Lord David Cecil）、斯蒂芬·斯彭德（Stephen Spender）以及维特根斯坦。这种与其主题之间无中介的接触使人想起席勒（Schiller）对其所谓"天真的"（naive）和"伤感的"（sentimental）两类诗人的区分。按照伯林的解释，这就是"那些没有意识到自己与其处身其中的社会环境存在裂隙的人，以及意识到了这一点的人"（《反潮流》第2版，第361页）。

在我看来，伯林视野的直接性，以及他相对缺乏的自我意识，都使他更为接近天真的，而不是伤感的。这似乎是自相矛盾的，因为在一篇发表于1968年的著名文章中，伯林自己就曾经运用过这一分别。该文题为《威尔第的天真》（The Naivety of Verdi），我所引用的那段话正是出自它。悖论在于，人们或许会认为，分辨天真与伤感的能力只有伤感的人才具备，就好像是只拥有单色视觉的人可能会被认为无法将自己视物的方式与通常的多色视觉加以对比。尽管如此，我将伯林置于"天真"的阵营，在如下这个特定意义上在我看来是正确的，而他的天真与一般意义上的天真也大不相同。他的天真之处在于，他并不是一个讽刺的旁观者。

让我回到自己罗列的伯林的第一条特质，即他的智慧，并更为具体地阐释这一点。我不能说，伯林就是我所遇到过的最为聪颖的人，但是，他具备某种特殊的智力能力。在1944年12月11日致其战时同僚唐纳德·霍尔（Donald Hall）的一封信中，他自己这样写道："我看到地毯上的纹样。"（牛津大学，博德莱安图书馆，伯林手稿255/10）乔治·凯南（George Kennan）在1958年6月16日致伯林的一封信中，则抓住了这种能力：

> 毫无疑问，您拥有这一代人当中最伟大的批判性头脑——又因为宽厚仁爱而变得温暖，否则，100个基督徒里也会有99人嫉妒这样的头脑；它还有着某种赋予秩序的力量，该力量如此卓绝，其运作本身便是一种创造性行为，影响着它所触碰到的事物，甚至将其改变，正如同人们所说的科学实验以自身行动改变它所要阐明的物质一样。

我无法解释这种力量，但我可以肯定，伯林拥有它。这种力量运作的一种方式便是，每当你刚开始说起什么的时候，他就立刻能够领会你即将要说什么，以及接下来的若干谈话走向将会是什么。他常常会在其他人身上发现他自己所拥有的品质（如果我们不说是作为他独有的品质的话）。比如，梅纳德·凯恩斯（Maynard Keynes）便是如此："他是我所遇到过的最聪明的人。几乎就在你还没开口说出一个句子的时候,他就已经知道你的句子会怎样结束。"(《以赛亚·伯林 2:自由及其敌人》节目录影带)在其诉诸纸笔的作品中,伯林凭借其超乎寻常的敏锐性,同样能够从一大堆分散人们注意力的乱七八糟的细节中直截了当地看到核心所在。

这里又有一个悖论。伯林是如此痴迷于无足轻重的微末细节,仅仅是由于这些细节本身的存在,他特别关注人们生命和性格中乖张怪异的细节:

> 当我走在街上的时候,喜欢看人们的脸,甚至有时候我会盯着别人的脸看,而他们并不喜欢这样。但是,我喜欢他们脑袋的形状,还有脸上的表情……在战时,曾有人问一位居住在新西兰的德国诗人:"你最喜欢的风景是什么?"他答道:"人类就是我的风景。"[6] 对我来说情况也完全如此。(《以赛亚·伯林 2:自由及其敌人》节目录影带)

那位诗人是德裔犹太人卡尔·沃尔夫斯凯尔(Karl Wolfskehl)。伯林经常引用这一说法。比如说,在 1968 年 8 月 16 日致玛丽埃塔·特里(Marietta Tree)的一封信中,他也写道:"如同一部拙劣的百科全书,我总是试图像撒胡椒粉一般将一大堆琐碎凌乱、晦暗不明的微小事实撒给人们,而这些琐屑事实仅仅能够毫无意义地填满他们的记忆。"(伯林书信集第三卷《添砖加瓦:1960—1975 年书信》,第 359 页)在写给丹尼斯·诺埃尔(Denis Noël)的信中他也说过类似的话。丹尼斯·诺埃尔是伯林的一位年轻崇拜者，在1996年10月14日突然致信伯林，当时距伯林去世仅有一年。伯林复信写道："我被您生命中种种难以逆料的突变所深深吸引。"（伯林书信集第四卷《确定不移：1975—1997年书信》，第359页）

这一倾向有助于解释伯林对于"流言蜚语"的喜好，不过应该加上一句，他所喜欢的"流言"（通常）是无伤大雅的。不过，吸引他注意力的并不仅仅是人，他还喜爱种种小玩意儿、小摆设。他经常受到杂货铺橱窗的引诱而踏入店中，并购买奇奇怪怪的物件儿。人类学家玛丽·道格拉斯（Mary Douglas）的丈夫詹姆斯·道格拉斯（James Douglas）回忆起战前的伯林在新学院（New College）上导师辅导课时的情形：

> 他保存着从街头小贩那里买来的一堆奇异的东西。那时候，街头小贩们在摄政街（Regent Street）的人行道上兜售货物。他还有一个华丽硕大的留声机，带着手工制作的漂亮的混凝纸喇叭，那玩意儿在当年就相当于今天的高保真设备。在我给他念自己写的文章的时候，他会在屋子里转来转去，同时摆弄他的那些收藏品。有时一头玩具奶牛会从一架倾斜的飞机上掉下来——"太抱歉啦，请继续"，他会说；有时威尔第音乐的轰鸣会从留声机的喇叭中突然响起，那是因为他无意间将唱针掉到了唱片上——"太抱歉啦，请继续"，他又说。[7]

伯林被那些具体个别、不可复制的细节所吸引，是与他对科学主义的拒斥相关联的。科学主义指的是将所有学科都纳入自然科学的模式中。他认为，自然科学主要是关于诸事物及诸事件之间的共同之处，而不是探索是什么造就了单个事物或事件的独特性。但同时，他又一心探究处于人类事务另一极端的那些问题，特别是关于道德和政治的宏观问题，他经常以简单有力的语汇来表达这些问题：该去做什么？一个人应如何生活？我们为什么在此处？我们必须成为怎样的人，以及必须做什么？

我们对于这些问题的回答植根于我们关于人类本质的观念里，植根于我们对于"什么是人"这个问题的答案中。伯林的所有作品都可以被视为他对于一切人类问题中这一最基本问题的追问，无论那些作品看起来多么的丰富多样。我将伯林生前出版的最后一本书，即其散文佳作的合集，命名为《对人类的恰当研究》(The Proper Study of Mankind)，上述理由正是原因之一。

非常奇怪的是，伯林兴趣的两端分别是具体独特的个人特质和人类共性，而在这两个极端之间存在许多空隙，其中之一便是日常政治，不过他公开否认自己对日常政治怀有好奇：

> 我从未对政治产生过什么兴趣，尽管我还是位政治学教授。政治并不是位于我思想的中心……我对于日常事件并不感兴趣，我更加感兴趣的——尽管这样说听起来非常自负——是或许可以被称作人类世界中更为永恒的那些方面。
>
> （《以赛亚·伯林2：自由及其敌人》节目录影带）

最后的那个短语，"人类世界中更为永恒的那些方面"，非常贴

导论　天才与迂夫子

切地描述了他思想中的焦点，尽管他探询这些方面的操作方式，通常像是对它们所生发出的特殊性的一场烟花展演。的确，伯林既鹰眼般犀利地全心沉迷于绝对具体的细节，又对掩盖于这些细节之下的普遍真理具有非同一般的直觉。能够将二者结合起来，正是其天才的主要根源之一。在他对事物表层的关注中，存在着深度。

1972年夏天，当那位天才63岁之时，一个时年23岁的极其幸运的迂夫子闯进他的生活中。这个迂夫子现在正在写下如是话语，而他此时的年龄比初遇天才时对方的年纪还要大上5岁。在当前的例子中，词典中的解释更为贴近"迂夫子"的标签。"迂夫子"的词典释义是"过于关心过分琐屑的知识细节之精确性的人"。当然，我是带些反讽意味来使用这个术语的——带有一些英国式的自我贬损。在学术活动中，精确性可以被相当正当地称为一种关键价值，无论是在科学还是人文学术领域都是如此，而琐屑细节之精确性可能是更为重要的事物之精确性的一个不可或缺的基础。此外，伯林自己甚至对于迂夫子式的精确性也强烈笃信，尽管他并不是显著地擅于达到这种精确性。有一次，伯林讲述了伯特兰·罗素（Bertrand Russell）抱怨上帝的故事，说他在抵达天堂之门的时候，上帝并没有提供关于自身存在的更好一点的证据。讲完这个故事之后，伯林评论道："尽管听起来这非常非常的迂夫子，但是我还是要说，我认为他是对的。"（《以赛亚·伯林2：自由及其敌人》节目录影带）在1975年11月13日给我的一封信中，他写道："我渴求精确性，甚至是迂夫

21

导论　天才与迂夫子

子式的精确性。"（伯林书信集第四卷《确定不移：1975—1997年书信》，第 13 页）"事实就是事实"，当别人指出他的错误时，他会说，或者会说"真理就是真理"。也许他自身倾向于不精确反而是一种伪装的有益之事，因为过度沉湎于精确性会成为对创造力的限制。在伯林的例子中，这一点还给了迂夫子足够多的事情去做。

这个迂夫子，就像许多其他迂夫子们一样，也显示出强迫症这一更为普遍的倾向。他那特定类型的强迫症的一个形式就是对精细文本编辑的喜好，以使文本以恰恰如此这般的样态呈现出来，目的是消除一切可能对读者产生影响的障碍：笨拙不得体的标点符号，含混不清的表达，分散人们注意力而又丑陋的印刷符号，等等。不过，在他的脾性中，也有一些东西呼应着伯林对于特殊性和普遍性并存的兴趣。吸引着这位迂夫子的特殊性，是关于学术精确性和编辑准确性等较为无聊的事物，但是普遍性则是相似的，因为那位天才与这个迂夫子都具有孩童般的对哲学的热爱，也就是渴望知晓有关人类生命的那些终极问题的答案。某些哲学学说将这些问题看作思虑不周的糟糕问题，甚至因认为它们毫无意义而将其一笔勾销，而天才和迂夫子对这种倾向都颇为不满。

在之前几个段落中，我悄悄回到了第三人称，而现在是时候转回第一人称，并一直用第一人称写下去；现在也是时候该回到故事的开端了。

第 1 章
开　端

这使过去复活。[1]

——以赛亚·伯林

我第一次遇到以赛亚·伯林是在牛津大学沃尔夫森学院（Wolfson College）的一次入学面试上，具体日期是 1972 年 6 月 24 日，星期六，当时正是在午饭之前。那个时候沃尔夫森学院成立尚未满 6 年，暂位于牛津北部班伯里路（Banbury Road）47 号和 60 号，学院的几栋在建新大楼矗立在林顿路（Linton Road）尽头查韦尔河（Cherwell）两畔。那天早晨，我从舒兹伯利学校（Shrewsbury School）（本科毕业后我在这里工作了一年，然后去牛津就读研究生）驱车前往牛津大学，当时刚刚结束我在那里的拉丁语高级水平课程的最后一课，讲的是卢克莱修（Lucretius）的《物性论》(De rerum natura，英译名为 On the Nature of Things) 第三册。该书反对灵魂不灭说，并教导人们死亡无甚可惧。时间已经极端紧迫，我一直在担心自己会晚于预定时间到达。结果我确实是迟到了，而且手忙脚乱。

许多年来，我都一直在讲述自己就在到达目的地之前撞坏

第 1 章 开端

了我那辆奥斯汀 A40 老爷车的故事。当时我一定是有一秒钟在神游天外,而车子的刹车系统可能失灵了,于是前车在伍德斯托克路(Woodstock Road)上的一条人行横道前停下时,我们发生了追尾事故,造成我的车灯撞毁,散热器撞裂。我依然清晰地记得,自己怎样将车开到人行道上,然后以冲刺的速度疾跑去参加我的面试。然而,一封我在当时写给父亲的信却表明,这次事故事实上发生在墨顿学院(Merton College)的面试之前,时间比去沃尔夫森学院面试要早将近四个月。这说明,即便是最为鲜活的记忆——或许特别是这样的记忆——也是不可靠的,而这个教训当然也适用于伯林本人的记忆。但是在并不准确的记忆和真实的事件之间存在着某种联系。墨顿学院没有同意给我我之前申请的奖学金;如果我得到了这份奖学金,则将永远不会遇到伯林。为此,我欠墨顿学院一份人情。

为了我的时间方便,沃尔夫森学院的面试小组成员在星期六特别召集起来,这使我在面对提问者时感到更加惴惴不安。我局促拘谨地走进当时还相当简陋的学院图书馆一楼里编号为 60 的前厅。面试小组成员包括院长以赛亚·伯林、副院长兼财务主任迈克尔·布洛克(Michael Brock),以及在我看来是社会心理学家,也是该院元老之一的迈克尔·阿盖尔(Michael Argyle)。伯林身着标志性的三件套西装,他连珠炮一般的口头表达及其非同一般的睿智使他立刻引人瞩目,同时又令人忐忑不安。无论在当时还是后来,他都没有寒暄闲扯,而是直奔主题。那天他午餐时在别处有约,正在等待出租车到来。他不时走到窗边看出租车是否已到,这令我感到更为焦虑和尴尬。我那时并不知道这里面

第 1 章 开端

颇有讽刺意味,因为伯林习惯性地坚持说,他并不是一位"自我启动"的作者,而是一辆思想上的"出租车"。

我无法很好地叙述自己当时的表现。我所能够记得的具体细节是伯林问我,论文希望研究什么,那篇论文将成为我所申请的哲学学士(BPhil)学位课程的一部分。我告诉他,我想要反驳路德维希·维特根斯坦所谓的"私人语言论证"(private language argument),以维护人与人之间交流主观经验之内在本质的可能性,而维特根斯坦的"论证"似乎排除了这种人际交流的可能性。"哦,人们还对这个感兴趣吗?"伯林突然用一种十分惊异的语调问道。在过去的几十年当中,这一话题曾引发许多讨论,但他看起来是认为现在它已经过时。这令我更加焦虑不安。

不过,出于某种原因,我还是被录取了。迈克尔·布洛克之前于 1965 年在基督圣体学院(Corpus Christi College)(即伯林本科阶段就读的学院)的本科生入学考试时就曾面试过我(尽管在我于 1967 年实际开始就读时,他已离开圣体学院,转到了沃尔夫森学院),他认识我在圣体学院的一些推荐人,这可能对我此次被录取有所帮助。无论如何,我逐渐对伯林熟识起来。作为沃尔夫森学院的院长,他的在场时间和平易近人态度令人惊异。从午餐到晚餐的这段时间,他通常都坐在公共休息室里,同任何愿意聆听的人交谈,有时则聆听任何愿意交谈的人说话。不幸的是,我无法记起这些非凡的谈话——或者说独白——中的许多具体细节了,而且很后悔自己当时没有记日记。不过,还是有一两个特殊的场景占据了我的记忆。有一次,几个学生与他一起探讨我计划创办的一份沃尔夫森学院刊物的可能名称。我

25

第 1 章 开端

建议的刊名是《利西达斯》(*Lycidas*),那是"沃尔夫森"在希腊文中的对应词,最终这一名称也得到采纳。[2] 伯林开始背诵弥尔顿(Milton)的《利西达斯》(*Lycidas*),这首诗的大部分文字他都烂熟于心,而这令他的对话者们惊掉了下巴。他一定是在 20 世纪 20 年代就读于伦敦圣保罗中学(St Paul's School)的时候学到的这首诗。另一次,他与我步行上上下下走遍了牛津大学,为了去见我的房东,极其古怪的古物研究者、钱币收藏家以及圣弗莱兹怀德(St Frideswide)的圣公会代牧,奥斯尼·阿诺德·马林森(Osney Arnold Mallinson)。伯林与他相当熟识,他们总是一起谈论往昔欧洲各个皇室那些鲜为人知的成员。伯林还有一次来到该代牧教区,当时我所组建并担任指挥的沃尔夫森唱诗班正与圣弗莱兹怀德唱诗班联合举行一次特殊的晚祷,以纪念 1973 年的圣弗莱兹怀德日(10 月 19 日),并首次公开演出了一首献给圣弗莱兹怀德(即牛津的守护圣人)[3] 的颂歌。那首颂歌由我谱曲,我的沃尔夫森校友兼同住的房客克里斯托弗·申克(Christopher Schenk)作词[4]。伯林告诉我,这首歌令他想起梅西安(Messiaen),这令我大吃一惊。晚祷结束之后,他在自己家的会客室中向马林森致敬。十年之后,伯林与我环绕牛津大学的威萨姆森林(Wytham Woods)进行了一次长达四英里的散步,其间我们一直在讨论哲学。他的医生建议他要多加锻炼,不过那次散步比他所预期的距离更长,令他有一些上气不接下气(尽管我们的平均速度仅仅为每小时 2.3 英里),而且使他在下一场约会中迟到。

像其他许多人一样,与伯林交谈,我就像是被施了催眠术一般，他和我之前所遇到的任何一个人都不一样——我很快便相信，这是一个世所罕有的特殊的人。他对其同类的理解与众不同，并且拥有表达自己独特理解的罕见能力。常常有人评论说，那些不认识伯林的人很难理解他对于认识他的人所产生的影响。伯林自己曾表述过一个与此相关的问题：

> 向其他人传达是什么使得某个特定场合——特别是私人场合——如此令人愉悦或是令人难忘，这总是非常困难的。诸如"我们是怎样地开怀大笑呀！笑得泪珠都顺着脸颊滚落下来"，或是"他那令人无法抗拒的仪态和无与伦比的机智使我们所有人都爆发出一阵阵欢乐的大笑！"这样的段落，对读者来说并没有传达什么信息，或是会令读者（正当地）感到极其厌烦。(《观念的力量》第3版，第105页）

伯林此段话的语境是在描述美国大法官费利克斯·弗兰克福特（Felix Frankfurter）于1934年拜访牛津时参加的一次晚宴。如若试图向那些从未见过伯林的人传达伯林本人及其思想有何不同凡响之处，那么对于这种努力或许也可以用类似的话来概括。幸运的是，可以利用文献资料来克服这一困难——特别是其中的两类。

首先也是最重要的，可以通过伯林的作品及信件这一媒介来审视其思想。其他某些著名的谈讲者，比如伯林的同时代人及朋友，古典主义学者莫里斯·博拉（Maurice Bowra）。此人拥有久负盛名的机智，却在作品出版方面略逊一筹。伯林则与他们不

第1章 开端

同,他在谈话的同时也写作——这句话常常可以按其字面意义来理解,因为在伯林晚年,他的大多数初稿和信件都是口述的。阅读伯林已出版的文字,就像是被领到了一个距离我们并不遥远的人面前。他的那些谈话录音则鲜明地强化了这一过程,尽管有时候他不甚清晰的吐字和极快的语速可能会造成问题:在这个意义上,他并不是一位优秀的讲演者。他能够自然而然地掌握复杂但是几乎总是结构良好的长句,是位晓畅易懂之散文风格的大师,更近似于19世纪而非20世纪。毫无疑问,这部分是由于他的俄裔出身,在年轻时他所阅读的都是俄国经典著作。不过同时,他的风格在很大程度上也属于他自己,而且相当易于辨认,如其不带时代色彩的用词、平实的散文文风、毫无炫耀之嫌的清晰明了,以及一连串迸发而出的经过精挑细选的形容词。最后这点是伯林风格中最具标志性的特征之一:他会毫不吝惜地运用大量描述性词汇,形成一道词语的"小瀑布",以为其主题营造出点彩画派作品那般累聚的图景。正如其友人诺埃尔·安南(Noel Annan)那比较轻描淡写的说法:"在一个词不够用的时候,他总是会使用两个。"(《观念的力量》第3版,第451页)

其次,伯林具备能够从另一位观察者的优势视角来审视世界的卓越天赋。当他设身处地地将自己置于某个人物的情境中时,同时也会让自己的特质参与进来,这令他获益颇丰。在描述他人的时候,他亦是在高明巧妙地描述自己,尽管可能是无意识的。该现象的一个引人注目的例子出自我刚刚引用过的关于弗兰克福特的那篇文章,而此文开头部分也是伯林式的词语"小瀑布"的一个范例:

第1章 开端

勇气、坦率、诚实、智慧、对他人才智的欣赏、对思想的兴趣、毫不矫饰、活力、快乐、对荒谬的敏锐感知、热心、慷慨——无论是在思想层面还是在情感层面，厌恶浮夸、虚伪、妄自尊大、正统思想、循规蹈矩以及懦弱胆怯，尤其厌恶身居高位却这般行事，不过也许处于高位便不免如此了——在哪里能找到这样的结合体呢？除此之外，还有令人感动又让人愉快的"英国狂"（Anglomania）——对英格兰、英式风俗习惯、英国人怀有孩童般的热情——尽管如此，还有理智、优雅、不粗鄙、文明、谦虚、平和、毫不残忍、体面——这些是自由主义传统和宪法传统，在1914年之前如此珍贵的自由主义传统和宪法传统，尤其是对于成长于东欧或中欧的人来说，更为特别的是对于受压迫的少数群体的成员来说，这二者的缺乏会令他们感到痛苦不堪，他们会将希望寄托于英国，有时候是美国——他们心目中抵御相反素质的堡垒要塞——正是这些属于自由主义传统和宪法传统的品质保证了人类尊严和自由的存在。（《观念的力量》第3版，第106页）

几乎不需要做一点改动，这段话便可以作为伯林无意间写下的自传，这样便回答了那个反问：在哪里能找到另外一个上述品质的结合体呢？应该承认，将"勇气"置于伯林性格描述的突出位置并不那么合适，他自己也意识到了这一点——但是要完全排除这一点则是错误的。或许，他身上的"英国狂"比起弗兰克福特的来也少了一点孩子气：与其说是"狂"，不如说是

"癖"。不过剩下的那些描述就完全契合了。更广泛地说,从伯林的作品当中探得某些感觉,关于他在乎什么,他所钦佩的人格特质有哪些,他自己又是什么样的人,这并不是一件难事。当然,赞赏别人拥有自己所缺乏的某些品质,这也是可能的,有时候甚至恰恰由于自己不具备而更为赞赏;但是就伯林来说,那些认识他的人都能够分辨出,哪些是这一类品质,而哪些是他与接受自己犀利目光凝视的对象所共同拥有的品质。伯林的另外3篇文章尤其包含有类似的自我描述的段落。我在此处引用这些段落,因为它们能够传达他活生生的人格,远比我自己言语的表达力更强。第一段是伯林为亚历山大·赫尔岑(Alexander Herzen)的自传《往事与随想》(My Past and Thoughts)所撰写导论的开头段落:

> 亚历山大·赫尔岑就像狄德罗(Diderot)一样,是位天才的业余者,但二人的观点与活动都曾经改变了其各自国家社会思想的方向。他还与狄德罗一样,是一位卓越杰出而且难以抑制住其劲头的谈话者……总是倾倒出一股股令人无法抗拒的思想与形象的洪流;以后代人的观点看来,(恰如狄德罗的情况一样)浪费或许是巨大的:没有鲍斯韦尔(Boswell)[①]或爱克曼(Eckermann)[②]去记录他的谈话,他也不是能够容忍这种关系的人。他的散文在本质上就是谈话的

[①] 詹姆斯·鲍斯韦尔,18世纪英国著名传记作家,被誉为现代传记文学的开创者,最著名的作品为《约翰逊传》。——译者注

[②] 爱克曼是歌德谈话的记录者。——译者注

一种形式，具有谈话的缺点与优点：雄辩，具有自发性，容易抬高的调门，以及天生讲故事人的夸张；无法抗拒那些漫长的离题段落，这些岔开的部分自身就将他带入记忆或推测的交叉支流所组成的网络，不过又总是能回到故事或论辩的主流上来……最重要的是，他的文章具有口语的生命活力……我们几乎过多地听到他的声音——在散文中，在小册子中，在自传中，还有信件以及他写给朋友们的零碎便笺中。(《反潮流》第 2 版，第 236 页)

在下一段中，他补充道：

> 托尔斯泰（Tolstoy）……在临近其生命终点时说，他从未遇见过其他任何一个人拥有"令人目眩的深度与横溢的才华如此罕见的结合"。[5] 这些天赋成就了赫尔岑的大量散文、政论文、日常新闻报道、随笔和评论，特别是致密友或政治记者的信件，即便是在今天也具备令人无法抗拒的可读性，虽然与其相关的那些问题大部分已经消亡，仅仅是历史学家还对它们感兴趣。(《反潮流》第 2 版，第 237 页)

在同一篇文章稍后的地方，他论及赫尔岑的早期作品，说它们：

> 具有后来成为其所有作品特有标志性的那些品质：由描述性句子所组成的"迅疾洪流"，新鲜、晓畅、直接，点缀着鲜活生动却从不毫不相关的离题段落，以许多不同调式

第1章 开端

> 围绕同一主题的变调……真实与想象的征引……尖酸刻薄的个人评论以及一连串诸多鲜明形象……其效果就如同即兴演说：由一位精神愉悦而且绝顶聪明和诚实，同时又被赋予了非凡的观察与表达能力的人所发表的令人兴奋的谈话。（《反潮流》第2版，第245页）

在另一篇关于赫尔岑的文章中，伯林翻译了帕维尔·安年科夫（Pavel Annenkov）所著《不平凡的十年》（A Remarkable Decade）中的一段文字，作者在其中所描述的赫尔岑的特征与伯林自己运用的语言极为相似，而这些语言用来形容伯林本人也是适用的：

> 我必须承认，在第一次认识赫尔岑的时候，我既感到迷惑又完全折服——被这个非凡卓越的头脑所折服，它以令人难以置信的迅捷从一个话题猛转向另一个话题，带着永不枯竭的智慧与才华，这反过来又能够使他从某人的谈话中，从某件简单的小事中，从某个抽象的观念中，看到可加以表现、可赋予生命的鲜明特征。他具有一种最令人惊异的能力，可以将相当不同的事物即时性地、出人意表地并置在一起，而他的这一天赋非常之高，滋养它的是最精细入微的观察以及坚实可靠的百科全书式知识储备。他的天赋达到了如此地步，以至于到了最后，他的听众们有时候会被其讲演中连绵不绝的绚烂火花耗得筋疲力尽，还有永不枯竭的幻象与创造，即某种思想的过于丰裕，也会令其听众无比震惊。在

总是热情充沛然而严峻到冷酷的别林斯基（Belinsky）之后，赫尔岑那旁敲侧击的、光彩照人的、永远变动不居的、经常充满悖论而又惹人气恼的、总是聪明精彩的言论要求那些追随他的人不仅要精神高度集中，而且还要永远保持警觉，因为你必须总是准备好立即回应他。而另一方面，任何廉价或庸俗之物都无法忍受与他接触，哪怕是半个小时也不行。一切狂妄自大、一切华而不实、一切卖弄学问、一切自命不凡之人要么从其身边逃走了事，要么在其面前会像火堆前的蜡烛一般熔化。我认识一些人，其中的许多被称为严肃和实际的人，就连他们都无法忍受赫尔岑在场；与此相反，还有另一些人……给予他最为盲目与热情洋溢的爱慕崇拜。（《俄国思想家》第2版，第216页）[6]

伯林本人则几乎将赫尔岑偶像化了，他写道："再没有一位作家，事实上，是再没有一个人更让我愿意做像他那样的人，并且像他那样写作。"（伯林书信集第一卷《飞扬年华：1928—1946年书信》，第279页）不过，我并不认为伯林是在有意识地模仿赫尔岑，或是将自己看作与赫尔岑相似：这与其自然不矫饰的天性相违背。

最后，在一篇关于乔治斯·索黑尔（Georges Sorel）的文章中，伯林再一次正中鹄的：

> 索黑尔的作品既无定状又无体系，其他人作品中的定状或体系也不会令他印象深刻。他是一位难以抑制且激情洋

第1章 开端

溢的谈话者,就像其他著名的谈话者——如狄德罗、柯勒律治(Coleridge)、赫尔岑、巴枯宁(Bakunin)——有时的情形一样,他的作品也保持着松散片段的状态,毫无组织、未完结、碎片化,充其量是一些犀利的论辩散文或小册子,由某些直接相关的场合激起,其意图并不是为了填入某个逻辑一贯、业已发展的教义,而且也无力达到此结果。不过,仍然存在一条中心线索,将索黑尔所写和所说的一切联系在一起:如果不是教义的话,可以说是某种态度,某种立场,对某种单一性格气质的表达,对生活的某种坚定不移的观点。他的诸多思想宛如冰雹一般敲打着所有业已被接受的教义和制度,无论是在过去还是现在都令其朋友和敌手着迷。这不仅是由于其内在固有的质量与力量,同时也因为在他那个时代曾经局限于知识分子小团体中的那些东西如今已经发展到了世界范围内。当索黑尔还在世之时,他至多被看作是一名论辩记者,一个拥有有力的笔以及偶尔闪耀非凡洞见的自学成才之人,过于任性和执拗,不值得严肃和忙碌的人们对其长时间地加以关注。结果,他却证明了自己比他那个年代里许多备受尊崇的社会思想家都更加令人敬畏,而那些人当中的大部分他都不屑一顾,或是不加掩饰地对其表现出轻蔑鄙视。(《反潮流》第2版,第375—376页)

伯林的作品并非这般不成系统或是充满论辩性,而且他也既不如此为人所鄙视,也不蔑视别人。但是,关于中心线索的那句话切中肯綮。如果有任何人以身作则地代表了"单一性格气质"以及

"对生活的某种坚定不移的观点"，那么这个人便是伯林。我的部分意图便是在讲述我的故事的过程中，引出并展示那条线索中的某些方面，展示那种性格气质与生活观，而这个故事真正开始于1974年年末的一次谈话，发生在牛津大学沃尔夫森学院新建筑中的一间楼上公共休息室。

做　书

第 2 章
一项计划诞生了

在我于 1972 年 9 月米迦勒学期（Michaelmas Term）[①] 开始之前进入沃尔夫森学院之时，并没有意识到我将发现自己的天职所在。我之前从未阅读过伯林的任何作品，而且几乎对他一无所知。不过，在我的沃尔夫森同学当中，有一位很快便成为我朋友的哲学学者，名叫塞缪尔·格滕普兰（Samuel Guttenplan）。他 1966 年曾在纽约担任伯林的研究助手，并且在伯林的建议下，于 1971 年来到沃尔夫森学院，成为一名博士研究生。萨姆（即塞缪尔）熟知伯林及其作品，我征询他的意见应该从哪本书开始阅读，他便指引我去读在三年之前出版的《自由四论》（*Four Essays on Liberty*）。伯林认为这本书是自己最重要的作品（2002 年，我将其收入《自由论》一书之中），而他的看法无疑是正确的。在一次大学假期期间，我带着这本书和朋友们一起去位于埃克斯穆尔（Exmoor）一座名为"绿地"（Greenlands）的偏远村舍度假。它坐落在埃克斯福德（Exford）附近，

[①] 即牛津大学的秋季学期，开始于米迦勒节（9 月 29 日）前后。——译者注

当时为我的某些亲戚所拥有，后来则成为雷纳夫·费因斯和弗吉尼娅·费因斯（Ranulph and Virginia Fiennes）的家。我如饥似渴地阅读着这本书，它令我惊呆了。伯林喜欢形容当偶然读到某篇非凡卓绝的作品时的感觉，比如说，他如此描述阅读 L. B. 纳米尔（L. B. Namier）的一篇文章时的感受："这整篇文章从头到尾质量都很高。在阅读它的时候，你会有一种突然航行在一片一流水域中的那般感觉——这种感觉无可替代。"（《观念的力量》第 3 版，第 123 页）而这正是我第一次阅读伯林作品时所经历的感觉。

　　该书作者显然是一个具有罕见洞察力的人，一个被天赋了那种丰沛"现实感"（sense of reality）的人。因此，当他发现别人也拥有这种感觉的时候，会十分乐见。在这一个或那一个具体点上，会存在分歧空间，但是关于宏大的人类问题，需要感受到安全妥帖。我认识到，这里存在一位确定无疑是天才的作家与思想家，他的作品应当让尽可能多的读者拥有，也应当得到尽可能广泛的阅读。他探讨了长期以来令我沉浸其中的那些基本问题，而他关于我们所面对的困境的理解让我印象深刻，因为其理解比任何我之前所遇到的东西都"更加真实且更为人性化"（《自由论》，第 216 页）。对他而言，最关键的价值是自由与多样性，他将二者以令人信服的重要方式联系在一起，这一对价值当中既包含了更为严肃的组成部分，又不排除不负责任和愚蠢可笑的行为。正如诺埃尔·安南后来所说："在我看来，在我们这一代人对于生命做出的所有阐释当中，他所写下的是最真实与最为动人的。"（《对人类的恰当研究》第 2 版，第

xxxi 页）特别是，或许是正确的，或许是错误的，我在他的作品中看到了从我青年时代起所接受的令人窒息的宗教灌输式教育中逃离的一条道路，这给了我一个强有力的个人原因，去热情拥抱并全力捍卫他的思想观点，而这一点在我们此后的通信往来中也影响巨大。

萨姆也了解我长期以来对于编辑工作的爱好。还在学校的时候，我就耗时费力却又并无目的地用打字机打印出了我当时最好的朋友史蒂芬·格林［Stephen Green，如今已是赫斯彼朋特的格林勋爵（Lord Green of Hurstpierpoint）］手写的一个关于爱尔兰马铃薯饥荒的剧本。无论是在上中学还是在做研究生时，我都编辑刊物。而且如前所述，那时候我还计划在沃尔夫森学院编辑一份刊物，因为该学院此前没有院刊。我正在为我那古怪的房东编辑一本作品杂集，该集子于 1974 年 12 月出版，上面印着专门为此而设计的我本人的出版标志。那本集子的名称是伯林建议的，有些晦涩难懂。[1] 将一大堆乱七八糟的材料组织到一起，并将其转变为可以示人的某种形式，这一过程很明显对我那过度追求组织化条理化的本性十分具有吸引力。

萨姆看出，伯林关于不出版其作品的声明是误导性的，其实他是一个非常合适的处理对象，一个有待开始的编辑项目。萨姆认为，这样一个项目比我迄今为止进行过的任何尝试都更加值得去追求。他知道伯林已经在一些不知名的地方出版了一些文章与讲演，而他与我一样，对伯林作品的评价很高。在 1974 年的某个时候，我完成了自己的哲学学士课程，声称要着手将自己的哲学学士论文扩展成一个更长的哲学博士论文版本，而沃尔夫森学院也突然迁往其位于林顿路上的新址。萨姆于此时建议我去询问伯林是否同意由我做他的编辑，出版一本其逸散作品的合集。

对于这个主意，我感到极度缺乏自信，它看起来（而且事实上也是）有些超出了我的能力水平，不过我立即就被这一想法强烈吸引住了——事实上是因其而感到着实兴奋。我相信，关于以人类的自我理解为中心的诸话题，伯林有重要的话要说，我也知道，谈论起这些话题来，他会极富感染力地滔滔不绝。他已经被广泛地认作是当代最重要的思想家之一，但没有任何人像他那样具有距离感，他的许多作品相对来说都不为人知。你能想象有比这更具有吸引力的编辑项目吗？我怎能拒绝这样一个机会，可以与他一起近距离工作，并由此而顺带对他了解得更为深入？对于一个有着像我一样的古怪癖好的人来说，这真是一个超级幸运的机会，而我希望能够抓住它。因此，我便大胆地去问伯林，他是怎么想的。我当时一定是当面询问他的，因为我没有发现关于我迈出这第一步的任何往来通信，而如果确有关于此事的信件的话，我是不太可能将其丢弃的。

情况是，伯林此前已经接到了许多类似的建议，但是他拒绝了其中的大多数，部分理由是，在授权他已面世作品的合集之前，他想要出版一两本"像样的书"，因为他认为（而在我看来这么想是错误的），在作者身故之后，出版其作品合集才更为水到渠成。不过，此前申请担任伯林编辑角色的罗伯特·G. 哈佐（Robert G. Hazo）——此人后来成为芝加哥的一位政治分析家——已先于我获得了伯林的同意，在时机成熟时做他的编辑。

哈佐业已编纂了一份伯林作品的目录（尽管其中只包括 42 个条目）[2]，并且于 1970 年 1 月 26 日将其送往伯林那里，建议由自己来编辑一本《以赛亚·伯林文选》(*The Collected Essays of Isaiah Berlin*)。在他看来，这将是囊括伯林此前发表过的所有文章的一本集子，包括收入《自由四论》中的那些，以及收录进《俄国思想家》(*Russian Thinkers*)中的文章，后者的合约自从 1968 年以来已由企鹅出版集团拥有，并由戴维·夏皮罗（David Shapiro）担任其编辑。即便是仅仅包括哈佐所意识到的那些篇目，这也将是一部过于庞大，因而不现实的合集。

伯林回答说，这样一个集子是不成熟的。不过，他给了哈佐一个他认为确定的承诺，这当然合情合理，但是也十分奇怪，因为他其实几乎并不认识哈佐：

> 对于您全力投入的辛劳，我感激不尽，也确确实实感动万分。我认为，最好还是再稍等一段时间，待其他"作品"出现之后再让单本合集的主意实现吧，否则合集会过早地妨碍它们问世。"文章与讲演"这类东西通常都是在一个人过世之后才出版。我并不反对出一本单本合集，包括我所有的文章与讲演，但是，我诚挚地认为，应当再等三四年。现在做这件事的时机尚未到来，不过，在恰逢其时的时候，若是您能承担这项责任的话，我将不胜感激。[3]

他当时心目中的"其他'作品'"正是《俄国思想家》，以及在经历了不计其数的波折变化[4]之后组成《维柯与赫尔德》(*Vico* and Herder）一书的那些文章，后者被赋予了一连串不同的书名，其十年期版权合约与霍加斯出版社（Hogarth Press）签订。只有至少在这些书册出版之后，伯林才准备同意将其他材料收入一本合集。这一态度有点古怪，因为那两本书也是其文章的合集。不过，伯林似乎认为，这两本集子比起其他尚在酝酿中的合集来，要更为成形和连贯。在我与他进行的私人讨论中，他也透露正在筹划出一本关于浪漫主义起源的书，而该书本身则源于伯林于1965年在华盛顿所发表的一系列演讲。然而，他最终似乎是接受了如下前景，即这样一部作品是遥遥无期、完全不确定的，还是不要成为其他计划不可逾越的障碍了。事实也的确如此：他从未动笔为该书写过一个字。

一旦决定了同意我的提议，伯林就必须将自己从对哈佐的承诺中解脱出来。他于1975年2月6日致信哈佐，说牛津大学出版社建议其出版一部文章合集，并且接触了"我学院中的一名成员"[5]来帮助编辑这本集子。其中存在一小部分事实：牛津大学出版社的确不时地建议伯林在他们那里出版作品，而该社当时的哲学编辑、我的朋友尼古拉斯·威尔逊（Nicholas Wilson）也确实询问过我是否可以为他们编辑伯林的作品。但是，萨姆·格滕普兰已点燃了导火索，而牛津大学出版社只是我所酝酿的新计划中的出版商之一。或许伯林相信，提及与牛津大学出版社之间的联系会帮助他摆脱对哈佐的承诺。他告诉后者："我写信对您说这些，是为了让您去除仍然可能怀有的对这些作品有义务的感觉。"

这一策略并未奏效。哈佐于2月18日来信抗议，引用了伯林在 1970 年写给他的信。伯林在 2 月 27 日的回复中表现出一定程度的尴尬窘迫，但他还是辩称对于作者与编辑的合作来说，大西洋的阻隔是一道致命的障碍。他还提出将对哈佐有所补偿。[6] 我建议我们应当印一份对哈佐大加恭维的致谢，对此伯林于 3 月 5 日回答：

> 我正在等待哈佐对我那封有些苦涩熬人的去信的回复。如果他的回答表现出更多的悲伤而不是愤怒，则我肯定会请求你夸大其词地描述他在编纂作品目录方面的帮助：这只会带来皆大欢喜的结果，而不会伤害到任何人。[7]

哈佐在 3 月 31 日的回信中说，他感到自己无法拒绝伯林的决定，但是他也表达了"万分惊愕之情"，并且要求在"致谢"中提及他的研究，并且为其已付出的时间和花销索要经济赔偿，总计高达 1,330 美元。他认为伯林的行为不够得体，并且感觉到自己"被利用了"。

伯林在 4 月 24 日的回复中否认自己对哈佐负有任何"法律的或半法律的"[8] 义务，并对于其要求的赔偿数目评论道："就英国的标准来看，这一数字似乎骇人听闻。"不过，他表示会确定一个正式的数额。他还补充说，两人间的往来表明，这段关系"无法善始善终"，而"对于一段不愉快的关系来说，'离婚'是最佳选择"。伯林说很遗憾给哈佐带来了痛苦，不过自己并无负罪感。在同一天，伯林怀着沉重的心情致信给我："至于哈佐先生，我给他写了一封不太友好的信——毫无疑问，致谢中应当提及他，但是不会使用过度热情洋溢的话语，因为，他的来信确实相当有恶意。"

在 5 月 12 日的回信中，哈佐合乎逻辑地评论道，"跨越大洋的合作"[9]之困难在 1970 年和在 1975 年一样巨大。他坚持自己索要的赔偿数额，并随函附上了账单，而伯林于 6 月 2 日支付了该账单，从而结束了这段令人不快的插曲。

对于自己取代哈佐，我的感觉很不好，尽管哈佐的计划并没有开花结果的现实前景。无可否认，伯林确实亏待了他，尽管这仅仅是考虑欠周的结果，而伯林也应该感到歉疚。在与哈佐决裂之前，伯林甚至在 1972 年已经有失忠诚地（或许是由于一时的健忘）与一家出版社"眉来眼去"。如果哈佐知道那次交易的话，这应当已然令他警觉：

> 最好是允许我先行出版一些更为成形的作品……在这个由袖珍科拉科尔小艇（coracles）与可折叠蛋壳船所组成的小型舰队下水航行到那片不大平静的海域之前——我似乎是以自己最为谦逊温和的出场方式激起激烈辩论。你不这样认为吗？我认为，最好将这件事再推迟两三年，但是同时，如果您有足够的善意，可以去进行某些替代性的计划，制作一本类似的 20 世纪 70 年代中期的文章合集。[10]

伯林从自己与哈佐的约定中撤出后，我一直害怕同样的打击会落到我身上，而我相信，它降临于哈佐的事实让我有充分理由对此心存恐惧。1975 年 5 月 4 日，我致信安德鲁·贝斯特（Andrew Best），他当时是伯林与我在柯蒂斯·布朗著作代理公司（Curtis Brown）的著作代理人。我写道："我不想成为另一个哈佐先生。"若是伯林不想做什么事情，那么就连一个先期许下的承诺也不会对他有所阻碍。这并非没有原因。他是一对过度溺爱的父母唯一存活下来的孩子，因此有点被宠坏了。伯林几乎总是魅力四射，慷慨大度，但是，他的性格特征里也有冷酷无情的一面，在某个他意见坚定而不愿重新考虑的问题上，如果有人过于不屈不挠地挑战他，则他性格中的这方面就会浮出水面。结果是，尽管偶尔会有挫折，但相对来说我并没有受到伤害，不过，我从来也不敢高枕无忧，而是每天都担心"灾难"会降临。

走笔至此，我必须将读者从可能的误解中引导开来。我绝对不是试图去贬损或否定伯林作为一位善良和明智的好人的名声，而是相信他既善良又明智，而且我还要更进一步，称他为一位伟大的人，以及如前所述，是一位天才。不过在某些领域，他的的确确吸引了人们不加批判的钦慕赞赏，而这又很可能使那些不那么相信言过其实之宣传的人与他疏远。具体到我个人而言，人们经常将我设想为对伯林最不加批判的倾慕者之一，但这并不正确，正如那广为流传的认为我是他的学生的说法也不是真的一样。我对他深深的钦慕赞赏无可否认，但这种情感由于认识到他也具有人类的非完美性而有所缓和。这并不是一件坏事：将一个凡人转化为一位圣人，那不过是伯林赋予如此之高价值的"现实感"的一种失败。伯林本人甚至从未将他的英雄们神圣化过，尽管他承认自己是一个自然的英雄崇拜者。所以，我们也不应该把他神圣化。

　　一旦在原则上达成一致，我的首要任务便是建立伯林已问世作品的汇总目录。我做这件事的时候还是在前互联网时代，这类事务十分耗费时间。伯林自己并未保存系统的记录，而仅仅对已出版过什么作品有零散片段的记忆。他立足于当下，因此一旦作品已出版便倾向于将其从头脑中抹去。回忆起来，我主要的最初资料来源包括一橱柜单行本，存放于伯林在牛津的家中，那所堂皇的乔治王朝时期的大楼以"海丁顿屋"（Headington House）之名闻名于世；另外还有一抽屉来自杜兰特（Durrant's）剪报社的剪报，由伯林的私人秘书帕特丽夏·乌特钦（Patricia Utechin）（昵称为"帕特"）所保存，她成为我的战友，并在一段时间之后，成为我亲密的朋友。利用这些资料，再加上不同的图书馆目录、阿兰·瑞安（Alan Ryan）发表于《邂逅》（Encounter）[11]上的一篇文章、哈佐的作品清单，以及其他许多我现在毫无疑问已忘记的地方，我编纂出一份伯林已出版作品的最初目录，并于1975年2月16日致信给他，询问他还有什么可以添加其上的。即便是那些最为熟知伯林作品的人，也惊异于这项工作所发掘出的材料数量之巨。

　　上面提到的那封信便是该项目产生的第一封信（或其中留存至今的第一封信），令人难堪的许多封信中的第一封。不过，伯林并不善于在谈话中紧扣要点——这是一个十分吸引人的特质，只是如果谈话对象想要取得实际的进展，这一点便不那么吸引人了。于是，当我想要推进工作时，几乎总是写信给他。有一封信如此开头："恐怕时机已到，我该向您询问几个问题。"从那时开始,直到伯林去世的20余年期间,我到底问过他几百几千个问题呢?现在,一想到自己朝着伯林的方向无情连续发射问题的枪林弹雨,我就会瑟瑟发抖。然而,无论问过多少问题,询问总还是不充分。自从他去世之后,我总是不断想起当他尚在人世之时我应当询问的问题,因为只有他(如果有任何人)知道这些问题的答案。但是现在已然太晚了,因此抱怨也于事无补。不过,即便如此,伯林对于我的确问过的那些问题的回答也值得拥有。他是一位非同一般地严谨细致的通信者,通常既详尽又耐心地逐条逐点回答我的许多询问。直到他去世10年之后,我才重读了我们之间的通信,其中所包含的东西比我记忆中的要多得多:既牵涉更多的事务,也保存了关于其人格的更多的证据。我原本并没有意识到自己正在建立一个材料资源,可以澄清伯林精神世界中的某些方面,不过现在,我看到了这正是我实际上在做的事情。

一开始,我们的讨论大部分是关于作品目录和编辑问题的,并不能给大家提供"开胃可口的饭菜",尽管其中也包含某些有趣的侧面情况和间接信息。在最初的一批信件中,共有17个问题,除此之外,还有我要他告诉我我忽略了他哪些作品的一般性请求。在1975年期间,通过说起来啰唆、做起来耗时的步骤,作品目录已增加至137个条目,并且刊印于当年秋季号的《利西达斯》上。[12]

在1975年2月20日的一封回信中,伯林对于第17个,也是最后一个问题的回答值得保留。他在我们聊天时提到了自己于1952年发表的一些电台谈话,主题是"自由的敌人"。我去信询问详情，他回复道：

> 我在英国广播公司（BBC）关于"自由及其背叛"（Freedom and Its Betrayal）发表了 6 次谈话，是 6 次，一次也不少——每一次长达 1 个小时——对此我怀疑自己最应感谢我那把椅子。其中没有一次谈话内容发表于《听众》（Listener）杂志或是其他任何地方。这些谈话的记录是存在的，但是错误百出（其中既有我自己犯的口误，也有他们记录的错误）、夸大其词，充满了我宁愿自己从未说过的东西。这些谈话涉及百科全书派（Encyclopedians）、卢梭（Rousseau）、费希特（Fichte）、圣西门（Saint-Simon）以及德·迈斯特（de Maistre）[最后一篇谈话是我篇幅最长的未出版作品之一，它应当收在一本书中。如果由我动笔写这本书，书名会是《启蒙运动的两个敌人》（Two Enemies of the Enlightenment），我已同意哥伦比亚大学出版这本书。我正是在该校以讲座形式发表了这些内容，我想那是在 1964 或 1965 年，[13] 讲座以哥大的一位哲学教授命名，但我现在记不起他的名字了]。

讲座的名称是"伍德布里奇讲座"（Woodbridge Lectures），此讲座是为了纪念弗雷德里克·詹姆斯·尤金·伍德布里奇（Frederick James Eugene Woodbridge, 1867—1940），讲座于 1965 年 10 月 25—28 日期间在纽约哥伦比亚大学举办。为了回复我于 1979 年 12 月 4 日留给他的一张便条，在其中我又问了一遍这个问题——这一重复是由于疏忽而无意间造成的——询问他在英国广播公司的那些谈话是否已经出版，他在便条后写道：

> 没有出版，因为它们分别长达1个小时（我必须承认，英国广播公司此前从来没有许可发布过如此之长的谈话）：当时的编辑，我上中学时的同学莫里斯·阿什利（Maurice Ashley），现在依然健在（1907—1994）。当时他致信给我，告诉我说这些谈话实在是过长了。因此，它们从未以任何形式在任何地方出版过。如此最好。

伯林在1975年的描述仅仅是大致接近于事实的，这对于他来说十分典型。他省略了自己的6个主题人物中的两位，没有提及爱尔维修（Helvétius）（他并不是百科全书派的一员）和黑格尔（Hegel），也没有澄清最后一次讲座，即关于约瑟夫·德·迈斯特（Joseph de Maistre）的讲座，其实并不是"我篇幅最长的未出版作品之一"，而只是它的一个经过大幅度缩编的版本。其长篇版本的初稿可能首先完成于20世纪40年代，后来又经过多次修改，却在1960年被《思想史杂志》（*Journal of the History of Ideas*）拒稿，理由是篇幅过长、重复之处过多，以及新意不足。这一定位列20世纪最为愚蠢的出版决定之一。伯林不愿意删减其文本，而由于那本计划中的哥伦比亚书册从未实现，这篇文章最终在1990年才付梓问世，其题目是《约瑟夫·德·迈斯特与法西斯主义的起源》（Joseph de Maistre and the Origins of Fascism），收入《扭曲的人性之材》(*The Crooked Timber of Humanity*)一书中。不过，关于文字记录的错误这一点，伯林相当正确。英国广播公司的打字员们在试图理解伯林那急促而含混不清的话语时犯下了许多错误，其中给我印象最为深刻的一个，是他们不断将圣西门（Saint-Simon）记录成"西摩尔爵士"（Sir Seymour）。

在准备这份作品目录的同时，我阅读了自己所能够找到的伯林的所有文章，其中有一些他一开始拒绝承认是出于他的手笔。[14] 它们自然而然地可分为六个类别。正如我于1975年2月7日在致尼古拉斯·威尔逊的一封信中所说："有哲学、政治、观念史、俄国文学与思想、犹太研究，以及行动者与作家个人肖像这六类。"[15] 我计划将前两类合并在一起，因为它们的篇目相对来说比较分散；第四类已经在《俄国思想家》一书中得以呈现（在当时，它还并不是我所设想的计划中的一部分）。如此一来，留给我去完成的就是四卷系统组织的书册，都要由各自相关领域的专家们撰写导论加以介绍。[16] 我开列了一份文章清单。

接下来就是大量的讨论，关于应该选用哪些具体篇目，以及分别收入哪一卷中：在1975年7月15日写给迈克尔·布洛克的一封信中，我写道，自己的最初计划是"按照伯林本人的以及出版商的意见修改若干次"。有关这一讨论的诸多细节我将予以省略，因为它们并不那么具有吸引力。不过，确实出现了一些很重要的问题，甚至我所筹划的出版类别也引起了质疑。在1975年5月初，伯林写道："我一点也不想把犹太研究单独作为一卷"；

更有甚者,"我根本不想重印《犹太奴隶制与解放》(Jewish Slavery and Emancipation)这篇文章,因为即便在今天,它也必定会引起许多争议"。我于5月15日回信道:

> 我很遗憾您不希望单设犹太研究卷。如果您不想要,您可以保留您的意见,不过,我感到十分惊异,鉴于"关于犹太人状况的三篇文章"(Trois essais sur la condition juive)[《犹太奴隶制与解放》、《莫泽斯·赫斯的一生及其观点》(The Life and Opinions of Moses Hess)和《本杰明·迪斯雷利、卡尔·马克思与身份的追寻》(Benjamin Disraeli, Karl Marx, and the Search for Identity)三篇文章的法文翻译(发表于1973年)]的存在。既然您认可这三篇文章的法文翻译,我宁愿相信您也会同意我编辑一卷关于犹太研究文章的建议。情况是不是这样:尽管您准备每次一篇地发表关于犹太人与犹太问题的文章,但是,对于将它们全部收集到一起,您感觉像是一次过于实在和过于直截了当的表示忠诚的公开声明?以我的观点来看,唯一的问题是,尽管有可能将涉及犹太研究的篇章重新整合到其他类别中去,但这会让人感到,它们置身于其他文章中间并不开心快乐:犹太人的困境极其独一无二——它不仅仅是一个人类问题在一个族群中的显现,而且所有个人、一切民族都必须在其自身的历史与文化语境中重新体验这一人类问题。在这一程度上,犹太研究既不同于观念史研究的其他领域,也有别于当代政治,后者由于时间和空间的限制,似乎只是覆盖于人类的普遍关注与

困境之上的一片较薄的面板。我的意思并不是，这就提供了应当把关于犹太研究的篇章组合到一起的不可抗拒的充分原因，但是，它的确解释了我为什么一开始就选择了这样的计划。我不知道您对于将犹太研究单独成卷的反对有多强烈。我可以肯定，它如果真的能起到作用的话，一定会满足某种需求。

这是一篇相当鲁莽冒失的厚脸皮的回复，不过，在我与伯林交往的整个过程中，我觉得自己需要在每一步都以我最大的勇气来推进，以保证在面对伯林那根深蒂固的自我怀疑、犹豫不决和小心谨慎时，能够获得最佳的结果。更多的时候，我的莽撞大胆会有所收效，而若是采取更为恭敬、更加彬彬有礼的方式则有可能遭到一口回绝。现在，当我重新阅读这些信件时，我震惊于伯林在面对我的咄咄逼人时表现得是多么的随和通融。尽管我们之间年龄和社会地位相差悬殊，他却从不因此而压我一头。在绝大多数时候，在对待我的询问、建议与不同意见时，他对我的态度就仿佛我与他在思想上平起平坐。不过有时候，即便对于他来说，我也做得太过分了，于是我便会因此得到相应的责备。这种非直接自作自受所造成的伤口令我备感痛苦，尽管它们是一场长期持久战必不可少的副作用。我在这场战役中坚持战斗，以保证我的目标得以实现，即在我感觉值当的情况下，以尽可能高效的方式出版（或再版）尽可能多的伯林的作品。但是，伯林从不会让我的错误行为折磨自己太久，他总是对我所做的事情报以慷慨大度——或许是过于慷慨大度——

的赞赏。比如：

> 我心里真的有一点过于满满当当，以致无法得体地表达我对你的亏欠和感激之情——无论是对于现在还是之前的多年。但毫无疑问，它会逐渐清晰地得以表达。由于这份感情一直与我同在，你必须等待，耐心地等待，随着时间推移，它会得到表达。[17]

在 1980 年 1 月 8 日的一封信中，这份感激之情又转向了幽默的一面：

> 由于我亏欠你的"债务"如此之巨，很明显，现在你可以自行将其一笔勾销，而这一定会令我不时感到强烈的窘迫——或许你不必进行过多的此类行动，但是你现在有权做一些，特别是在我没办法勾销"债务"的情况下——对此，我又有可能做些什么呢？

我所能够回忆起的自己对伯林确定无疑的第一次冒犯却与我的出版项目毫无关系。沃尔夫森学院音乐协会（The Wolfson College Music Society）于 1974 年 12 月在学院会堂举行了成立仪式，姆斯蒂斯拉夫·罗斯特洛波维奇（Mstislav Rostropovich）在仪式上演奏了巴赫的三首大提琴独奏奏鸣曲。出于对伯林的私人情谊，他为伯林免费演出，甚至还自己购了票。演出收入用于资助音乐协会，而我是该协会早期的负责人。1975 年 3 月 1 日，我安排了第二次音乐会，演出者是两位俄罗斯人——小提琴演奏家艾拉·沙洛娃（Alla Sharova）与钢琴演奏家希尔达·萨克斯（Hilda Sachs）。在宣传音乐会的广告传单上，我写道："希尔达·萨克斯出生于里加，正如以赛亚·伯林爵士一样（这将是他作为沃尔夫森学院院长荣休之前的最后一场音乐会）。"伯林会拒绝这样写，我想，因为他认为这样提到他非但与音乐会本身无关，而且非常庸俗，令人尴尬和难堪。于是，我修改了广告传单。曾经出现过一系列我错误判断伯林反应的场合，这只是其中之一，有时候事情比这个事例要严重得多。这令我想起一件事：有一次，伯林与我站在人群中观看沃尔夫森学院的赛艇队员们在伊希斯河（the river Isis）（即泰晤士河）中奋楫划船，一位美国评论员站在牛津大学船库的顶上，通过扩音器评论道，聚集于此的人群为某某某的在场而感到不胜荣幸——他在此提到了两三位家族有爵位的家长的姓名及其头衔。一个英国人立即抓过扩音器说："我要为最后一句评论道歉，这句话极端庸俗，而且有几分殖民意味。"伯林自己当时并未留意到这些评论，不过当我告诉他这些的时候，他哈哈大笑。他并未在那些被提及姓名的人当中。

大概就在那件事发生的同时，我又犯了一个错误。由于阿兰·瑞安在其发表于《邂逅》上的文章中建议编纂一份伯林的作品目录，也因为伯林曾在该刊物上发表过许多作品，我便询问《邂逅》是否有兴趣出版我所编纂的作品目录。在当时，我对于1967年关于该刊物所爆发的那场纠纷一无所知。美国中央情报局（CIA）曾暗中通过"文化自由大会"（Congress for Cultural

第 2 章 一项计划诞生了

Freedom）为《邂逅》提供资金："文化自由大会"对其中一位编辑隐瞒了资金来源，而那位编辑正是伯林的密友斯蒂芬·斯彭德，因此在事实浮出水面之后，斯彭德尴尬万分。伯林说他自己也同样没有意识到这件事。斯彭德后来从该刊物辞职。伯林取消了他对《邂逅》的订阅，坚称他所反对的并非接受资助这件事本身，而是对他隐瞒资金来源的做法。在困惑懵懂之中，我撤回了自己的建议，但《邂逅》的一位工作人员对我说我的第二封信甚至比第一封更有令自己尴尬的理由。

也许最为严重的一次错误判断发生于 1975 年 4 月。让我来重现当时的情景。在伯林于前一个月从沃尔夫森学院院长的位置上荣休的时候，我给他写了一封信，借此表达我和其他人与他相处的感受：

> 人们都说您不喜欢多愁善感，不过，请允许我简略而不带过多感情色彩地说出最近挂在无数人嘴边的话，这些话也存在于无数人心里，我发声将它们说出来，以免由于未曾说出口，您便认为人们没有这般感觉。在您担任院长期间，我作为沃尔夫森学院的一员，有过一段愉快而难忘的经历；而看到您任期渐近尾声，令我们所有人的心中充满悲伤。即便是在您于这片荒野之中的任期结束之后万灵学院（All Souls）重新召唤您，我们也希望，您能够偶尔冒险来到牛津北部那被积雪覆盖的荒原看望我们。出于许多理由，我认为自己在沃尔夫森学院的时光总体上说是我生命中最快乐的：若是没有沃尔夫森学院，我想我在牛津的研究生生活将会是十分悲

惨的。（写于1975年3月13日）

当晚，沃尔夫森学院举办晚宴庆祝伯林的荣休。晚宴上，德里克·希尔（Derek Hill）为他绘制的一幅官方肖像（现存于学院图书馆中）揭幕。嘉宾逐个发言，还演出了一出名为《心灵游戏》（jeu d'esprit）的音乐剧。初级研究员露丝·帕德尔（Ruth Padel）与我在伯林出场的部分一起演唱了一首名为《谁是谁》（Who's Who）的歌曲，其曲调取自莫扎特歌剧《魔笛》（The Magic Flute）中帕帕基诺与帕帕基娜（Papageno-Papagena）的二重唱，并由伯林的继任者亨利·费希尔爵士（Sir Henry Fisher）（或"哈利"·费希尔）进行钢琴伴奏。[18] 两天之后，就在荣休时刻刚刚结束的时候（午夜），伯林给我写了一封十分感人的回信，此信收入其书信集第三卷的最后部分（《添砖加瓦：1960—1975年书信》，第597—598页）。

到目前为止，一切都很完美。然而，由于惊愕于自己对伯林继任者所形成的（也许正确，也许错误的）第一印象，我十分愚蠢地在一封信中表达了这种惊异与失望之情。从帕特·乌特钦那里，我得知伯林对这封信很不满意。我后知后觉地理解了其原因，于是又写了一封，为自己的口不择言道歉。伯林一并回复了这两封信：

> 我请求你不要往心里去。当然，你不应当反应过度，也不应该对我说关于我的继任者的那些话。出于显而易见的原因，对于这种话我必须要么不听，要么的确是在无意间偶然

听到。我所能做的只能是转移自己的目光,在他任职期间对其所为一无所知。每个人都具有自己的风格——我一定是最不可能被要求去采取某种批判态度的人。不过,我不需要在这一点上喋喋不休。你能够非常好地理解这一点,唯一让我感到遗憾的是,这件事令你感到痛苦:我并不是为自己所做的任何事感到遗憾,而可以说,是为现有的以及正在形成的情形感到遗憾。让我们称其为一次略微鲁莽冒失的"急转弯"吧。(写于1975年4月24日)

这绝对不是唯一一次如此鲁莽冒失的"急转弯",然而它是在我的记忆中留下最深烙印的一次。

在经过伯林式的离题插话之后,让我回到关于犹太研究单卷这个问题上来。在我发出据理力争的那封信后两周之内,帕特·乌特钦向我报告,明确了关于犹太问题的文章没有商量的余地:

> 他不会出版关于犹太问题的文章,起码在他在世期间不会。他自己是这样说的,因为他害怕捅马蜂窝,他怕被人(犹太人、以色列人)认为不够犹太化,甚至可能被认为是反犹的,而他对此极端敏感。你必须吞下这枚苦果,我认为他不会动摇。[19]

如今,我比在当时更好地理解了他的理由。他不愿意将那些文章隔离开来集中于一处单独的"围栏"之中,而是更愿意将其中的一部分看作属于普遍观念史的内容，其他的则面向犹太读者群，可以说是面向家庭的，因此不适于收入我所编辑的合集中。于是，属于前一个群体的篇章被重新分配到了另外几卷当中，其他文章则从计划中漏网而去，这令我十分遗憾（尽管我后来将它们一一抢救回来了）。

伯林也不希望他所写的书评（只有一两篇除外）保留在我的选集当中。在他拒绝单设犹太研究卷的同一封信中，他写道："我记得读到罗斯（Rowse）的书评合集，那些书评确实收入了其作品集的一卷当中。我当时想，它们是多么琐屑微末啊，是多么傲慢自负和令人恼火啊，——真是一捧微尘。"对此，我进行了温和的抗议，不过并没有就普遍原则进行争论：

> 我并不认为，罗斯的书评不值当重印这一事实，可以作为充足理由来允许所有书评都烟消云散！例如，乔姆斯基（Chomsky）对 B. F. 斯金纳（B. F. Skinner）《语言行为》（*Verbal Behavior*）一书的书评本身就可以成为一部小型经典。（写于 1975 年 5 月 15 日）

我其实可以加上一句，同样的话也适用于伯林的《1940 年的温斯顿·丘吉尔》（Winston Churchill in 1940）一文。该文始于对《他们最光辉的时刻》(*Their Finest Hour*, 1949)一书，即丘吉尔战争回忆录第二卷的评论。

除了这些之外，我的概括性计划得到了接受，只是在经过我们的广泛讨论之后进行了一些修改。戴维·夏皮罗十分慷慨

第 2 章 一项计划诞生了

地允许我们将关于俄国思想的那卷收进本系列当中,并由同样来自沃尔夫森学院的俄国语言文字研究专家艾琳·凯利(Aileen Kelly)①与我共同担任编辑(这必不可少,因为我普通证书考试水平的俄语不仅只学了粗疏皮毛,而且已大大退步),不过该书的平装版本还是留在企鹅出版集团出版。除该卷之外,还将有另外三卷:主题分别是哲学、观念史和20世纪人物。所出版卷册的内容与我一开始的目录在许多地方都有所不同。比如,关于苏俄的文章已从俄国卷中去除〔它们30年后才被结集成《苏联的心灵》(The Soviet Mind)一书〕。不过,起点与终点之间的联系历历可见。这一系列丛书取了一个相当无聊的名称——《选集》(Selected Writings),我想起名的人应该是安德鲁·贝斯特。然而,如果该丛书真的需要一个综括性名称的话,我自己也想不出一个更好的。

  自然而然,我很疑惑伯林为什么接受了我的建议,而在此之前却拒绝或推迟了那么多计划。在当时写给自己的一张便条中,我罗列了支持我的计划的种种论点,列于首位的,是伯林对沃尔夫森学院的版税捐赠(我记不得这是不是我自己的想法了,但是它很可能就是),而这当然有助于说服他。我列举的理由还包括:这对于我即将开始的出版生涯会有所助益(他一直支持沃尔夫森学院校友的事业);该项目提供了一个机会,使伯林可以自行决定哪些是他的经典作品,而不是将这项任务留给他的某位或若干位经纪人;能够扭转他留给人们的不事写作的公众形象;我的

---

① 艾琳·凯利(Aileen Kelly)并非伯林的妻子艾琳(Aline),后文中出现"艾琳"的名字时,请读者根据上下文判断作者指的是哪一位。——译者注

参与可将他从编辑自己以往作品的工作中解放出来，因为他面对这项工作时是如此畏难退缩，而同时又让他对选目的内容进行把控。我还曾怀疑，他也暗自期望那些文章比他自己所承认的更为优秀。后来，伯林给出了自己的动机，后文对此将有所阐述。

我于1975年夏季开始编辑工作，同时继续攻读博士学位。结果，博士课业因此有所耽搁，但我对此毫不在意。一封写于8月18日的信可以作为首个证据，来说明澄清伯林的思想后来成为一项多么耗费心力的事。在后面的章节中，我还将回到这个问题上来。我写道：

> 在我们上次见面之后，我便去度了个假（去埃克斯穆尔）。在做其他事情之余，我有机会拜读了您的大量作品，其中的许多我都是第一次读到。它们真是引人入胜，同时，我的脑海中出现了无数问题与评论，到了《选集》出版事宜尘埃落定的时候，我希望自己能够将它们都写出来。不过，就目前而言，作为编辑，我必须坚守自己的责任，只做实际工作。

到了秋季，我已经感觉到，如果要让伯林文中的引文和参考文献经得起严格的学术检验，需要做多大量的修订工作。尽管他完全赞成精确性，然而，他那热情洋溢的性格，以及为引文增色的天赋——能够使不易记住的文字令人印象深刻——都使得他的引文不太可靠，而我必须试着进行必要的改正，同时又不损害引文的趣味。在1975年11月2日的一封信中，我提到了自己面临的困境，意在获得他对我计划要做之事的支持：

第 2 章 一项计划诞生了

　　我刚刚完成了那最难对付的任务，或许是所有当中最令人生畏的，即您关于马基雅维利（Machiavelli）的那篇文章。我想我应该告诉您，而且我希望自己在说这话的时候不带一丝一毫的自鸣得意：没人会为此感到沾沾自喜——脚注中有很高比例的部分都是不准确的。我想让您知道这个——我想您并未修改过这篇文章的脚注。无论如何，现在一切都规规矩矩的了，而使其达到这样的效果真是个非常引人入胜的过程。不仅如此，关于马基雅维利，我还学到了许多！

关于校对的评论，即便是出于善意的言语，也不能成为令人信服的开脱错误的理由。我知道这些与勘校工作的关系甚小，而伯林也明白我知道。在 11 月 13 日，他回信道：

　　至于我那些七零八碎的东西——对于自己的脚注不准确这件事，我一点也不感到奇怪。我行文洒脱，极其缺乏学术范儿，我敢肯定，那本关于维柯的书会遭到某些迂夫子的无情抨击。但是，我渴望精确性，甚至是渴望精于细节的学究作风。将我的混乱归于某种神秘美德的附属之恶，这样想真是善意满满，然而恐怕事实并非如此。[20]

受到这封信的刺激，我于 12 月 6 日再次去信，以更为冗长的篇幅和更加离题的风格，试图为伯林那异常罕见的天赋辩护，以打消他的缺乏自信。我争辩说，学究式的精确性和富于想象力的洞见这两种天赋是互斥的，而后者重要得多：

> 在我看来确实且绝对清楚明确的是，您被赋予的这些能力是更为难能可贵的，您却渴望得到那些您在某种程度上或许缺乏的较为低等的优点，这总是令我惊诧万分——甚至可以说令我感到悲哀。

我曾请求伯林写一篇关于"通识教育"（general education）的文章，对此，他发表了一通议论。他的论点是，有价值的是思想相对于事实的比例——思想越多，越值得尊敬：

> 在我看来，某一主题的学术价值，很大程度上取决于其中思想相对于事实的比例……我们对于乳酪专家的敬意并不十分高；我们认为价值在于其工作，而非他本人；而情况之所以如此，唯一的原因在于，在这项辛苦累人但是不需要什么智力的工作中，并没有包含什么思想内容，即假设、推理能力、对总体思路的领悟、关于某个整体范型中各部分关系的意识。(《观念的力量》第 2 版，第 270 页）

在这个意义上，伯林比任何人都要远离乳酪制作。

在并不贬低追求精确性的前提下，我竭力劝说他：

> 一个人不应该患上恐惧症，不应该害怕被发现犯错。关于出版自己的作品，许多人似乎患上了一种精神综合征。在我看来，其根源在于某种错误观念：认为出版的行为暗含着宣称所出版的东西就是最终定言的意味，应免于被批评，而

且要誓死捍卫它，否则这个人便会声名扫地、荣誉尽失。然而，出版其实只是传播思想的一种方式，其目的是让人对思想进行讨论与改进。

（在发表于《泰晤士报文学增刊》的一篇文章中，我展开阐述了这一点。）[21] 我希望，自己的信并不是为一个不负责任的学术浪荡子而发的站不住脚的宣言。伯林并未回复，或许因为我的说法（现在在我看来）不过是一连串陈词滥调，而且也不是特别能够服人。

下一步就是要去接触潜在的出版商。安德鲁·贝斯特打听了若干家可能的出版社，包括牛津大学出版社和霍加斯出版社（这两家出版社过去都曾与伯林合作过，或是未来将与他合作），还有达克沃斯出版社（Duckworth）与海涅曼教育图书公司（Heinemann Educational）。牛津大学出版社希望去掉哲学卷中的许多内容，并且根据他们的两卷本计划重新编排剩余的材料，但是这样做很有可能使其出版前景化为泡影，因为提供给他们的计划是我对伯林广泛征询后的结果。而相较于那个基础，我的工作已经远为超前了。达克沃斯出版社的柯林·海克拉夫特（Colin Haycraft）给我写了两封令人惊愕的信，其高高在上的语调使我们确定不会选择他的公司出版作品。在1975年11月26日的信中，他写道：

> 我已经致信安德鲁·贝斯特，提出我们的"邀约"。我并不太明白，你所说的选择一家出版社这项"困难的任务"

是什么意思。在我的想象中，只有以竞价方式来执行的任务才算是困难的任务。你还谈到"最佳条款"，事实上，条款或多或少是标准化的。我们当然并未感到"被不公正地对待"，只不过这整件事看起来操作得相当不当！

我于12月1日回复道：

> 挑选出版商这项任务之所以困难，是因为有为数众多的优秀出版社都已经对出版以赛亚爵士的作品表达了兴趣，而无论是从它们中间选择一家，还是让其他家感到失望，这两件事都很困难。您所谓的"竞价"跟它毫无关系——事实上，如果这只是个竞价的问题，那么做选择将是世界上最简单的事了：我们只需要选出价最高者就好了。至于条款，我同意您所说的，版税或多或少是有标准的（尽管即便在这一方面，也有例子可证明，存在着不可忽视的差别），但是很明显，预付款方面并没有固定的规定。我不明白操作不当表现在哪里，至少看不出我们这方有什么不当。

海克拉夫特于1975年12月22日写了第二封信：

> 我明白你现在承认，或者说意识到，"最佳条款"实际上只不过意味着最高的预付款。代理人当然喜欢预付款，因为预付款对其直接营业额有所贡献。出于这一原因，他们总是试图说服出版商相信是作者需要预付款。既然如此，

争论的唯一问题就是，某家最先表达最强烈兴趣的出版商能否做好相关工作。我想，你现在可以理解，我为什么感觉事情操作不当了。若是由于你太缺乏经验，或者是由于代理人过于不明事理，看不出我们是最合适的出版商，那么我也无话可说。

他的最后一句话可以看作是"出版史上最短的自杀式照会"这一头衔的有力角逐者。我于 12 月 30 日回信，回应了他谈及的所有方面，并且总结道：

您怎么知道您是第一个表达兴趣的，或者是表达出最强烈兴趣的？您不可能知道这个。即便您是第一个表达了最强烈兴趣的出版商，还是可能会有另一个"争论的问题"，即是否会有另一家出版商或许能够将这项工作做得更好。

伯林自己略微倾向于选择霍加斯出版社，因其前共同所有人伦纳德·伍尔夫（Leonard Woolf）曾委托出版《维柯与赫尔德》一书，而该出版社的销售总监雨果·布伦纳（Hugo Brunner）曾在该书的出版过程中与伯林一起工作。伯林个人十分喜欢他。正是霍加斯出版社于 1976 年 2 月胜出了（正好是《维柯与赫尔德》一书面世的那个月）——尽管代理人最初倾向于选择阿伦·希尔（Alan Hill）的海涅曼教育图书公司。一则公告登在 3 月 6 日的《书商》（*Bookseller*）杂志上，尽管直到 7 月 9 日，合同才最终签订完毕。

```
Selected writings of Isaiah Berlin, edited by Henry Hardy: contents

(Volume A)   Concepts and Categories: Philosophical Essays
    1   The Purpose of Philosophy
    2   Induction and Hypothesis           I.B. hmm
    3   Verification
    4   Empirical Propositions and Hypothetical Statements
    5   Logical Translation
    6   Equality
    7   The Concept of Scientific History
    8   Does Political Theory Still Exist?
    9   'From Hope and Fear Set Free'                    (c. 250 pages)

(Volume B)   Against the Current: Essays in the History of Ideas
    1   Montesquieu
    2   The Life and Opinions of Moses Hess
    3   Benjamin Disraeli, Karl Marx and the Search for Identity
    4   Georges Sorel
    5   The Originality of Machiavelli
    6   The Bent Twig: A Note on Nationalism
    7   The Counter-Enlightenment
    8   The Divorce Between the Sciences and the Humanities
    9   A Note on Vico's Concept of Knowledge
    10  "Alexander Herzen" (introduction to My Past and Thoughts)
        Bibliography of Isaiah Berlin's published writings    (c.300 pages)

(Volume C)   Memoirs and Tributes
    1   Mr. Churchill in 1940
    2   Hubert Henderson at All Souls
    3   President Franklin Delano Roosevelt
    4   Chaim Weizmann
    5   Richard Pares
    6   Felix Frankfurter at Oxford
    7   Aldous Huxley
    8   L.B. Namier - A Personal Impression
    9   Maurice Bowra
    10  Jacob Herzog - A Tribute
    11  Zionist Politics in Wartime Washington: a Fragment of Personal Reminiscences
    12  J.L. Austin and the Early Beginnings of Oxford Philosophy
    13  John Petrov Plamenatz
    14  Edmund Wilson (if written in time)                (c.210 pages)

(Volume D)   Russian Thinkers
    1   Russia and 1848
    2   The Hedgehog and the Fox
    3   Herzen and Bakunin on Individual Liberty
    4   A Remarkable Decade
    5   Russian Populism
    6   Tolstoy and Enlightenment
    7   Fathers and Children                              (c.300 pages)

                                                    H.R.D.H.
                                                    12 March, 1976
```

与霍加斯出版社签订的协议附录中《选集》所收入的作品清单

伯林自己以"奥伯龙·赫伯特"（Auberon Herbert）替换了原先的C卷第11篇。表中所列各卷于1978—1980年按D、A、B、C的顺序出版。A卷的名称是我定的；B卷名称由伯林根据我对该卷内容特点的概括所取；C卷以《个人印象》为题出版，卷名由伯林所取；D卷的合同名称《有关俄国的文章》改为上表所列名称（《俄国思想家》）的事，我记不住是谁干的了。

第3章
关于哲学卷的信件，或名"胆怯退缩"

在完成哲学卷的编辑工作之后不久，我收到伯林于1976年4月6日写的一封信。这封信是个最好的例子，来说明由伯林的意志不坚给我造成的糟糕经历。尽管我们已经就是否需要导论的问题达成一致，但他又对此有所怀疑，他接下来写道：

> 我所怀疑的事情——突然但是深刻的怀疑——在于是否需要这四卷中的一卷，即收录哲学文章的那一卷。现在在我看来，它们确确实实已经在相当程度上失去生命力了。无论它们有何优点，哲学家们会正确地认为，它们即便不是应在事实上予以废弃，也是过时了的，而其他人则不可能对其产生任何兴趣。其中一两篇较为流行的文章或许可以被收入其他三卷中。出一套"我的作品"整体的代表性选集这个主意，看起来具有一定程度的重要性，并因此使得对我本人或我的作品的兴趣合理化，而这，并非故作谦虚地说，在我看来完全无法被事实所正当化——正如任何诚实的评论家必然会认识到，即使其中某些人可能因为心地太过善良而不愿意这样说。关于俄国的文章当然有某种一致性，它们自身或许具

备一些价值；回忆性文章、悼文等也是如此；或许还可以有一卷杂七杂八的文章的合集；但是，这些应该就是全部了。

如果你愿意，请来就此与我辩论一番，不过我感觉在这个问题上，我是相当确信不疑的。我真心认为，有关"证实"（Verification）、"还原主义"（Reductionism）、"历史的逻辑全解析"（the Logic of History from A to Z）[1]等文章并没有优秀到值得重印的水平，而且，它们的存在只会拉低其他作品的价值。三卷作品集肯定足够了吧？……不要对我过于严苛了：我觉得你对我作品的赞赏过于慷慨了。

关于同一问题，伯林又口述了第二封信（日期是4月10日），明显是已经忘记了他曾写过第一封信。在该信中，他写道：

发表在《心智》（Mind）、《亚里士多德学会会刊》（Proceedings of the Aristotelian Society）等刊物上的所有论文，或者说几乎所有论文，或许并不比当时哲学期刊上平均水平的内容糟糕多少，但是也并没有比它们优秀多少：而且在我看来它们现在是相当没有生命力的东西了。一篇有价值的哲学文章确实必须拥有产生某种影响的能力——即使不具有大胆的新颖独创见解，也要代表某些在当时至少是有猛烈破冰般历史重要性的观点。而这在这些文章中并未得到传达。《哲学的目的》（The Purpose of Philosophy）一文或许可以保留？《政治理论依然存在吗？》（Does Political Theory Still Exist?）可能也可以？甚至就连《自由立于希望与恐惧》（From Hope

第 3 章 关于哲学卷的信件，或名"胆怯退缩"

and Fear Set Free）亦可保留。而有关"演绎"、"证实"、"假说"（hypotheticals）、"还原主义"，甚至还有"平等"（equality）的所有文章属于其特定的时间和空间，并没有任何超越其时空的东西。

我感到惊诧和焦虑，不仅仅是因为编辑工作已然完成。于是我加以反击，由此产生了如下通信往来。其中第一封信是我写的，时间是 4 月 18 日：

> 您最后阶段在出版哲学卷一事上胆怯退缩，这当然让我感到忧虑烦恼。让我再一次对这件事说说我的理由，或许比此前所说的要更为详细些。如果您觉得我长篇累牍、啰里啰唆，请原谅我，但是我必须尽全力说服您。鉴于您对于作品出版根深蒂固的不安全感，我料想我无论说什么都无法打消您的疑虑，但还是值得一试。
>
> 您作为一位一阶哲学研究者开始您的职业生涯，而且时至今日，您仍然主要是作为哲学家为人所知。您或许会认为这不合时宜，因为您现在已经转入观念史这个二阶领域，然而事实仍然是，标签似乎已经牢牢贴上了——而且并非完全不合适，因为您所记录的主要就是哲学家们的思想。除了在《自由四论》中重印的您的两篇最为知名的哲学文章［《历史的不可避免性》（Historical Inevitability）与《两种自由概念》（Two Concepts of Liberty）］之外，您还写作并出版了构成《概念与范畴》（Concepts and Categories）这卷之约定内

容的9篇文章……。这些文章形成了一个自然而然的统一整体——一个对哲学之本质导论式的描绘，紧随其后的是形形色色的个案研究——而且（根据我的观点），如果说我正在编辑中的您的作品合集确实具有代表性的话，那么它们则构成了其中最为精华的部分。这些文章自身便具有相当程度的趣味，而它们出于您的笔下这一事实尤其增添了其趣味：如此一来，任何对您略有所知的人都是一个潜在的购买者，以及您已出版作品的读者，而且他们希望在声称涵盖您所有文章的合集中看到上述文章。

这只是从宏观来看。通过回应您前两封信中提到的各个具体点，我想我还能够很好地填充其中的细节。首先，您说有一些文章已经过时了。从某种意义上来说，这种说法或许部分属实，即从它们所思考处理的主题种类，从其攻击的对手类型，从其写作时所处的英国哲学的发展阶段上，都可以得出这一结论。但是，这既没有什么可大惊小怪的，又当然不能构成（无论如何其自身不能构成）反对出版的理由。（比如说）赖尔（Ryle）三卷本《论文选集》（Collected Papers）的第一卷中包含了许多在这一意义上已经大大过时的材料，但是如此过时这件事既没有妨碍其成为内在哲学兴趣的对象，也不曾妨碍它由于是赖尔本人所写而饶有趣味这件事，因为它们展示出他在走向《心的概念》（The Concept of Mind）及其他作品时所遵循的部分精神路径。同样的话对于奥斯汀（Austin）《哲学论文集》（Philosophical Papers）中的某些文章也是适用的。

第3章 关于哲学卷的信件,或名"胆怯退缩"

哲学的关注点已然转移这一事实,并不意味着此前所说过的那些话不再是真实的,抑或是它们不能作为后来思想的部分基础,再或者它们本身不再有趣了。这并不意味着它们无法提供关于作者的有效信息(也不一定要非常这般!)。这些便是早期材料值得复苏的论点。天啊,如果一个人从来不出版任何未能紧跟当下潮流的东西,那么会有多少价值无可估量的材料永远无法得见天日!总是让我感到烦恼的一件事是,评论家与思想史家们都常常以一种轻视的方式,轻率地将他们所谈论的作家指定为属于这个或那个时期或学派,仿佛作家显然是其同时代思想环境的一个自然部分这一事实本身,不知怎么的就贬低了他们所说之物的价值,或甚至使其失去效力。您知道他们的方法:"如此如此,当他在写作的时候,受到了这个那个圈子的影响,因此几乎无法自抑地去支持……的这些典型观点",诸如此类。在我看来,某一件作品承载着时代或者是它产生其中的其他语境之印记这一事实,绝对不能成为反对将该作品判断为有价值或有趣的作品的合理理由,这一点是完全肯定的。我敢肯定,您也会同意我的看法。

您说值得重印的哲学作品即使不具有大胆的新颖独创见解,也至少应当有猛烈破冰般的意义,代表某种具有历史重要性的观点。这实在是一个过高的标准了!有多少哲学作品能够达到如此高标准?至多百分之一。在那些得以重印的作品当中,比例或许稍高一些,但也高不了多少。无论如何,您可能对于自己的文章过度谦逊了。我不会更进一步,坚持说（不坚持说其实是不对的，即使您自己永远也不会承认）您在创造性纯粹哲学家当中独占鳌头，然而您确实非同一般地擅长哲学，并且在那些论文中展示出您的确如此。您必须承认这一点，这就足够了（参见 TK）。除此之外，这些文章中还有其他的品质，决定了它们（也决定了您的特点）绝对不是平淡无奇的——而您似乎就是决定要将这些作品贬低到平淡无奇的位置。

如果您想要我举出详细的章节为例，那么我必须将它们全部重新过一遍，然后试着挑出符合我想法的范例。不过，我可以凭记忆为您概括出某些总体印象来。您从不像许多人那样随大流；对于与被广泛接受的意见持有异议一事，您具有令人精神为之一振的坦率与直接；无论在内容还是在风格上，您的哲学作品都是高度个人化和独特的；对于自己手头的材料，您拥有一种常常令人备感兴奋的掌控力，而且在展示对材料的辨别力和得心应手方面，其他哲学家都绝对无法与您相提并论；您不会使问题变得比其原本更为复杂或晦涩，因为您自己已经清晰透彻地理解了它们，并且没有必要以冗词赘语来使其陷入云遮雾罩的混乱中；您的哲学文章在细致入微的持续论辩中显示出您的技巧，这是您著作的其他部分无可比拟的。

我希望自己没有令您感到尴尬难堪。最关键的是，事实在于，您所论及的问题曾经是，到现在也仍然是哲学中至关重要的问题：哲学与众不同的特征；归纳性信念的本质；可验证性的角色；现象学的可能性；对还原主义的反驳；作为

第 3 章 关于哲学卷的信件，或名"胆怯退缩"

一种政治理想我们应该拥有哪一种平等；历史是否是一门科学；政治理论的地位；知识是否能够解放人（我仅仅挑选了一些您探讨过的突出问题）。这些问题都不是过时的死问题。如果其中有任何问题目前不再流行，它们也会重新时髦起来。请想一想一些期刊上所载的许多哲学文章中的那些琐屑到难以言喻而且无价值的论题！而对您的文章是绝对不能发出这一"指控"的，无论在您心目中它们有多少缺点。

除此之外，您所担心的那些文章中有一些已经有重印的需求了[2]，而且近期正在重印。如果您怀疑我在不加分辨地赞赏您写下的所有东西（对于这项指控我并不服罪——因为我对您作品的欣赏正如对您本人的欣赏一样，是并不避讳缺点的，这并不是认为您就不可能犯错的那种类型的欣赏：崇拜钦佩总是与挫败沮丧感深深交织在一起），那么就让我们诉诸那些远远比我更为杰出卓越的哲学家们的判断力吧。他们更有资格来判断您的作品，也更有可能以超然物外的态度来看待它们。《证实》一文于 1968 年在帕金森（Parkinson）的《牛津哲学读本》(Oxford Readings in Philosophy) 卷中重印；《经验命题与假设陈述》(Empirical Propositions and Hypothetical Statements) 于 1965 年在美国出版的一本关于感知哲学的集子中重印；《科学历史学的概念》(The Concept of Scientific History) 曾于 1963 年和 1966 年两次重印。事实上，按照我的理解，您直到最近都还在计划将其和关于维柯与赫尔德的文章放在一起，收入一卷包括三篇文章的书中，那本书现在以缩编版《维柯与赫尔德》出现——那么这篇文章也厕身于您犹豫着想要去除的文章之列，便不能不令我备感意外了。

难道这些重印活动不能说明一些情况吗？我认为它们确实能。当然，还有一些（文章）并未重印，但是还有比这本文集更能令它们适得其所并且能发挥出更大价值的地方吗？而且，即便有一两篇文章相较于其他文章而言趣味稍逊，它们也应当被收入集中，哪怕是仅仅为了文集的完整性。毕竟，这一卷不是计划单独成卷，而是作为您作品集的一部分。

这就将我引向了我们两人之间可能存在的最重要分歧。在我看来，我们正在致力于出版的是一套囊括了您在四个领域中所有主要文章的合集，当然也有个别文章遗漏［比如，关于浪漫主义的两篇文章，您因为怕抢了梅隆讲座（Mellon Lectures），或者说基于该讲座的那本书的风头而不愿重印它们；关于犹太人的政治方面的文章；使用笔名发表的、可能引发争议的关于俄国政治的文章］[3]，但不会有大类上的缺失。任何拥有全部这几卷书的人，再加上您之前出版的著作，就将拥有您迄今为止发表过的所有主要作品……

我想这幅图景令您略感忧虑，我这样想是否正确？我猜想，您或许更愿意将这个项目视为四本相互独立的书，每一本都因其自身的价值和优点而存在（而且在您看来，其中三本存在的理由十分充分），这些书只不过碰巧是出于一位名叫以赛亚·伯林的作者之手，尽管这一事实并不构成决定出版它们的一部分，或甚至仅仅是一小部分理由。您说，"出一套具有整体代表性的'我的作品'选集这个主意，看起来具有一定程度的重要性，并因此使得大家自然对我本人或我

第3章 关于哲学卷的信件，或名"胆怯退缩"

的作品有兴趣，而这，并非故作谦虚地说，在我看来完全不符合事实"，我寻思您是否真心相信情况是这样的。

我不知道您对于自己所获得的声誉有何感觉，而我并不想装作懂得它为什么会具有它恰恰具有的那种确切本质，不过您无疑知道为什么（即便您并不是全心全意地欢迎这声誉）——该怎么说呢？——您的声誉是如此之盛，以至于仅仅是您作为某本书的作者这一事实，对于许多人来说便足以成为去阅读它的理由，而且他们还会颇为享受这阅读的过程。您一直在说，没有几个人会去读您的作品选集，然而，请别忙着发出否定声明，这确定无疑就是故作谦虚。当听到您认为哲学卷不值得收进选集的消息时，查托与温达斯书局（Chatto & Windus）并未像您所料想的那样感到松了一口气。在我上一次与雨果·布伦纳交流的时候，（我认为）他确认了，作为一项出版选题，哲学卷应该是完全站得住脚的，而且还必定能够大卖盈利。海涅曼教育图书公司的唐纳德·麦克雷（Donald MacRae）的想法与之一致，且颇为确信。当然，这本身并不能构成出版一本书的充足理由，但是，它确实在某种程度上能够打消您特殊的犹豫不定。

您一如既往地总是考虑评论家们会说些什么。基于上述理由，我认为您完全没有必要产生如此的悲观情绪。无论如何，评论界对哲学卷的接受不够友好的情况不会发生，但即使这种情况出现，它也不可能使您的声誉遭受重大影响，因为您的声誉已经如此稳固地牢牢确立。请原谅我，因为在我描述的情形中，像您这样成就斐然的卓越人物，会相信如下情形令人担忧，即因为出版一卷也许并不是所有文章都达到了最高水平的文集而使名誉受损。不管怎样，若是出版这卷书是个错误，应当受到责备的也是我——选择似乎都是由我做出的，即使是得到了您被动的出版许可，而如果批评家们的严厉诘难会到来的话，那么也应当由我来承受，因为是我做出了错误选择。或许正因为如此，您才如此厌恶不利的评论——您确实是讨厌它们。不过（请您再一次原谅我），真的应该允许让这样的事来左右眼下的问题吗？我想我能够想象得到，您对此的感受是怎样的：不过，您性格中超然物外的那部分是否也认为负面批判确实关系重大呢？……

在我看来，省略（这卷书）就相当于阉割了整项计划。作为哲学研究者（尽管像您一样已不再研究哲学），我对这卷书怀有某种特殊的兴趣，这也正是我为什么首先着手编辑这卷书的原因之一，而且我非常享受编辑的过程，还极其热切地期盼着它的面世。我甚至在自己博士论文的一章中引用了您想撤出的某篇文章中的一段，作为该章节的引言！[4]如果在您眼中，我在这封信中所说的有任何失礼不敬之处，请您原谅我。我认为这卷书值得尽可能完整且忠于原貌地出版，而我列出了自己这样想的诸种理由。我希望您"冰凉的双脚"能因此而至少稍稍回暖一点。①

---

① 作者在此处玩弄了一个双关的文字游戏："cold feet"在英文中原义为"冰冷的双脚"，而引申义为"临阵退缩、临场怯懦、缩手缩脚"，因此，本句字面意思是"希望您冰凉的双脚能因此而至少稍稍回暖一点"，而实际意思是"希望您振作一点，至少不要这样临阵退缩"。——译者注

第3章 关于哲学卷的信件，或名"胆怯退缩"

伯林于1976年5月3日回信，他写道：

> 您的来信令我深深感动，但是还没有感动到要改变自己想法的程度。可以说，我认为我们在关于被我称为"我的身后作品卷集"的作品入选资格问题上，持有不同的观点。我并不相信，仅仅出于对我是什么样的人的兴趣，或者是对于我的特别动向感兴趣等，其本身便可以作为出版一套作品集的充分理由，从而为那些好奇的人提供有用证据。在我看来，任何我准备署上自己姓名的作品，无论它是多么难以免于谬误，也必须具备足够的内在价值，从而配得上结集出版。在我眼中，关于俄国的那些文章似乎能够符合这一标准，讣闻以及某些通论性文章也还说得过去。但那些关于纯粹哲学的文章则是无论如何也无法企及该标准的。
>
> 不管你提到的选集编辑们曾做出了怎样的选择，至少有三篇文章——即关于归纳法、现象学和证实的文章——已经寿终正寝了。它们所探讨的问题并未过时，但是我所运用过的观点以及我曾经激发起的反驳都已被吸收进关于该主题的普遍看法里。毫无疑问，你可以去询问一些公正的裁决者，比如戴维·皮尔斯（David Pears）或是厄姆森（Urmson），而他们自然会确证这一点。赖尔或奥斯汀的论文得以出版并没有什么问题，但是他们都是对英国哲学产生过重大影响的人物。出于众多理由，这一点对于弗雷迪·艾耶尔（Freddie Ayer）也是适用的；然而，你是否真的认为，如厄姆森或是尼尔（Kneale）的一卷文集能够立得住脚？——尽管他们都

是值得尊敬的哲学家,而且在其各自的时代影响很大。你是否又真的认为,我的文集更能立得住脚呢?不过,我并不否认,这些文章中的某些篇,如关于政治主题的那些,或许还有一篇关于纯粹哲学的文章,可以像三明治夹心一样夹在其他篇目中被塞入书内[或是用已过世的克罗斯曼(Crossman)曾用过的比喻来形容,"像开膛烤鸡中的馅料一般被塞进去"]。所以,让我们来讨论这个问题吧。

我真心实意地感激你,不仅仅是为了你已做的所有事情、正在做的所有事情,以及将来很可能要去做的所有事情,也为了你对我的那些诚挚的赞誉之词。我试图不要让自己沉湎其中,我认为我对于自己的能力持有足够的怀疑态度,而且的确缺乏智力上的信心,以让自己不要被溢美之词冲昏了头脑,或是开始说自己也许毕竟比这些年来一直自认的要更为优秀。[5] 我对于评论意见的敏感并非出于对自我暴露于批评之不确定性的普遍厌恶,而更多是由于某种(在我看来)完全正当的畏惧,即评论家们可能会道出关于我的真相,这真相我自己也已洞察,而他们或许会在真相的方向上走得稍稍过远,不过那方向本身并没有错,如果我要写点关于自己作品的东西的话,我也会不可避免从那个方向来写。所以,何必多此一举?每当我接受一种荣誉时,我总是感觉,若是有任何人严肃对待这些事,他可能很容易就会感到义愤填膺,而这义愤是正当的:我自己就已开始有了这种感觉,而且十分震惊于这些人所明显采取的标准,他们竟可以愚蠢到以这种方式来给予我荣誉……

第3章　关于哲学卷的信件，或名"胆怯退缩"

我在1976年5月5日又写了一封信：

> 我看得出，您准备顽固到底。对此我感到颇为遗憾，不过，我怕是无力说服您，让您明白自己过于谦逊了，而这并不可取。在上上个周末，我与克里斯·申克（Chris Schenk）聊天，谈到了关于您哲学论文的话题：我的看法再次得到印证，因为（在我表达自己的任何意见之前）他主动说他还在本科生阶段时就拜读过您的一些文章，并且感觉与那些通常被推荐给他阅读的材料比起来，这些文章鹤立鸡群，因为它们一反常规，完全摆脱了不相关的研究传统追溯或是"学究式卖弄—列举反驳意见—提出期待"这一套杂乱堆砌的程式。它们直奔主题，并且痛快淋漓而极具建设性地直面问题的本质。在您的作品中，他找不到在哲学刊物上所发表的论文中如此典型的徒劳无益而高度学科化的"按点得分"式的写作方式。不仅如此，他实际上（出于自发地！）使用了如下话语："在我看来，它们（在文章领域）砍下了一大块坚冰。"我发现这一措辞特别能够说明问题，因为您本人在之前的一封信中曾使用过"破冰"一词来形容您的文章所未能达到的效果！作者是否就是其作品的最好评判者呢？我知道对于我来说，事实并非如此。
>
> 让我用这句话来总结在我眼中您哲学文章的一系列优点，即，我赞同克里斯·申克的话，并且还要加上一句：这些作品同时也显示了其运用参考资料的范围之广阔，显示了冒险去进行宏大、启迪性与提示性概括和推断的意愿，而这在职

业哲学研究的圈子里十分罕见。唯一令我感到遗憾的是，您从未将这些禀赋更加积极主动地运用于关于自由意志与决定论的对立问题上：您在与我的谈话中就这一主题发表的那些评论表明，您或许可以写点东西来专门探讨如何解决这个问题，即便不能达到您相信所必需的天才创见的程度，也会将问题朝着那个方向推进。也许有一天您还会去做这件事。

我或许比自己所能够表达的更明确地意识到了被您视为您作品缺点的那些品质，然而，尽管意识到了（而并非对其无知），我却形成了应该出版这些作品的判断。很有趣的一点是，您提到了厄姆森作为一个可能的对应参照。我确实认为，厄姆森的论文值得结集出版，而且我还经常想去向他提出这个建议（在厄姆森去世之后，我向牛津大学出版社提出了此建议却未果）！提到这一点，只会让您更加确信，我的判断力不佳！在我下次见到他的时候，我会询问他对于您的论文的看法，也会询问戴维·皮尔斯，我不久之后就会见到他。

如果我不能说服您遵循原先所同意的计划，那么我能否至少请求您允许其缓期执行？我的意思是，若是您无法忍受哲学卷按照计划作为最先问世的两卷书中的一卷出版，那就请让我们先行出版其他三卷书，然后再来看看您在此之后会怎么想。由于其他几卷注定会受到上佳的评价，有鉴于此，对于哲学卷可能收到的反响，也许您不会再那么疑虑重重。又或许，您可能干脆就会再次改变主意。这些是（除了不匹配这一点之外）我为什么选择不要将任何哲学篇目移到另外几卷中去的其他原因。

第3章 关于哲学卷的信件，或名"胆怯退缩"

我不知道在出版史上是否存在过类似于我们现在的这种处境。我的意思是，一卷书已经在各个方面都准备就绪，因为无论是新闻媒体、编辑还是各家出版商都希望其付梓，大众也期盼着能够去购买它、阅读它，然而该书作者决定将其扣而不出。别的方面且不论，至少证明了这是出版界历史上的一件有趣的事件！我以为，更为常见的困境是，作者们热切渴望出版作品，然而他们的作品达不到出版水准。

请原谅我，在结束我的辩护陈述之前，还必须说明一点。只要有可能，我不会选择让自己再次处于如下处境，即承担一项关于业已议定的项目的工作，此后却发现它无法开花结果。去年夏天，您和我以及安德鲁·贝斯特曾经正式会晤了一次，专门商讨以决定您《选集》的内容，而这次会见的主要目的之一，便是让我的具体编辑工作有可靠的基础。我正是依此而行，而就在我完成哲学卷的工作之际，您却告知我您改变了主意：我不会估算这项工作花费了多长时间，以免令您感到更为尴尬难堪。我提起此事完全不是出于愤愤不平之意，而且我也从未怀有以此作为出版论据的哪怕是一闪而过的念头：让任何一种道德胁迫成为使您同意出版的理由，这样的想法对我来说无法忍受。我之所以还要将这一点提出来，完全是作为一项预防性措施。您若是还要改变想法（我真诚希望不要），那么请现在就变，而不要将来再变。显而易见，无论是您自己还是我都无法足够有效地介入您那如谜般难以捉摸的心理过程，以保证您不会在未来的某个阶段一定不会在某个或大或小的问题上改变主意。不过，您是否已经准备好以某种程度的坚定不移——当然是在适当的深思熟虑之后，如果您感觉需要的话，也可以在更多痛苦的焦虑忧思之后——承诺自己将支持这项计划中剩余材料的出版？询问您这个问题是否有些冒昧放肆？正如您所知，诸如查对您的参考资料等事务的工作量并非微不足道，因此我想我必须要知道，在牵涉哪些工作还要去做这一点的时候，我要立足于何处……

对于您在面对我咄咄逼人的猛烈攻击时所表现出的忍耐克制，我非常感激。我知道，自己有时候在表达观点的时候过于直率，这很容易就会引人反感。您非常宽容大度，因为您自愿被我的赞誉所打动，而如您所察，我的赞誉的的确确是无比诚挚的。

伯林于1976年5月18日重新回到与我的争论中，并将伯纳德·威廉姆斯（Bernard Williams）带入争论，作为仲裁人。我们双方都很欢迎他加入。

除了关于哲学文章的问题之外，从各方面考虑，我将不会要求对我身后作品——我正是如此看待它们的——的出版计划做出任何重大修改。至于哲学文章方面，认为我主要是考虑批评家们的反应，这个观点并不正确。我怀疑，这一观点源于瓦德汉学院[①]院长（Warden of Wadham）斯图尔特·汉

[①] 瓦德汉学院是牛津大学的一个学院。——译者注

普希尔（Stuart Hampshire）关于我对于此事心怀疑虑之原因的假设，然而，这一假设毫无事实根据。我犹豫的原因并不是评论家们的可能反应，而是我对于这些作品本身价值的估量。我认为将一些旧文章结集出版是可取的，只要这些文章符合下列标准之一：(1) 自身具备足够的价值；(2) 明显契合当下兴趣；(3) 有助于具有足够独创性而且卓越优秀之人的思想发展，或是启发其态度与观点，而这些人自身就值得被研究。我很清楚，我的文章并不属于最后一类；我也不确定它们是否属于第一类，关于其能否归于第二类，则有些半信半疑。伯纳德·威廉姆斯向我信誓旦旦地说他会试着说服我相信，我关于第一点和第二点的怀疑理由并不充分。若是他这一慷慨大度的主动提议能够获得成功，他和/或皮尔斯善意到足以不惜麻烦地来试图说服我相信这些作品值得结集，我或许——目前我不会更进一步——会屈从于这样的论点……实在对不起，我制造了这般麻烦——然而你必须对此有所预期。恐怕我那根深蒂固的自我批评态度会成为别人烦恼的源泉，他们会认为这不仅令人生厌，而且是神经质的。

在1976年5月27日致伯林的一封信中，威廉姆斯记录了他的意见：

我之前一直在反复阅读您早期的哲学作品，现在得出了一些明断的结论。

先来说说负面的评判。《归纳与假设》（Induction and

Hypothesis）的前半部分过于紧密地植根于对麦克唐纳（MacDonald）小姐（本文便是对其论文的一个回应）观点的反思中，因此我认为它难以传世。文章的第二部分与她的论文较不相干，我也认为它很有趣，但也许其本身是一个相当反常的片段。《逻辑翻译》（Logical Translation）这篇文章我不能确定，因为它由于时过境迁而有些过时：当前对于戴维森式分析的兴趣及陈述的经典形式等，其动机都与您所批驳的具有充分差异，然而同时与您所提倡的东西也形成了足够的对比，因为您确切地是在攻击什么和没有攻击什么（更加精确地说，是您的攻击会延伸到哪里，或是不会延伸到哪里），这是一个要耗费相当力气去判断的问题。另一方面，这篇文章又是对多元主义的一次非常精彩的肯定，它与其时代的联系也十分有趣；在这一尤其不知疲倦的钟摆又一次摆动的时候，它还会看起来再次有所不同。我认为，这篇文章很有可能再次出现在人们视野里，但我并不会去积极促成这件事。

不过，《证实》这篇文章则很明显值得重印。它不仅占据了一个重要的历史位置，而且还包含了卓越的论证，这论证与仍在持续进行的关于意义的建构主义理论等问题有所关联。请注意，您通过一个附带条件的预估来理解某个条件式的策略在达米特（Dummett）关于这些问题的讨论中也至关重要。《经验命题与假设陈述》当然应该重印。我承认，我个人一直极其钟爱这篇文章。现象学，就像是相信永生一样，是我从未倾向于接受的东西，哪怕是仅仅接受十秒钟，而我记得在自己还是一个本科生的时候，我写作的第一篇优秀哲学论争文章便是反对现象学的。我记得自己当时以极大的热情并怀着愉悦安适的感觉阅读您的那篇相关文章，将其看作对我的一个清晰明确的肯定，虽然这执拗地无视了事实。不过，除了这些自传性质的热情之外，我还是相信这篇文章非常优秀，能够经得起考验，而且事实上，它在当前更能说明问题，比郑重其事的文体风格在后来的如沃尔诺克（Warnock）的那个时代中更能说明问题：对于（仅仅是）假设之（真正）不存在的坚决否定，即便不是十分威尔第式（Verdian）的，可以参见所有哲学文章选集中最时髦的一本——埃文斯（Evans）与麦克道尔（McDowell）所编《真理与意义》(Truth and Meaning)[6]——中所选的达米特的文章。

因此，我十分希望您能够同意至少将上文中提到的后两篇文章收入文集里。如果这仍然令哈代先生感到篇幅不足，那么我认为增加《逻辑翻译》这篇也不会有任何不妥……

1976 年 5 月 31 日，伯林写信感谢威廉姆斯：

非常感谢您关于我的身后《选集》所写的那封极其温暖人心的信。您将这些文章全都重新阅读一遍，甚好。不管您说什么客气话，这必定是件又麻烦又无聊的事——不，不，不用安慰我，肯定是这样的。不过，我十分确定您是正确的：《证实》一文具有某种历史正当性，我也很高兴您喜欢关于假设性命题等主题的那篇文章。我记得斯图尔特曾对我如何严格，因为我撰写该文时忽略了引用材料的正式模式，而斯特劳森（Strawson）也曾相当正确地指出了现象学家们可能就该文提出的形形色色显而易见的反对意见。而我直到现在仍然认为不值得费心去应付，因为重要的只是那个中心问题。我所写的东西本质上是凌乱不堪的——沃尔诺克以及其他温切斯特学院毕业生（Wykehamists）的那种如假发般经过精心梳理、精巧有致的文风不是我所拥有的。这可能听起来就像是试图将无可救药的精神错乱［"你桌面上那乱作一团的纸张毫无疑问代表了你头脑中同样的混乱状态"，有一次杰出的爱尔兰学者迈尔斯·狄隆（Myles Dillon）这样对我说］装扮成某种具有浪漫气息的美德，情况也确实就是这样。无论如何，确确实实非常感谢您。我将依照您的建议行事，并且将此告知亨利·哈代先生，他会感到颇为宽慰的。我对于自己作品的轻蔑之心是无法真正有所减轻的；不过，我当然还是很高兴听到像您这般毋庸置疑具有批判精神且实话实说的人指出这些文章可能并不像我会继续认为的那样毫无价值。

同一天，伯林也写信给我：

……我收到伯纳德·威廉姆斯的一封信，此信非常详尽完整并且在我看来客观公正。我将该信附在此信后一同寄给你……我对伯纳德足够信任，因此就不需要再征求戴维·皮尔斯的意见了（我记得自己还没有咨询他的看法），不过，若是你已经问过他，那么我极其有兴趣想知道他的意见是什么。

第 3 章 关于哲学卷的信件，或名"胆怯退缩"

我确定，伯纳德关于《归纳与假设》一文的看法是正确的。如果你对《逻辑翻译》这篇文章兴趣浓厚的话，那么将其收入文集中也是可以的。所以，我想我还是同意了原先的计划，只要你不把关于归纳法的那篇文章（戴维·皮尔斯曾经对该文评价甚好）收入文集中，可能的话也不要收录《逻辑翻译》这篇。所以，我最终还是如同蜡做成的一样灵活易变。

倒数第二句中关于皮尔斯的插入语是伯林式的认知失调的一个非常典型的例子：他不想将该文收入文集中，但是他也不愿意让人们认为此文质量低于正常水准。由于伯林在这篇文章的开头便总结归纳了麦克唐纳的文章，因此它并不需要读者提前了解麦文的论点，他们完全可以直接阅读伯林的文章。不过，我也不想冒险过于扩大自己已获得的优势。

伯林同意哲学卷暂缓出版自然是一个巨大的宽慰，而该书40年后仍然在版（现在是增订第 2 版，但我还是很愚蠢地没能把之前排除在外的文章加进去）。

第4章
《选集》

我想每个人都会攻击这些颠覆性的作品，正是这一点真正让我获得了我现在拥有的如此声誉。所有这些小小的论文集都是由发表于相当籍籍无名的期刊上的形形色色鲜为人知的文章所组成，它们被亨利·哈代好心地搜罗在一起。就是这些文章创造了某种见解，并给予我一个位置。[1]

得到自己所深深欣赏之人的良好评价，这真是极大满足感的源泉。[2]

（想不到）我在这等年纪还获得了如此盛名！[3]

I

尽管伯林许诺不会再次更改我们的计划，但是他还是改动了，而且几乎是立即就变更。他告诉我，他于1972年在雅各布·赫尔佐格纪念讲座（Jacob Herzog Memorial Lecture）上发表的《战时华盛顿的犹太复国主义政治》（Zionist Politics in Wartime Washington）以及所附的一篇对赫尔佐格的简短回忆录还是不应该如先前所同意的出现在回忆与致敬卷中〔当时该卷还未命名为《个人印象》(Personal Impressions)], 而是应将其从《选集》(见该书第 40 页) 合同附件所列的作品篇目清单中划去。这篇讲演曾于 1972 年以希伯来语在以色列报纸《国土报》(Ha'aretz) 上连载刊登, 并引致该机构的内森·雅林-莫尔(Nathan Yellin-Mor) 针对该文发表了一篇由三部分组成的充满敌意的批评。[4] 伯林颇为担心它会进一步激起公众反对情绪, 同时也感觉这篇讲演并不真正属于他总体作品的一部分。对此我持不同意见:

> 您倾向于将关于赫尔佐格的文章以及作为其姊妹篇的《战时华盛顿的犹太复国主义政治》一文排除出选集, 这样的想法对您来说已经不令人惊诧了, 但是我非常遗憾, 并且希望反抗您的决定。在某些方面, 这后一篇文章是该……卷中最为有趣的一篇, 因为它最近似于您自传中的一章, 而且其本身也具有极大的内在趣味。关于赫尔佐格的那篇则可作为类似于序言的文字附于该文。这一切我们都已经讨论过若干回了, 我认为我们已经达成一致意见, 认为这篇应该入选文集。也许这看起来很失礼, 但我要指出, 您确实就在最近向我保证, 选集内容不会再发生重大的改变, 而将关于犹太复国主义政治的这篇文章弃而不用毫无疑问意味着一个重大的变化。然而正如您所知, 我就是一个没有礼数的人, 所以我便这样说了。不过, 就像往常的情况一样, 您自然还是会做您想要做的事。您想排除这篇文章的愿望有多强烈? 有谁能够说服您呢? (写于 1976 年 8 月 1 日)

不管是不是出于我的请求，伯林还是再次改变了想法。在9月10日，我写道："我很高兴地从帕特那里了解到，《犹太复国主义政治》这篇文章以及关于赫尔佐格的那篇确定会保留在文集中。如果失去它们，我会感到极度难过。"然而，就在我就要将该卷书交付出版商的时候，伯林再次回到他先前的意见，所以这篇讲演一直等到他去世之后，作为其书信集第一卷的一篇附录才得以再次出版，而那已经是在28年之后了。纪念赫尔佐格的那篇文章仍未被收入文集中。

到了1977年1月，关于俄国思想家的作品集，也就是既定最先出版的那卷书的编纂工作已接近尾声，所以我给伯林寄去最后一份问题清单。1月31日，他回答道："我会试着查验一遍关于《俄国思想家》这一卷的问题清单。你可以称这些修改之处为'近乎最终的订正'：莫要匆匆忙忙！我全力支持延迟。这整个前景令我充满警觉。"帕特·乌特钦加上了一段评论："最后三句话足以令人径直发疯抓狂。谢天谢地合同已经签订，否则我敢打赌，你能做成任何一卷书的机会不会超过一丝丝。"我给伯林回信说：

> 我很遗憾您对于您《选集》的"整个前景"仍然充满警觉。我希望自己能够让您放下心来——我认为，最好的良药或许就是我敢肯定《俄国思想家》必然会得到的正面评价。现在这卷书已经交付出版商……因此恐怕您所希望的延迟已经没有机会了！
>
> 随此信附上《俄国思想家》一书"出版前言"的草

稿……我试着通过一些话……传达如下事实，即，编辑您的作品会带来某些特定问题（请原谅我），尤其是要去战胜您那自我评判的态度。不过，我的话听起来要么居高临下，要么扬扬自得，我没能避免这些。因此，如果您愿意，请您来提及这一点。您或许会感觉，就连我所写到的一些事也是不合适的，若是如此，就让我们来讨论一下这个问题……

企鹅出版集团的彼得·卡尔森（Peter Carson）已经阅读了《俄国思想家》，而且与我们其他人一样对该书充满热情。不过我知道，您不会为此所动，因为您不会被一切关于您作品的好评所打动！

在接下来的那个月里，我提到了如何称呼伯林的问题：

亲爱的以赛亚（爵士）：

周六的时候，您在万灵学院对我说，您讨厌别人以"爵士"来称呼您，这令我对于在致信给您时到底应以怎样严格正确的形式来称呼您感到颇为不安。如果您愿意，我愿意称呼您为"亲爱的以赛亚"，不过，以不带爵士头衔的方式来称呼您，代价似乎是会被您认为显得过度熟稔。因此，我必须等待您对此问题做出指示！（写于1977年2月7日）

伯林回复道：

你一定要称我为"以赛亚"，后面不要加任何东西……

"以赛亚爵士"这个称呼每次都刺痛我的双眼,折磨我的耳朵。鉴于它必定会常常被人们使用,你可能会问,那么在提议授予我爵位头衔的时候,我为什么没有拒绝这项荣誉。下次见到你的时候我会给你讲这个故事,而我相信你会理解我,不去指摘我的动机。(写于2月14日)

这个故事是,他是为自己母亲而接受爵士头衔的,若是他拒绝,母亲便会因极度痛苦而崩溃。当然,他本不必告诉她关于获授爵位一事,但是想到此事将会讨她的欢心,这确实是一个可以原谅的借口。

1977年年底,就在《俄国思想家》即将出版的时候,《英国图书新闻》(*British Book News*)请我为该项目写点东西,而《俄国思想家》正是此项目中第一本面世的作品。我有些紧张,害怕会说一些伯林不赞同的话,于是我写信给他,问他希望我说什么:

> 我怀着某种似乎是缺乏自信的心情写信给您,要问一个我知道自己迟早会问出口的问题。现在就是询问这个问题的时候了,尽管我一点也不期待去处理它……《英国图书新闻》……请我写一篇关于您《选集》的短文,发表在该刊社论版上。我猜想以后来自记者等的类似请求还会接踵而至,因为这项事业被文坛认定具有一定重要性。作为您的编辑,人们自然会请我讲讲这个项目的缘起和发展历程。
>
> 在回应这些请求的时候,我并不想讲任何您不赞同的东西。(尽管我保留我对您作品表达好评的权利,但您出于谦

逊，可能会制止我行使这项权利！）所以，我写这封信的目的是向您征询，当我被问及您在拒绝了许多此前类似的邀请之后，为何会同意出版这套选集的时候，您希望我给出什么样的回答（我也确实想知道真正的答案是什么）。您会理解，我为什么宁愿从不向您问起这个，但是我必须给出某种回答，而回答的口径最好得到您的许可。

至于其他的，我能够也希望能够自己应付。这是说，我可以说自己如何满怀编辑的狂热，通过举出马林森的书，再结合我对于您作品的敬佩之情，说明编辑您的文章对我来说似乎是一项值得去做的无与伦比的出版事业。我恐怕必须在订正脚注、修改翻译等事项上保持沉默，尽管我可以泛泛而谈，说检查了所有这些方面。当然，这些事都极其琐碎，不过必须去讲一些事情！

如果还有其他事您希望我留心，请告诉我。关于您对自己作品的自我评价，我真的并没有清晰概念，这使我难以满怀自信去解释，文集中文章的选择是如何在面对您这一方某种程度之怀疑的情况下做出的。对于您自己的文章，您是否真的像您有时候刻意表现出的那样评价如此之低？您是否感觉到，在您身上还有潜在天才的丰富宝藏，而正是您的脾性使其未得到充分开发？您是否真心相信，那些如此看重您作品的人——诸如艾琳和罗杰［·豪舍尔（Hausheer）］……——在某种程度上是上当受骗了吗？或许在内心深处，您对自己的作品也有恰如其分的评价，然而您却不会同意将其公之于众。（写于1977年11月14日）

伯林于11月21日回复道：

> 你当然可以就这些作品本身说任何你想说的话，不过我认为，实话实说是没有什么坏处的（我希望你会同意事实就是，在不同人眼中，相同的事情看起来可能大相径庭，这句老生常谈与眼下的事例具有一定相关性），这些事实包括：
>
> 1. 对于自己已经出版的作品之价值，我总是采取某种批判的态度，而且从未向任何出版商建议过再版它们；不过，由于人们经常批评我，说我大部分时间都在讲课和做讲演，而出版的作品太少，我想我可以通过同意再版如《自由四论》等文章来回应这些批评；而那个集子并未受到广泛关注[5]，这一事实使我进一步确信，人们对于诸如我政治性文章的兴趣是有限的。
>
> 2. 同时我也感觉，再版那些业已存在的文章与讲演可能暗示着我没什么更多要说的东西了，因此在此之前，应该先允许我写作并出版一本新作（看在上帝的分上，不要称其为我的主要作品），其主题一直以来是令我的兴趣所在，即浪漫主义的思想源泉。我曾在梅隆讲座上就此发表过讲演，随后由英国广播公司播出，评论家及其他人确实催促过我出版讲演的文字实录。由于我的工作速度很慢，而且同时要做太多其他事情，所以尽管我目前正在致力于这项工作，但是还要几年才能完成；或许恰当的做法是，在那本书面世后再出版《散文与讲演》这卷文集，而不是将后者作为我在观念史研究领域的唯一贡献。观念史一直是我的根本兴趣所在。

第4章 《选集》

3. 但是，尽管我仍然毫不动摇地深信我的许多作品现在已然过时，或是由过多的废旧零件（pièces d'occasion）所组成，其价值已随着相关情境的逝去而渐渐消失，以你本人为首的一群沃尔夫森学院研究生却向我保证，说他们不仅会找到一家预备出版我的精选集的出版社（即便是他们也同意，我的某些文章还是置之不理、被人遗忘了比较好），而且他们还将编辑文章，为其撰写导论。他们说我实际上不需要为选集做任何事情，因为他们已经看出，我一想到要重读这些文章并将其修订得跟上时代潮流等，就会退缩不前，因为这很可能会令我陷入自我评判的沮丧阴郁心境之中。不过，选集的收益可以捐给沃尔夫森学院，投入其需要的事业中，因为我对沃尔夫森学院的感情是非常强烈而温暖的，因我在那里度过的时光无与伦比地快乐。[6]当这一想法浮现心头的时候，我的反对之意便减轻了，特别是我足够务实地意识到了那本关于浪漫主义的书可能还要两三年时间才能完成。除此之外，我还想到我那些关于俄国主题的文章质量还不算太糟，特别是考虑到在英语文献中有关该主题的东西相对缺乏。而你或许也可以（如果你愿意的话）证明下述事实，即我在此问题上的谦虚是植根于在关于自己的许多事上我必须要保持谦逊这一事实上的，而好心的朋友们以足够的善意偶尔给予我的夸赞只能使我确信他们心地善良，并不是认为他们的判断合理正确。

这一切在我看来大体上是属实的。你问我是否真的像有时候刻意表现出来的那样对自己的作品评价如此之低——

请相信我,并没有什么刻意表现。我不认为在我身上还存在什么潜在天才的丰富宝藏仍未得到开发。而我确实认为,艾琳、罗杰以及你自己都对我的作品做出了过高的评价。我想这一定是因为我有时候在高谈阔论自己感兴趣的事物时表现出的热烈情绪,而不是由于这些思想本身的内在价值。我也愿意认为我关于这一点的看法是错误的,没有什么比听到诚实之人的赞扬更令人愉悦的了。然而我还是坚信,终我一生人们都对我评价过高。

所以,你想说什么就说什么吧。我对此感觉糟透了,非常像是某人在向他致谢的晚宴上被为他祝酒的人夸上了天。他优雅得体地愉快接受人们对他的一切溢美之词,却说或许他还有一个自己感觉最为之骄傲的特质未曾被任何人提及——他引人注目的谦虚。我还记得,在一次我自己并未出席的贝利奥尔学院(Balliol)的著名晚宴上,人们对学院院长林赛勋爵(Lord Lindsay)致以狂风骤雨般的赞扬。勋爵一一感谢大家之后,还说众人漏了一件事,即没有人提起一个名叫桑迪·林赛(Sandy Lindsay)的好心、正直的家伙。我不想这样!这算是虚荣吗?也许是的。我真正想说的一切只是,尽管我认识到我一些文章的质量比其他的更差,我也并不认为较好的那些文章能企及我所真正敬佩的某些作者的水平,比如赫尔岑、布兰德斯(Brandes)或是埃德蒙·威尔逊(Edmund Wilson)。我在这里仅举其中三人,他们有一些新颖而重要的学说,而且知道如何将其表达出来。情况就是这样的。[7]

第 4 章 《选集》

从发表的那篇文章来看,我在某种程度上采纳了伯林的建议,同时也加上了我自己的一些东西。[8]在该文前面,有一段《英国图书评论》刊物撰写的导论,它如此开头:

> 据说,牛津大学的一位学者同事曾这样形容以赛亚·伯林:"他这个人会将'认识论的'(epistemological)这个词发成一个音节。"[9]任何听过这位引人入胜的讲谈者说话的人都能够理解这句话的确切意思,而这位讲谈者的思想迸发的速度似乎比其话语一泻而出的速度还要更快。

下面是我所撰写的文章的一部分,我既没有复制伯林的回信,也没有重复我自己的叙述:

> 当以赛亚·伯林被授予荣誉勋章的时候,莫里斯·鲍勒曾致信诺埃尔·安南。信中说:"我为以赛亚高兴。他比其他候选人都要好得多……而且完全配得这份荣誉。尽管正如我主基督以及苏格拉底一样,他出版的东西并不多,但是他进行了大量思考,也有过许多言说,对于我们这个时代有着巨大影响。"[10]
>
> 鲍勒关于以赛亚·伯林很少尝试进入出版领域的观点,许多人都持有,但是这并不符合事实。伯林已经出版了大量作品,涉及丰富多样的主题,主要是关于哲学、政治理论、19世纪俄国知识分子,以及普遍意义上的观念史。不过,他的绝大多数作品都出现在(常常是鲜为人知的)期刊与会议

论文集上，或者是偶尔以小册子的形式面世；其作品中的相当一部分已经绝版，到目前为止，只有6篇文章结集再版。[11] 我很高兴能有这次机会编辑一套四卷本伯林文集，以助弥补这一不足。我希望，这一举措能够一劳永逸地彻底消除有关伯林不出版作品的不实言论，同时也使其更多的作品能更加容易地被读者接触到，而其作品早就值得这般待遇了。

第一卷《俄国思想家》中收入了伯林最著名的两篇文章，即关于托尔斯泰历史观的《刺猬与狐狸》（The Hedgehog and the Fox），以及《父与子》（Fathers and Children），后者是伯林在罗曼尼斯讲座（Romanes Lecture）① 上发表的关于屠格涅夫（Turgenev）与自由主义困境的讲演。巴枯宁、别林斯基与赫尔岑是其他文章中的主人公。天资聪慧的年轻俄罗斯学者艾琳·凯利为此卷撰写了一篇精彩的导读，将这些文章置于作为一个整体的伯林作品的语境之中。第二卷《概念与范畴》中收入的文章都是哲学方面的，伯纳德·威廉姆斯为其撰写了导读，他是我们这个时代一流哲学家之一。《反潮流》（Against the Current）[12] 一卷中收入了伯林在观念史领域的12篇文章……：其关注重点在于一些个人在思想贡献方面的独创性，这些人物包括莫泽斯·赫斯、马基雅维利、孟德斯鸠、索黑尔以及维柯。年轻的观念史研究者罗杰·豪舍尔为此卷撰写的导读展现了在思想研究领域伯林自身贡献的原创性。最后，[《致敬与回忆》（Tributes and Memoirs）

---

① 罗曼尼斯讲座是牛津大学的年度公共讲座，创始于1891年，邀请当年在艺术、科学或文学等领域最著名的公众人物进行讲演。——译者注

（原文如此）] 中收集了伯林对于他所熟知并崇敬的20世纪学者与政治家们的颂词。这些人物包括：J. L. 奥斯汀、鲍勒、丘吉尔、奥尔德斯·赫胥黎（Aldous Huxley）、纳米尔、普拉门纳兹（Plamenatz）、罗斯福、魏茨曼（Weizmann）等。[13]

我是在牛津大学沃尔夫森学院与伯林相识的。这是一所为讲师与研究生设立的新学院，成立于1966年，院长正是伯林，其经费由沃尔夫森与福特基金会支持。我考入该学院是攻读哲学研究生学位。令我羞愧的是，直到那时，我对于伯林做过什么还只有最粗略含混的印象。伯林于1909年生于里加，不过除了战争年代之外，成年后的伯林主要待在牛津大学：在基督圣体学院读本科，随后先后供职于万灵学院（现在他又在那里了）、新学院与沃尔夫森学院。他正是20世纪30年代在万灵学院期间写出了关于卡尔·马克思的杰作。在前往沃尔夫森学院之前，伯林担任了十年的社会与政治理论教授。沃尔夫森学院那美丽的建筑坐落于查韦尔河畔，其开放与民主的组织形式在牛津大学独树一帜，经久不衰地提醒着人们伯林任职期间的有效成果。在沃尔夫森学院的那些岁月是我人生中一段格外愉快的时光。

如同他一手创办的学院一样，伯林的作品中也充盈着他的人格、价值观以及标准。除了他要表达的思想中所蕴含的巨大内在趣味（仅此一点便足以使他的作品位列一流），或许其作品最引人入胜的特征，正如他的讲演一样，在于他对他常常思想的那些主题的投入程度以及道德担当。这一点引人瞩目同时又予人好感地与学者中普遍存在的那种超然物外、高高在上的学究式迂腐形成鲜明对比。伯林欣欣然从无甚意义的细节之过度堆砌中解脱出来。锦上添花的，还有他捕捉某种文化环境之氛围的天才，这种环境无论在时间上还是在许多基本设定上都与我们自己所处的文化环境相去甚远。还有他描绘某种个人人格的高超技巧；再加上他有时候表现出的砍掉一大堆乱七八糟的细节而单刀直入的令人惊心动魄的能力，并且坚定而明晰地表达出隐藏的内在本质，从而厘清原先看起来混乱不堪而难于理解的东西；以及（简而言之），他那敏锐深刻而富于共情的理解能力——对于人的理解，对于人的动机、希望和恐惧的理解，还有对于人类先辈和后代的思想与行动的理解——为什么他的作品如此具有价值和重要性，原因是很清楚的。他对于我们智性生活的贡献既是完全独特的——不迎逢时代潮流——比起其背景来，又因明显更为丰富多彩和更加人性化而脱颖而出。

我于1974年首次向伯林提出重新出版他散佚文章的事情。那个时候，我正在痛苦地编辑我的八旬老友阿诺德·马林森的文集。他是一位魅力十足同时又性情古怪的圣公会代牧，也是我的房东。马林森如此形容他自己："我从来不扔掉任何东西，我也从来不收拾任何东西。"他的这些特征使得我能够成功地搜索他的各个阁楼和柜橱，并攒出一个稀奇古怪、内容庞杂的集子，而他自己永远也不会想到亲自着手做这件事。结果，我收获了对于编辑工作的强烈爱好，因为这项工作使得出版一本书成为可能，如果没有它，该书可能永无面世之日。毫无疑问，编辑工作在很大程度上是一种助产术,不过,由于能够间接体验到一小部分做父亲的感觉,该工作的吸引力由此倍增。

出于这一点,再加上我对伯林作品的敬佩崇拜之情,使得收集并编辑其文章的前景对我来说具有巨大的吸引力,因为我知道他本人肯定永远也不会去致力于这项工作……我意识到,自己或许会发现要战胜他的谦虚十分困难,要战胜的还有他的如下感觉,即认为出版文集像是某种盖棺定论,而做这件事的时机尚未成熟。甚至时至今日,他依然以他"身后的作品"来指代我编的选集。不过无论如何,他确实已被我说服,允许自己的文集面世……

即便伯林本人愿意自己编辑书稿,他也会因为太过繁忙而无法致力于此。他似乎永远在过着一种三重生活——英国国家学术院(British Academy)主席、英国国家美术馆(the National Gallery)受托人、考文特花园(Covent Garden)负责人,另外还兼任许多其他职务。这些都与在世界各地发表讲演,以及与各种本科生社团(不仅仅是牛津大学的)、教育学院、中学六年级学生交流等工作颇为不同。他的活动安排会令大多数人陷入神经衰弱的状态之中。

事实上,伯林能够挤时间写出那么多著作,实属了不起。当我向他初步建议我或许可以编辑其作品的时候,浮现在我脑海中的仅仅是他最知名的那些篇章,所以我向伯林询问,他还出版过哪些文章。他只提到了寥寥几篇,不过补充说,他不但已经忘记自己曾写过的许多小文章,而且也没有留存关于自己作品的记录。因此,编纂一份伯林作品的目录将会是一项超乎人类能力范围之外的任务。对于我这种天性过于积极乐观的人来说，这就像是在公牛眼前晃动红布一般刺激撩人，所以我立即着手自行寻找他到底写过哪些文章。我运用了自己所能够争取到的一切手段，终于第二年出版了所收集到的作品清单。即便是那些熟知伯林及其作品的人也惊异于清单中作品的数量之大和涉及范围之广，而我承担的编辑工作也变得更加具有吸引力……

余下的事就是挥洒汗水了。在牛津大学的博德莱安图书馆（Bodleian Library）查寻踪迹模糊的参考资料，选择出版社，确定每一卷导论的撰写，详细叙述这些过程将会令读者感到枯燥无聊。第一卷《俄国思想家》本月已由霍加斯出版社出版，该社也曾出版过《维柯与赫尔德》一书；选定的美国出版商是维京出版社（Viking）。余下的几卷将在未来两年期间陆续面世。整个项目是一项最值得做的事业，我将永远乐于参与其中。

某些人（包括伯林自己）在读到我上文最后一段的第一句话时可能会扬起眉毛，但我是想间接说明这项工作所涉及的庞大工作量。时至今日，仍有一些人认为，我所做的一切不过是将文章收集起来，然后将其交给出版社便万事大吉。

伯林一定是看到了，甚至或许认真阅读过我已发表的那篇文章，不过，该文一年后在《利西达斯》上再次发表时，很明显他已经完全忘记了这件事，因为他于1980年1月8日写信给我，为那篇"关于编辑我作品这项可怕工作的无限慷慨与充满魅力的文章"向我表示感谢，仿佛他之前从来没有读到过该文一样。

《俄国思想家》的新书样书于1977年12月初寄来。就在我收到第一册样书的时候，伯林与我都受邀参加了当时的心理学沃茨教授杰罗姆（昵称为"杰瑞"）·布鲁纳［Jerome（"Jerry"）Bruner］在其位于学院的家中举办的晚宴，他也是沃尔夫森学院的一位研究员，住在加尔福德路（Garford Road）的尽头。我带着那本书，在上开胃酒的时候，很骄傲地将其放在了咖啡桌上。伯林一看见它，便马上将其翻了过来，这样一来人们便无法看到以优美的大字体印在书的护封正面的他的名字，是迈克尔·哈维（Michael Harvey）的手迹。这是伯林看见自己名字印于纸上时的典型反应，也是他对经我之手出版的这几卷书的态度。

来自读者的反馈开始出现。迈克尔·布洛克评论说："我从不知道有这样的作家，其声音可以在其文章中听得更清晰。"[14] 他为"作者序"中所表达出的谦虚所打动，伯林在序中写道，艾琳·凯利"持续坚持的支持几乎将我说服，令我相信准备这样一卷书可能值得为之投入如此之大的智力与劳动"。迈克尔·布洛克在谈及1971年为伯林授予爵位的任命时告诉后者，他配得白金汉宫的如下授勋词："女王陛下希望人们知道，她从不会将功绩勋章授予其作品不值得结集出版的学术界人物。"[15] 这卷书正式出版于1978年1月5日。

在该书面世之前，我曾致信伯林，告知他长期以来的夙愿终于可以实现了，即写一篇关于他在"1945年和1956年与俄罗斯作家的会面"（Meetings with Russian Writers in 1945 and 1956）（这也成为他最终完成的那篇文章的标题）的文章，该文将作为我们同意出版的回忆卷中的一部分。

> ……我有了一个想法，它可能对您有吸引力。我知道您真正想写的几个题目之一，是关于在牛津大学出版社的文件中被称为"俄罗斯的布鲁姆斯伯里[①]"（The Russian Bloomsbury）[16]。我相信，对于什么是此文最适合出现的语境，您并不是很有把握，部分原因可能在于，它可能会以不长不短的中等篇幅问世。在我看来，将其收入《回忆与致敬》卷中，将是完全合适的：这个主意在您看来如何？这篇文章还会为本已非常棒的这卷书大大增添趣味。当然，这也意味着，您需要在1978年年底之前写完此文。不过，我猜想，您能够凭记忆相对快速地完成此事，对吗？请务必严肃考虑这一建议。（写于1978年1月2日）

伯林回复道：

> 我当然应该记录下所有与此相关的事，但我不知道最终篇幅会有多长，可能七八千英文单词或是稍稍再长一些。我认为，如果我真的写了这篇文章，它应该首先出现在其他某个地方，发表于对于俄罗斯作家感兴趣的人所关注的某杂志上，而不是单纯藏身于关于回忆与致敬的一卷文集中。[17]

[①] "布鲁姆斯伯里"是20世纪初英国的一个知识分子小团体，核心成员为弗吉尼亚·伍尔芙等。——译者注

第4章 《选集》

他认为这篇文章对于《泰晤士报文学增刊》来说篇幅过长，建议将其分为两部分发表于《纽约书评》（NYRB）。最终，这两份刊物都出版了其缩略版本（《纽约书评》的内容有所增加），即伯林于1980年5月13日在牛津大学考试院（Examination Schools）鲍勒讲座（Bowra Lecture）上发表的题为《与俄罗斯诗人对话》（Conversations with Russian Poets）的演说。这是他的最后一次正式公共讲演，也是向其友人鲍勒致敬的系列讲座中的最后一讲。

在《俄国思想家》最终面世之后，绝大多数书评都是高度赞赏的，然而不管这种高度评价有多少，都无法动摇伯林对于自己作品价值的怀疑态度。不过，有一篇对《俄国思想家》的评论与大多数评论不同。这是我所看到的最早评论之一，它出自85岁高龄的丽贝卡·韦斯特（Rebecca West）之手。[18] 在该书面世后的最初阶段，我对于批判的声音近乎疯狂地过度敏感，并且强烈地介意别人写下的反对该项目的每一个字（到了最后，我则对任何声音都毫不在意，全都左耳朵进右耳朵出）。遗憾的是，韦斯特的评论是我们所收到的最为负面的评论之一，它声称伯林（除了其他缺点之外还）是自我重复的、不加批判地过度热情的、居高临下的以及缺乏精确性的。于是，我致信伯林：

> 我希望您没有被丽贝卡·韦斯特发表于《星期日电讯报》（Sunday Telegraph）上那篇恶意满满的评论搞得过于心烦意乱。她对您有什么积怨吗？又或许这只是人上了年纪之后的坏脾气？她实在是太过分了。您对于"消极能力"

（negative capability）①的评注确实增加了超出济慈本人意图的某些意思（见《牛津引语词典》），但是这只是校对的问题；而我因为她毫无事实根据地诋毁本书的这方面而怨恨她。克兰克肖（Crankshaw）发表于《观察者》（*Observer*）上的文章至少是热情洋溢的。我想知道，我俩中的任何一人是否可以给丽贝卡·韦斯特写一封信。如果您写信给她，请务必发给我一份复印件。

关于济慈，韦斯特是这样写的："校对员半途而废，漏掉了一个可怕错误，即错误引用约翰·济慈的一封信，而那正是浪漫主义批评的关键段落之一。"在1817年12月22日致乔治·济慈（George Keats）和托马斯·济慈（Thomas Keats）的一封信中，约翰·济慈写道：

> 令我惊异的是，是什么样的品质塑造了成就斐然的人，特别是在文学领域有所成就之人。莎士比亚便高度拥有该品质，我的意思是"消极能力"，即人能够处于不确定、神秘、怀疑之中，而不去急躁地寻求事实和理由。

在《俄国思想家》中，伯林论到消极能力与共情能力，不过，正如伯林在致莉季娅·楚科夫斯卡娅（Lidiya Chukovskaya）的一

---

① 又可译为"消极感受力"，是英国诗人约翰·济慈提出的诗学概念，用来概括他对于诗歌创造过程所必需的感受能力的理解，即艺术家能够在没有逻辑或科学的压力与框架下去通达事实。——译者注

封信（《添砖加瓦：1960—1975年书信》，第541页）中所说，共情者必须"将自己换位到他人的位置中"，这无疑是更进了一步。济慈确实在一个月之前（1817年11月22日）写给本杰明·贝利（Benjamin Bailey）的一封信中写道："如果一只麻雀来到我的窗前，我会把自己当作麻雀，在小石子儿中挑挑拣拣地啄食。"不过，此处描述的是另一种完全不同的心理行为，不能被称为消极能力。这两种心理行为在1817年致理查德·伍德豪斯（Richard Woodhouse）的一封信中被联系在一起，济慈在信中说，诗人"自己并没有身份认同，他时刻处于其他身体之内，充满它，并为其而存在"。然而，至少从这些段落来看，将"消极能力"理解为指代经常而非普遍联系的行为，似乎仍然是某种牵强附会。

伯林回复道：

> 关于R.韦斯特：她或许知道我对她的评价有多低：她是一位相当精神失常的老妇人，当赫尔岑的新版（英译）文集问世后，她说赫尔岑被疯狂地高估了。所以，这只不过是盲目的偏见而已。不过，绝不要给她写任何东西，她的观点毫无价值，而且并没有令我烦恼——这就像是被一头年老不中用的奶牛踢了一脚一样。无论如何，一个人永远不应该去回应评论者们，除非存在对事实明目张胆的歪曲。至于消极能力，济慈将其归于莎士比亚，或许米德尔顿·莫里（Middleton Murray）关于济慈与莎士比亚的那本书解释了其意义：在未做任何抵抗的情况下，我是不愿意投降的。[19]

在此后不久，尼古拉斯·理查德森（Nicholas Richardson）的一篇评论提到了"其编辑手段十分累赘，它如此设计很明显是为了令所有当代历史学家中最富有活力的这位永久保鲜不腐，虽然并没有什么希望达到此效果"[20]。处在当时一点就着的易怒状态中，我对这一嘲讽义愤填膺，它看起来充其量就是疯狂的夸张，我告诉伯林我一点也不喜欢这种挖苦。[21] 按照这一标准，则收集各处散落的文章的行为本身便像某种类似葬礼的活动，而仅仅是提供一篇导论也一定就相当于抛撒作者的骨灰。说我们正在做的事情是为了让作品的作者获得更长的生命，然而只成功地起到了埋葬他的效果，这在我看来是不通情理、令人震惊的。

20年之后，斯蒂芬·科里尼（Stefan Collini）提到"（伯林）文章的某种轻微的私生子状态"，他观察到"亨利·哈代竭尽所能地用脚注形式将其装备起来"。他又补充说，"对于那些希望追踪伯林的参考资料的人来说，这毫无疑问是有所助益的，然而，这种做法确实有如下危险，即将个人化与别具风格之处驯化为看起来纯粹是循规蹈矩和勤奋不倦"。[22] 我在《浪漫主义的根源》与《俄国思想家》第2版中都曾回应了上述两段讥讽。在前一书中，我如此评论道：

> 在脚注中为一篇朴素的文本增添参考资料会犯下改变其基调之错误，关于这一点，斯蒂芬·科里尼是正确的。但是，以赛亚·伯林彻底地同意这一改变，情况并不是不应该去致力于此。在伯林病魔缠身的最后阶段，当人们提起科里尼的指责时，伯林直接且彻底地否认了该指责，并评论说，

提供参考"将仅仅是优美文字的东西转化成了学术文章"。[23]这一评论展现了伯林那惯有的而且过度的谦逊与慷慨，不过它也足够反击科里尼和理查德森的讥讽了，尤其是，还可以加上如下事实，即当手头拥有足够信息的时候，伯林自己也会提供篇幅庞大的注脚。[24]

另一个怀有敌意的评论在当年稍晚些时候发表，来自马丁·格林（Martin Green）。他这样评论印于该书美国版本护封上的宣传语："如此这般鸦雀无声的敬畏是过度夸张的，而且注定会贬值。"他以如下认识来结束自己的警告："伯林让我们从一个令人意想不到的角度去看待托尔斯泰以及其他人，这是他为我们所做的事，但是我们不用拜倒在他脚下来展示自己的感激之情。"[25]伯林对这一评论似乎更为在意，在写于1979年4月4日的一封信的信封上，他写下了这样的话：

> 格林先生是位可怕的人物，他（在其所有作品中）都显示出自己为嫉妒之心所折磨，而这份嫉妒以道德义愤的形式得以合理化。他关于别林斯基、利维斯（Leavis）、托尔斯泰等人的所有事实（主张）（而不仅仅是他对于我那不屑的看法，而他自己大概很符合这一评价）恰恰都是错误的。到现在为止，我还未曾给他写信。我非常想写，但是，我的感觉就如同弗鲁德（Froude）对弗里曼（Freeman）的感觉一样："我不想跟他产生任何关系，即便是敌对关系。"[26]最好是对他置之不理，然而……我还是渴望写一封碾压式的私人信

件。我应当抗拒这一欲望吗？一方面，他只是个可恨的庸俗雇佣文人；而另一方面，又应该去捍卫事实……

（在一封写给我的信中）伯林也谈及他对于玛丽-芭芭拉·泽尔丁（Mary-Barbara Zeldin）举棋不定、自我争论的态度。泽尔丁写了一篇评论，谴责伯林自我重复、反复无常、冗长啰唆，并批评其文风与语法上的错误，还列举了一长串与其意见相左的具体点。伯林一一驳倒其观点，并在中途写道："只有上帝才知道我为什么要列举她的所有荒谬之处，但是既然已经开始了，我就应该继续下去。"[27]

II

οὔτοι συνέχθειν, ἀλλὰ συμφιλεῖν ἔφυν.

（我的天性不是喜欢跟着人去恨，而是要跟着人去爱。）[28]

——索福克勒斯

时至1978年年初，四卷《选集》中前三卷的导读已经撰写完毕，或是就其写作已达成一致意见：艾琳·凯利与伯纳德·威廉姆斯分别为《俄国思想家》和《概念与范畴》撰写了导读，而罗杰·豪舍尔正在为《反潮流》卷写作一篇篇幅十分长却非常精彩的导读。我暂时找不到合适人选为当时仍被称为《回忆与致敬》的那卷书撰写导读。伯林与我讨论了由他亲自为该卷写导读的可能性。2月7日，我提醒他：

第 4 章 《选集》

> 关于是否由您来承担亲自撰写第四卷导读的任务,您现在是否已经准备好做决定了?或许如我们稍早时候讨论过的,只需是一篇简短的休谟式的自传性简述?我非常希望您能做这件事。不过,如果您不愿做,我想我应该委托其他人写。那么到底让谁写呢?现在就要去做这件事,否则我会对此事过虑的。

2月13日,帕特·乌特钦转达了伯林对于这样一篇导读是否应当存在的怀疑:

> 不,他绝不会亲自撰写第四卷导读的(而且,他还补充说,不要让你认为在这件事上你能够说服他)。事实上,他认为任何导读对于这一卷来说都是完全没有必要的。(他问,)除了"这里有一些关于优秀家伙们的出色小文章"之外,任何人还会说别的什么话吗?

随帕特的便笺一同寄来的,还有《概念与范畴》卷的作者自序,伯林在其中展现了他从哲学到观念史的典型谈话叙述方式,尽管其中省略了关于他在1944年坐在一架轰炸机中穿越大西洋的飞行。根据伯林的说法,正是在这段旅程中,一切最终注定(《概念与范畴》第二卷,第295—296页)。

我于1978年2月14日进行了再一次尝试:

> 我猜想,自己没有希望去说服您为第四卷撰写一篇导

113

读。不过，您是否还会提前否决我可能会提出的任何关于写导读人选的建议？如果您能够亲自提出任何人选，那将非常有帮助。您通过帕特问我人们会说什么。好吧，他们会写一篇关于您生命历程的简述，以及您所写到的那些人物如何与您的生命历程相联系。那正是我希望您亲自去做的事。我的坚持是否有一些道理？

伯林的回信日期是2月23日：

至于第四卷的导读，我本人真的不准备去写一篇关于自己生命历程的简述，并让形形色色的人物插入各个合适的位置，就像是蛋糕表面嵌入的小葡萄干。我认为这样做的结果会有些荒谬。我也无法想到其他任何人能够就一本以悼文和零碎片段的回忆组成的集子说上点什么。在这种情况下，相比起无话硬说的荒谬来，不强求一致在我看来是更好的选择。我想不到任何理由来支持专门为本卷写一篇导读这件事。我也能肯定，不会有任何人抱怨它没有导读的。

1978年3月17日，我被又一个更为冒险（回顾起来也更为令人惭愧）的念头所驱动，于是单方面询问诺埃尔·安南是否原则上同意写导读。我们曾邀请他撰写以赛亚·伯林的传记，但是被他婉拒了，因为我认为若是我要求伯林授权我去做这件事，他是不会同意的。安南在3月21日的回复非常有趣。他说，斯图尔特·汉普希尔会是更好的人选，如果我请他"写一篇关于以赛亚对于人类之观点的导读"也不是不可能的。于是我请他写这篇文章。回信的最后一段介绍了某种在当时对我来说十分新鲜的保留意见：

> 不过，在花园的正中间，有一块格格不入的墓碑。以赛亚对于人们的精彩洞察并没有妨碍他——事实上可能还驱使他——去寻找他们人格上的缺陷。他与普通英国人恰恰相反。人们总是说，英国人冷漠的外表之下跳动着一颗火热之心，而以赛亚的内心尽管炽热无比，其内部却包裹着一大块寒冰。你真的希望我这样说吗？

不过，他的这一想法在20年后得到了罗杰·豪舍尔的呼应。在其为《对人类的恰当研究》一书撰写的导读中，他如此评论伯林：

> 他用自己出类拔萃的能力来调动一种漠然冰冷的非人格与温情脉脉的回应性的结合体，这二者都指向人类境遇的伟大而稳定的图景，以及个人之情感与性情的特征。这正是他的心理构成的秘密：思想内核钻石般清澈，外围则燃烧和闪耀着关注人的强烈情感，这使得他那些以人物为主题的文章如此令人难以抗拒。(《对人类的恰当研究》第2版，第xlv页)

在致安南的回信中，我鼓励他既要坦诚直率，也需要出言得体，富于技巧性，我还请他解释一下他所说的"一大块寒冰"是什么意思：

> 您是仅仅指，在他的内心深处，其实对几乎所有人都具有相当不饶人的批判性，尽管在表面上富于误导性的情感热烈喷涌？或者您意指一些与之十分不同的东西，——或许与其明显的自我中心色彩相关（这一点是否比我们所猜想的更为全面和彻底？），也许是他未能对苦难感同身受，尽管他可能以精湛高超的技巧在表面上对苦难进行了描述并且显得对其有所回应，又或许是他外表痛苦而精神平静地在最后一分钟让人们失望的倾向？在这个问题上，我的理解可能处于一条完全错误的轨道上。他的温暖和煦是作秀吗？或者是出于真诚然流于表面？您头脑中所想的到底是什么呢？

安南并未回答这些问题。

这件事一定是向我传达了一种信息，即我接触安南并非合规合矩的程序。在4月5日致伯林的一封信中，我写道：

> 诺埃尔·安南——如果由于我在事先没有明确您是否同意的情况下就接触他令人不安的话，我为此感到十分抱歉。我承认这不是一种完全合适的行事方式。让我来坦白直率地解释自己为何这样做。（顺便说一句，我并没有请他写您的传记。这并不是说若是他写了，那必然是一本糟糕的书，会是吗？）
>
> 解释如下：您在一封给我的信中说，您认为文集第四卷根本不需要一篇导读，而且您十分强烈地表达了这一意见。

不过,您也并没有在事实上阻止我去接触某位可能的导读作者,看看他是否原则上愿意写,当然是在获得您同意的情况下。我当时相信(现在也相信)这本书会因一篇优秀的导读而增色不少。因此,我尽自己所能地去联系这样一个人选。当然,严格说来,我本应该致信给您,说"我理解您坚决反对这个主意,但是,我是否依然可以写信给安南,看看他是否原则上愿意做这件事"。我感觉自己没法这样做,因为如果您对我写信给安南表示同意,则这将在事实上相当于您说"我反对导读,无论是谁写的,然而你还是可以去看看安南是否愿意写一篇"。我判断,若是自己能够先行成功说服安南同意在获得您的允许的情况下撰写导读,他就会写一篇,然后我再给您写信,说我已经得到了安南的原则同意。这样一来,比起我一开始便请求您批准来,您会更有可能准许这件事。事实上,我很高兴地从帕特那里了解到,您并不是绝对反对一篇出自安南之手的导读。我希望,当他读过那些文章之后,会同意写导读。对于读到他对您关于人的观点有什么样的评价,我当然心驰神往。

所以,我公开承认自己的行为有失道德!我的行为建立于某种功利性算计之上,为达到第四卷有导读的目的而选择可能性最大的途径。若您能忽视我的花招就太好了。我已相当明确地向安南勋爵表示,在我敲定由他动笔之前,必须获得您的同意。

这封信中的叙述今天仍令我颤抖,因为我公然挑战了伯林已明确表达的观点，不过我可以这样为自己辩护：伯林那低调谦逊的性格，确实使人难以用他对于别人建议的行动方案之最初反应作为指导，来判断其内心真正已确定之回答。他是最不应该被揣测意愿之人，鉴于他众所周知的对于"积极"自由支持者们的态度，这些人相信，他们比他自己更加了解其意愿。不过，我的整个谋划，其基础在于系统性地拒绝将伯林那负面消极的本能反应信以为真，而根据最后的结果来看，我没有什么可抱怨的。

由于被逼到了墙角，伯林只好于1978年4月18日同意由安南撰写一篇导读："非常好，安南勋爵同意做这件事真是太好了。除了满怀感激之情地接受之外，我别无他意。"我不用再咬牙坚持了，不过这还远非此事的结局。这篇文章的写作演变为一出漫长而令人不适的——不消说也是让人痛苦的——长篇故事。一版草稿接着又一版草稿，伯林不断要求修改，从而检验了安南对他的友谊，而并非所有修改要求都是明显合情合理的。[29]安南的回应既充满耐心又不辞劳苦，不过有时候当对伯林的怒气升腾起来时，他也会向我流露。

有一次，伯林与安南会面，讨论一个版本的导读。在稍早时候，于1978年9月30日，我给伯林写了一封极其失礼的信（鉴于我知道伯林的深度内敛）："我希望您与诺埃尔·安南在下个周末的商谈能获得一个令双方都满意的结果。"伯林于10月2日回信：

> 我很快就要见到诺埃尔·安南，我希望在我即将跟他说的话的压力之下，我们的老交情不会崩盘。至于你在相关段

落中所表达的希望与担心，看起来我最好还是一言不发：若是我将自己对你所说之言的反应向你形容的话，将会把我们之间的友谊置于过大的压力之下。我会克制自己，只想说整个情形对我来说非常痛苦，而且这一切原本是可以避免的：至于进一步的解释，有些话还是最好不要说出口。

伯林这一席话深深刺痛了我，而这毫无疑问是意在如此的。但是那篇文章真的有这般糟糕吗？对此我并不服气。

12月4日，伯林写道：

> 一封信接着另一封！诺埃尔·安南的文章已经比初稿好太多了，然而依然存在一两个"糟糕的"小部分——并不是非常重要的部分，但是其中有一个尤其会令太多人无缘由地备感尴尬。我会再给他写一封信。尽管他的导论诚意满满，充满溢美之词，而且现在已经删掉了有直接事实错误的地方，特别是在有关于哲学的部分（关于这一点我们应该感谢斯图尔特·汉普希尔），并显而易见是热心友善的，但是，我恐怕在我的余生中无论何时只要一想到它，还是会浑身泛起鸡皮疙瘩。休伯特·亨德森（Hubert Henderson）有一次曾告诉我，在罗伊·哈罗德爵士（Sir Roy Harrod）写作的凯恩斯传记中，所有事情都与实际情况偏离了两三度，仅仅是因一点点出入而不正确，而这造成了持续不断的烦恼感觉。当一个人觉得传记中关于他远比哈罗德更为熟知，或者是他自认为更为熟知的那个人的相关事情近乎正确，但永远不是完

全准确的时候,他会因此而拒绝评论这本传记。至于有关某人自己的文章,这个人出言时一定要更为谦逊和谨慎:一个人听到的自己的声音,与其他人所听到的十分不同。不过,我还是永远都不太能适应这一点。你会认为关于这一切我做得太过分了。我倒是希望自己如此。关于此事,我以后将不再与你多说一字(他的确是这样做的)。我所要求的一切,只是人们不应该写或是对我说任何类似这样的话,即他们多么好地捕捉到了我的观点和人格,那些花絮文章是多么精确又大度。但是他们还是会这样做的。我将不再谈这个话题了。(《确定不移:1975—1997年书信》,第94页)

这段插曲的最后一个段落是这样发生的:伯林的朋友,时任《纽约书评》联合主编的罗伯特(昵称为"鲍勃")·西尔弗斯(Robert Silvers)形成了一种印象,认为在时机成熟的时候,伯林并不反对他出版这篇导论。安南已经给他提供了该文文稿,而西尔弗斯想要将其发表。西尔弗斯写信给我,说他已经告诉了伯林这件事,而伯林并不反对。我在给西尔弗斯的回信中说我很高兴听到这个消息,并将该回信抄送给伯林。伯林将我的话理解为,他并不反对如此载于刊物的形式,而这确实看似是一个合理的结论。他写道:

> 我不反对这样吗?我非常非常反对这样。事实上,我是非常非常厌恶这样。能否有劳你将此告诉鲍勃·西尔弗斯?在将来某个时候,我也会亲自告诉他的。对于在一卷书中出

现一篇导论这个主意，我还可以接受，但是，将其剥离出来，作为一篇单独的花絮文章出版，这样的主意对我来说就是完完全全无法容忍的了。你究竟为什么会认为我并不反对这种设计？你将此事告诉了我，这让我深感欣慰；若是你没有告诉我的话，我可能会去自杀。（写于1979年3月5日）

我猜想，这会不会是伯林对一个人这样说而对另一个人那样说的许多例子中的又一个，除非他只不过是没有充分考虑过自己所说的话里可能的隐含意思。他此前也许不愿意告诉安南或西尔弗斯关于自己不希望这篇文章出现在《纽约书评》上这件事，于是便给他们造成了前路平坦、毫无障碍的印象。在受到伯林的指责之后，我致信安南和西尔弗斯，转达了他不愿意见到这篇文章单独出版的意思。安南强烈地相信，将文章载于刊物是自己作为作者应有的权利，因此他极其有力地表示异议。这令我震惊，感到意外，因为我之前以为，安南无论如何质疑，最终还是会出于朋友感情而撤稿。3月21日和22日，我分别给安南和伯林写了一封又长又充满痛苦之情的信，请他们二人可怜我，并且希望其中一人能够让步。我试图劝说安南不要再坚持己见：

> 我希望以赛亚不要如此敏感。他在保护自己免遭他眼中的过度曝光或负面宣传方面"处心积虑"，而在我看来这是毫无必要的。然而，他就是他之所是，而我与他的关系使我不可能在这样的问题上去违背他的意愿，尽管我完全同意您的看法，即您希望以怎样的方式来使用自己所写的文章是

您的权利，您也可取得编辑与出版商的同意，在正式出书之前按正常情况将文章连载于刊物上。我想我要请求您做的事——如果糟糕情况变得更糟，而我希望这种情况不会出现——是与我一道在有关以赛亚的这件事上，让自己的预期有一次例外。我真的不是很明白自己为什么要打算这么做——你可能会认为我是出于胆小懦弱——不过，我料想至少在眼下的情况中，是因为《选集》是在我与他的紧密合作之下策划出来的成果，那么要是我知道了对其任何一部分的处理方式令他感到不快，便有违这种合作的事业精神。您是否觉得这有些道理呢？

对伯林，我则如此解释安南的观点：

安南的思路是这样的，当他受委托写一篇文章的时候，他期望自己的编辑与出版商能"尽其所能做好宣传工作，并为文章在其他地方出版提供便利"（3月16日）。以他的观点看来，这包括书稿出版之前将文章先行载于刊物上。所以，即便他并没有明说，其实也近乎说，如果我们不同意他先行刊载文章的话，他便不愿意让我们将该文用作文集第四卷的导读。他写道：

如果以赛亚为我的文章感到羞耻，那么当然可以将其撤掉。即便我们为了写作一些坦诚真实的东西曾付出了如此之多的努力，我无论如何也不会去冒犯他，无论是他还是你都没有任何义务去接受我写下的文章，并将其作为这卷文集的导读来出版。不过，若是你确实打算出版它，然后却又拒绝许可它公开发表，那么这简直就是一种侮辱。我感到被深深冒犯了。

当然，我向安南保证，说您并没有为他的文章"感到羞耻"，还说问题根本就不在那里。不过，我不知道自己的保证是否会令事情的发展有所不同。

我们该做些什么呢？当然，若是您同意在书籍出版之前将文章先行载于刊物上，戈尔迪乌姆之结（The Gordian Knot）①便会迎刃而解；但是，鉴于您曾经表达过的对于这一点的感受，我不敢对此抱有希望。或许您愿意亲自与安南对话，并通过这种方式来寻求意见的一致？当然，严格说来，该文的著作权是属于安南所有的，一旦该文作为文集第四卷的导论写好之后，他便可以在任何自己喜欢的地方以自己喜欢的方式出版该文。他的出版权利仅仅限于在文集第四卷出版之前——他相当恰当地将安排该文于书籍出版之前先行刊载的事宜交给我和霍加斯出版社协商办理，尽管我认为在其他条件不变的情况下，他完全有资格期望我们安排这件事。

---

① 传说亚历山大大帝曾率军来到小亚细亚北部城市戈尔迪乌姆，其卫城的宙斯神庙中有一辆献给宙斯的战车，车上有一极其复杂的绳结，据说能解结之人便会成为亚细亚之王，亚历山大大帝遂挥剑斩断绳结。"戈尔迪乌姆之结"一词作为习语，用来比喻极端难解的死结、棘手的问题或不可能完成的任务。——译者注

然而，其他事情并非不变。您不希望这篇文章以此种方式出版，而对我来说，这就够了。正如您所知，如同在每一种情况下一样，您的希望在这件事当中同样比正常的期望更具有优先性。不过，看起来安南似乎是并非如此这般看待事情的，而正是这一点出乎我的意料，令我猝不及防。我非常抱歉将这一难题带到您面前。毫无疑问，您可以提醒我，这件事归根到底是出于我自己的安排，不过您会慷慨大度地避免这样去做的。如果该文刊载在其他刊物上，比如说《泰晤士报文学增刊》，您是否会不那么介意呢？出于某种原因，《纽约书评》在您看来是不是特别像是一个过度曝光别人的论坛？如果情况确实如此，我们当然会安排在《泰晤士报文学增刊》上刊载该文的。但是，我担心，你所抗拒的是任何形式的单独发表。我的看法对不对？我在惶恐不安中等待着您的回答。最重要的是，我请求您不要接受安南干脆放弃导读的建议。我敢肯定，这对任何一方都将造成超乎必要的痛苦，而且也会令文集第四卷大大失色。

伯林写于1979年3月27日的回信同样充满痛苦之情：

无论发生什么，这件事的结局注定糟糕。不管我对安南勋爵怎样诉说我的感受，也无法缓和他对我的怨恨之情。恐怕他不能理解，一个人可能根本就不想要任何个人宣传，无论宣传是多么正面和肯定；或者，如果他理解这一点，那么这种理解也被他所感受到的侮辱的感觉所压过。另一方面，如果这篇文章确实单独刊载的话，无论是发表在《泰晤士报文学增刊》还是《纽约书评》上，都将令我在余生中十分痛苦。这将使我陷入一种可怕的两难困境中。《泰晤士报文学增刊》无论如何是不在考虑范围之内的，除其他理由之外，主要是因为在其他颂扬之词之后——先是艾琳的[*]，紧接着又是诺埃尔的——再出版这篇赞誉的文章，会将他们二人以及我自己都置于某种荒谬可笑的境地，而且也会激起来自各个方面的令人不快同时也是原本完全不应遭受的讥嘲，无论是公开发表的还是未发表的。这一前景令我充满忧虑沮丧之情，以至于我几乎都无法继续写这封信了。我会在未来某个时候与诺埃尔商谈此事，但这个前景也同样可怕。无论如何，我会去做自己能够做的事情。同时，我也会写信给鲍勃·西尔弗斯。

又及（写于3月29日）：我想我必须投降认输了（而他并没有）。这真的会作为一道永远的伤口一直存在；当你写信给安南勋爵的时候，你对他的了解有多少？

在这个来回修改的漫长过程的终点，安南于1980年5月8日写道：

---

[*] 艾琳·凯利对《俄国思想家》一书的导读便发表在《泰晤士报文学增刊》上，题目是《复杂的视野：以赛亚·伯林与俄国思想》(*A Complex Vision: Isaiah Berlin and Russian Thought*)（1977年12月30日，第1523—1524页）。——原注

125

> 你可以将现在这版手稿交给霍加斯出版社了。以赛亚已经明确表示，他不愿意让其在任何地方单独刊载——尽管他曾经同意让文集第一卷的导读出现在《泰晤士报文学增刊》上。
>
> 我花费在这篇文章上的时间与付出的关注超过我写过的几乎任何东西。我再也不想看到这篇鬼东西了。你可以去订正校样，反正我是做不了了。

伯林给安南的最后回应写于5天之后，该信部分收录于其书信集的最后一卷中（《确定不移：1975—1997年书信》，第104—105页）。他在信中试图否认自己是社会名人，是"公众兴趣的一个自然目标"，而在我看来他的否认是不成功的。在信件未曾出版部分中的第一段，他写道：

> 我在惶惶不安中度过的那些如坐针毡的日子是值得的，而除了巨大的宽慰以外（没有比这更好的了，一想到未来的苦难将不复存在，这是真正的绝佳感觉），我还想说，我认为您一直以高尚的忍耐力行事。这是一种牺牲，而我并没有权利去要求在友谊的祭坛上贡献这种牺牲。简而言之，确实非常非常感谢。我将永远不会忘记这份善意与仁慈——我确实深感痛苦。

而在信件的最后，他又回归了这样的情感：

> 让我再说一遍，鉴于您所持有的观点，以及所拥有的适

度野心，您的表现真是太出色了。我将如何能通过一个简短的按语来表达这一切呢？我打算为文集第四卷写这么一条按语，哪怕只是为了感谢您撰写这篇导论呢！但我无法成功地在按语中表达这一切。

在这样的背景之下，伯林在该书作者自序中写下的关于安南的句子便格外增添了力量：

> 我希望记录下自己对于我的朋友诺埃尔·安南深深的感激之情，感谢他为这本大杂烩式的集子撰写了导读。我还想告诉他，还有他的读者，我完全清楚地意识到，这样一项任务不可避免地要求充分动用一切储备，包括情感、良心、时间、劳力、解决真理与友谊相互矛盾的诉求之能力、知识以及道德技巧等；为他善意地同意承担这项任务，我必须感谢他。(《观念的力量》第 2 版，第 xxxii—xxxiii 页）

III

1978 年中期，伯林与我来往了一系列信息量巨大的信件，我在信中向他询问了一些文章中大量未标明文献来源的引文的出处。这些文章后来收进《反潮流》一书。伯林尽其所能地提供了答案。这些往来通信中并不是没有其颇具喜剧意味的瞬间，其中就包括伯林徒劳地试图劝说我相信，有些地方根本就不需要标明参考文献。比如说，在 6 月 6 日的信中写道：

这里又是不需要标注参考文献的一处，这是一句众所周知的套话［"大地与死者"（*la terre et les morts*）：见《观念的力量》第 3 版，第 144 页］，一般认为是巴雷斯（Barrès）所说，没有人会不厌其烦追问其出处——这就如同纳粹口号"血与土"（blood and soil）一样（是希特勒在《我的奋斗》中用了这个口号吗？还是在别的什么地方？谁知道呢？谁又会在意？）。

对于我来说，没有人如此在意这件事，恰恰更加强烈地督促我去明确引文的一手来源。我在意。

我原本希望伯林为《反潮流》一卷撰写一篇内容实在的作者自序，来解释他对于观念史的看法。毕竟，他为前两本书都写了有趣的自序。但是他难以被说服。1978 年 8 月 17 日，在致帕特·乌特钦的信中，伯林写道：

……如果有必要感谢豪舍尔，我会给他写一张便笺致谢。不过，或许你可以看看我为 H. 申克关于浪漫主义的那本书所写的序言。这篇现成的文章阐述的正是观念史学存在的必要性，它可能会有用。我不准备如亨利所要求的那样写一篇正式的宣言：关于是什么激发起我对于观念史的兴趣，读者们必须保持无知——恐怕就是得这样。

当然，在《概念与范畴》一卷的自序中，伯林确实已经讲了关于激发其兴趣的一些事，但是他不愿意就此进一步展开多说。

他在为申克著作所写的序言中写到的关于学科的部分也的确与之相关，那篇序言不仅可以在该书中读到，也被收入到《观念的力量》中。最终出现于《反潮流》中的，不过是一篇伯林为罗杰·豪舍尔所写的尽管极尽恭维但豪舍尔受之无愧的简短的作者致谢。对于文集最后一卷《个人印象》，他一开始根本就拒绝写任何形式的自序，或许这是可以理解的，不过最后他有所转圜，如上文中所引的文字所示那样慷慨大方地向安南致以谢意。

《个人印象》一卷的出版有所延迟，目的是将伯林关于与俄罗斯作家们会面的新文章收录进去。我试图劝说他，早一点写作该文要比晚一点好，然而他推迟了自己在鲍勒讲座上关于这一主题的讲演，为了将自己已承诺之事务的负担分散开来，因此并不急着动笔。这一过程使他在1979年1月31日给我的一封信中，写出了关于我们二人不同脾性的一篇动人的表白：

> ……正如我对于以高效率快速产出文本极端抗拒部分是出于我的性格（这与一些人的性格相反，比如说安南勋爵的性格），我坚决拒绝写作评论的缘由也在于此，因此，你的相反倾向也同样是不可改变的：在任何一种情况下，我们都是无法被外部世界强迫行事的。推迟文集第四卷的出版，并不会影响其销售势头。同样地，我可以写出那篇关于俄罗斯的文章——或许6月便可完成——然而，这样的话它绝不会完美，而我会因为强烈尖锐的自责之情而永远备受煎熬。在万灵学院门廊附近，横着一条倒下的长方形石块的巨大残

片，上面镌刻着"惧怕羞耻"这句箴言。这个残片以前一定是某位已被人遗忘的人物的盾徽——我想这或许就是指导我人生的座右铭。

他接着解释了自己推迟的原因：

> 我的原因真的是医学上的：我必须于这个月（实际上是下个月）15日在圣安东尼学院（St Antony's）进行一次讲座，我对此感到极其焦虑紧张——并不是对于讲座本身有多么担忧，尽管每一次发表讲演都会令我感到强烈不安，我所担心的是它会对我的身体健康产生影响。我在伦敦的医生对此十分确定。如果我必须在夏天去发表鲍勒讲座，而该讲座时间紧临我对以色列的两次访问（一次与爱因斯坦有关，另一次则是关于耶路撒冷大奖的），我真的就会没命了。因此，你对我的严厉告诫，我想是建立在对我身体状况的轻微误解上的。在带给你上述罪疚感后，我就不再多言了。我想会一切顺利的。比起是否收录关于俄罗斯的文章来，诺埃尔·安南的导读会远令我更为焦虑。如同所有事物一样，这种焦虑也会过去。我希望你和我都要看远一些，这样才能减轻我们各自的精神焦虑：气定神闲对于艺术家来说不是什么好事，但是对于像我俩这样的人来说，是让人渴望得到的。

在回复另一次询问的一张手写便笺中，他写道："请等一等，我求你了！〔（这是我永远要对你喊出的话）——时机成熟最为重要：……'festina lente'（即'慢慢地抓紧做'）。]"

我一定是在此前对他的拖延提出了抗议，并且（愚蠢地）争论说，最好加紧出版文集第四卷，并且在其他地方发表关于阿赫玛托娃、帕斯捷尔纳克以及其他人的文章，因为在1979年2月13日，伯林写道：

> 关于《个人印象》：我认为你是正确的。我所惧怕的并不是让自己出丑——我对此并不是太过在意——而是犯下愚蠢或轻浮浅薄的错误。如你所知，我并不具备一位学者应有的性格，不过，我也不想在下述方面太过分，比如说，在缺乏证据的情况下进行概括总结，论及并不存在的数据，等等。对于一丝不苟、严谨规范的精确性和学问，我怀有最大的敬意，并且希望自己不要过远地低于标准线之下。即使我达不到标准，对它也笃信不疑。这与"令自己出丑"完全不同：我不希望被人们合情合理地鄙视——至于遭人嘲笑我并不是十分在意。好吧，就在别的什么地方先行刊印鲍勒讲座吧。

令人高兴的是，这一计划遭到搁置，文集最后一卷于1980年10月面世，当然这个过程中也少不了我这方面为加速事情进展而尝试进行的更多徒劳无功且有欠考虑的举措。这卷文集的标题是伯林自己在1978年10月2日的一封信中建议的：

> 我为第四卷想出了一个更好的标题，比之前那些标题都要好——《个人印象》。在我看来，稍逊一筹的是《个人速

写》(*Personal Sketches*)。这一标题也可以涵盖规划中要写的关于俄罗斯文学图景的那篇文章……我已经与瓦德汉学院院长（我希望你已经向他提出为第四卷撰写导读的请求）[30]商议过了，他认为这是最为合适的标题。

IV

1977年5月，我离开自己在伦敦的出版工作，开始在牛津大学的牛津大学出版社平装书部（其目标市场是普通大众读者）任职。我抓住此机会，出版了收入伯林文章的某些书籍的平装本再版书。这是我全面计划的一部分，即采取这种或那种方式，尽我所能地让尽可能多的伯林作品再次出版。必须承认，这些书并不是都有可能达到出版社正常的销量标准，但是，依照牛津大学出版社学术部——当时叫作克拉伦登出版社（Clarendon Press）——的精神，我认为出版若干销量一般然而质量上乘的再版书，正是学术出版社应当做的。其中的一本书是汉斯·申克（Hans Schenk）的《欧洲浪漫主义者的思想》(*The Mind of the European Romantics*)，伯林为其撰写了序言；另外还有赫尔岑的《彼岸书》(*From the Other Shore*)以及《俄国人民与社会主义》(*The Russian People and Socialism*)，其译本于1956年由韦登菲尔德与尼克尔森出版社（Weidenfeld & Nicolson）在其"观念文库"（The Library of Ideas）系列中出版，伯林（作为该系列的编者之一）为其撰写了导读。这几本书都在1979年由牛津大学出版社再版。

第4章 《选集》

我的另一项常规工作是尽我所能敲定伯林作品的连载权。通常说来，我的第一个"停泊港"是《纽约书评》。我将伯林的导读寄送给鲍勃·西尔弗斯，看看他是否在原则上有可能对出版该文怀有兴趣。我没有对伯林提起过自己放出了这一试探的触角，毫无疑问，其原因与我最初接触安南背后的理由相似。西尔弗斯愿意刊发，在我将此报告给伯林后，他写道：

> 关于为赫尔岑所作的导读：哦，天哪！你怀疑我对此的热情，这一怀疑相当正确。你建议发表该文，而西尔弗斯也接受了，非常棒。但是，我确实希望在某个地方标明该文原写作日期。在我看来，再次出版这种古旧的作品并不是当代期刊所应该做的事情，而对于将此强加于公众，我也略感羞愧，这看起来几乎是一种促销手段。哦，天哪！你问我韦登菲尔德为什么没有连载该文，因为他对于这一系列根本就不上心。这套丛书不怎么赚钱，他很快就对其失去了兴趣：就像他所出版的大部分书籍一样，这是一套非常精彩的丛书。但是，他并非完全和纯粹是出于学术的动机。（写于1979年1月30日）

稍后不久，伯林又改变了自己的论调。他写道："鲍勃·西尔弗斯以为我完全知道你将此文提供给他这件事情。我不会抗议，然而，在强迫别人选择自由，或者是依照其他人的真实或更高的自我而行事这件事上，确实是存在某种限度的。"（写于4月4日）我同意他这一观点，但是，正如下文中所引的他的一封信所示，某出版商"调查可能性"是完全可以接受的，前提是出版商不曾在未经商议的情况下就将其付诸实施（尽管以安南式的立场看来，即便是这一条件也并非无可置疑）。

在校样到了之后，我并没有将其拿给伯林看。我知道，他一定会对其加以修改，因为每当他收到校样后，总是会那么做；而由于为该书做更改已花费许多时间，我不允许再出现同一文本有两个不同版本的情况。而之前在与伯林合作的过程中我已经有过这种经历了，那令我狼狈不堪。如今，我不再因为不合时宜地意欲使文本保持连贯一致性和统于一元而备受煎熬，而是可以愉快地在其每一次再版时都修订文本。但是在当时，我十分介意这样的文本多元性，总是感觉应当有唯一一个最终定稿，因此也就有了我在这一事例中的行为。我当时认为，自己态度的正当合理性来源于如下事实，即伯林的许多或事实上是大部分更改都是文风上的调整，对他的文意或是文章质量一般并没有造成什么能够觉察得到的差别。帕特·乌特钦曾经咬牙切齿地提起他不得不重复不断地用打字机录入文字，仅仅是因为伯林进行了诸如以"可爱的"替换"可喜的"这样的修改。[31] 他无法做到对自己的文本置之不理，并且利用每一次机会进行大量更改，这令排字人员、秘书和编辑绝望不已。

伯林对我的行为感到不快，他于1979年2月8日写道：

> 我刚刚与鲍勃·西尔弗斯谈过话，他表达了震惊与难以置信之情，因为你并没有将《彼岸书》导读的校样拿给我看。我太能够理解你的动机何在，但是他认为这么做有些过

分，而我也不禁同意他的意见。[32]

五天之后，他重提此事，很明显是回应我试图自我"脱罪"的努力：

> 编辑在事先未与作者商议的情况下，便安排将该作者的作品连载，这显然不是编辑的常规做法——去调查可能性，好吧，然而将事情一直推进到了校样阶段则当然不行：大多数我所认识的连载文章作者——如亚瑟·施莱辛格（Arthur Schlesinger），或是唐纳森夫人（Lady Donaldson），抑或是弗雷迪·艾耶尔（Freddie Ayer）——都会比我表现得更为激愤。当然，我也意识到，你的动机极其纯粹，完全出于好心和善意，但是做得太过分就是太过分，而且会很容易适得其反，无论从个人还是思想上来看均如此。因此，请收手吧，我请求你！

事实上，正如从上文中所引的伯林写于1月30日的信中可以看出的，我并不是将事情推进到校样阶段之后才告知伯林我接触过西尔弗斯的。他已经忘记我曾经告诉过他我与西尔弗斯通信的事。不过，不让他看校样的确是个错误，尽管我的动机的确如他所说。而且我这么做也是徒劳无功的，因为西尔弗斯究竟还是给他寄送了一份校样。伯林于2月23日写道：

> 抛开你的编辑权利与义务，以及我作为被你锻造的材

料所拥有的权利与义务不谈（鉴于鲍勃·西尔弗斯与我之间的亲密友谊，他理所当然地认为你不会在没有与我协商的情况下便与他接触，他的想法真的并非没有道理），让我带着一点担心之情来向你报告，鲍勃已经给我寄送了一份导读的校样，而且想知道我是否想为其添加点什么东西。我已在校样上进行了一些小小的订正，并会将这份校样寄还给他。当然，这会导致牛津大学出版社刊印的文本和《纽约时报》上发表的版本之间出现一些微小的不一致之处，不过，在我关于赫尔德的那本书以及发表于《邂逅》的版本中，在我于塔利亚科佐（Tagliacozzo）研讨会上发表的以及在《纽约书评》上刊印的关于维柯的文章中，在为文丘里（Venturi）著作撰写的导读及其在《纽约时报》上出版的版本等，情况都是如此，而且我为这样的事情倍感光荣，尽管这在你看来可能非常不合适。俗话说，"老狗学不了新道道"，我并不打算在这一点上妥协让步。如果牛津大学出版社在这种情况下拒绝重新刊印我的导论，我甚至能够接受。而你也心知肚明，没有任何读者会对这些细微的差别稍加关注。我打算将附文寄给鲍勃，作为在结尾处的补充。

而且，我所做的一切实际上不过是"调查可能性"，这是伯林认为正当合理并同意我去做的。无论如何，伯林以他惯有的慷慨大度写了一句"致以不变的关爱意、关心与感激"，从而缓和了他的指责；文章进行了改动，而附文也被添加于《纽约书评》的版本里，不过未被收入书中，因为书稿已经付梓。这是文本多样性的又一次胜利。

即便在那个时候，对于自己行事太过分的倾向我也并非无知无觉。我在4月6日致信伯林，写到了我的另一次冒犯，与他的一篇论爱因斯坦的文章有关：

> 我必须为逾越了合理得体的界限而再一次向您道歉。是不是直到死亡将我们分离之前，我都命中注定要继续间歇性地以这种方式来冒犯您呢？我想我可能会从经验当中慢慢学习。同时，我也非常希望您不会后悔过去以坦率真诚待我[33]——这是我真真切切非常珍视的东西。

在我反复不断逾越界限的情况下，无论其原因有多么高尚，伯林对我展现出的总体风度令我震惊，除了他确有理由愤怒的几个短暂时刻之外，他始终保持了如此平静、开放、温和与仁慈的姿态。在同一封信后来的部分中，我又回到了这一主题：

> 在不"掺水稀释"我对于这一事件的歉意的前提下（我知道自己应该完全避免道德影射），[34] 或许我可以就自己有一说一、直言不讳的习惯简短地说上几句，预计下次我便会对这种坦率失去控制。从7岁开始，我就由继母抚养长大，她要求自己的继子们永远不能与她意见不一致，也不能以任何形式批评她。她要求他们至少不要显示出任何存在纷争不和的外在迹象，至于她是否也做出了相应的内在要求，我不得而知——或许她从未想到，可能存在外在与内在之间不匹

配的现象。我记得有一次,我鼓足勇气温和地说自己与她在某件相对无足轻重之事上意见并不一致,她便大发脾气,如同一阵风暴一般冲出了房间。这件事令我下定决心,一定要将自己的想法直言不讳地说出来(作为一剂解毒药,来矫正多年以来我一直装作这样想而不是真正这样想的做法),而且,——或许这一点甚至更甚——不要拒绝其他人的直言不讳。我继母的态度注定她永远也不会知道我对她所说的话是真实的还是虚假的,而我则痛恨使自己处于那种无法确定的状态。我敢肯定,对于那番经历,我是反应过度了,不过,告诉您这件事,或许会有助于您原谅我未来的越界行为(然而我会努力避免越界的)。

当然,我总体上也相信言论自由,亦认为您也相信言论自由,并且认为如果某人终究要去做某件在生命中有趣的事,或是说某些有意思的话,那么他就必然会冒着有时候要逾越标线的风险(也许这就是某些缺乏更为敏感细腻情感之人的哲学?)。但是,我要赶紧补充一句,这一切都与您相当正确地谴责我的那种判断不当毫无关系。

随着岁月流逝,我变得更加谨慎,尽管我仍然相信,有些时候有必要让某人冒险伸出脑袋,以求达到一个称心如意的结果,而这一结果在令人舒适的传统保守意见中是不被事先认可的。伯林本人,尽管他做出了相反的郑重声明,但其实过度担心主流学术界会说些什么,而比起他来,他的遗孀艾琳则对现实中或想象中的批评家们更加感到焦虑。对于我来说,在做出出版的决定之时，评论家或其他议论者也许或极可能提出的不赞同意见并不是一个需要予以考虑的相关因素。唯一重要的事在于，出版是否具有内在固有的合理性。无论如何，我那尽可能多地出版或再版伯林最有意思的作品的原则，也许成为艾琳在伯林去世之后为以赛亚·伯林著作托管会指定一连串附加受托人这一决定背后的原因。该机构1996年由伯林、我本人、艾琳以及她的出版商儿子彼得·哈尔班（Peter Halban）建立。我们就是最初的受托人，拥有和管理伯林的著作权。我知道艾琳或许部分地受到了伯林友人伯纳德·威廉姆斯怀疑态度的影响，[35]一开始对于我在伯林去世之后出版他的某些书籍颇为怀疑，尽管鉴于好评如潮，后来她的态度有所转变。因此，她可能觉得，我需要受到更谨慎周到之人的制衡。在伯林书信集第一卷（涵盖18年的时间）于2004年出版之后，出现了一些持批判态度的评论。此时，其中一位受托人，我猜想是在艾琳的授意之下，要求我将剩下的信件（涵盖51年的时间）全部都压缩进一卷书中。幸运的是，拥有该系列丛书出版合同的出版商拒绝接受这一计划，而艾琳又再一次改变了主意，甚至同意我们在第三卷中收入伯林写给她本人的信件，而此前她拒绝在第二卷中出版这些信。我确实理解她天生的羞怯之情，不过我敢肯定，她做了件正确的事。

伯林书信集的最后一卷于2015年出版，为长达40年之久的伯林作品的编辑工作画上了句号。与我共同担任受托人的那些伙伴正式决定，不应再出版任何伯林作为作者的新书，至少暂时如此。我狂妄自大地由此联想到了在"二战"之后人们拒绝选举丘吉尔上台一事。2016年，我正在写的这本书的出版商提出再版《启蒙的时代》一书的邀约。这是伯林写于1956年的一本文集，收录了阐述某些18世纪哲学家的文章，该书于近60年后的2003年绝版，是伯林唯一一本不再可得的书。在举办于2017年7月的一次受托人会议上，我是唯一一个赞成接受邀约的孤独声音，于是该邀约遭到拒绝，再一次出于被认为是预防性的理由。而在我看来，这样的理由从根本上就是完全受到误导的。对我来说，伯林的声望以及世界范围内对他的兴趣意味着，他的遗稿受托人在可能的情况下，至少应当保证伯林生前已出版的所有书都保持在版的状态。1979年，伯林自己就同意该书由牛津大学出版社再版。不仅如此，伯林对于启蒙运动的看法是其作品的根基，而这本书尽管在很大程度上带有其个人特征（我为这一点感到荣耀），却是他对于启蒙运动最全面和最直接的阐述。我痛心我们失去了将这块最重要的砖头重新砌入伯林出版作品之墙的机会，尽管这本书的第2版全文存于"以赛亚·伯林虚拟图书馆"（IBVL），《观念的力量》一书的导读如今也可以从网络上得到。现在，该书实体版仅仅以中文继续出版——中文！受托人的决定令我想起尼尔·金诺克（Neil Kinnock）于1985年在伯恩茅斯（Bournemouth）举行的工党会议上关于激进好战倾向是对工党价值之背叛的著名描述："工党委员会中怪诞百出的混乱现象——工党委员会！——雇出租车绕城行驶，向自己的工人分发裁员通知书。"确实是怪诞万分。[36]

1979年2月20日，我又得到一次机会，来重提伯林学术作风不精确的重要性或不重要性问题。不用去管是什么引发了我的

第 4 章 《选集》

评论（是伯林所写的关于马克思对于马基雅维利的看法的一些东西），反正我写下的话如下：

> 这（实质内容的精确性，即使并非准确措辞意义上的精确性）是我在编辑您的作品时十分频繁遇到的情况——也就是说，即便文字上有纰漏，您对于其精意是忠实的。事实上，您常常比文字所允许的更为忠实于其精意——我尤其指的是您改进引文的方式，如此引文便能够更好地传达其背后的思想。因此，我并不是妄言您对马克思关于马基雅维利的观点进行了歪曲，而只不过是说，我们不能保留那处特定的引文——我已经对其进行了处理。同样微不足道的是，比如说，您写到，马基雅维利在致弗朗西斯科·奎齐亚迪尼（Francesco Guicciardini）的一封信中说，他热爱自己的国家甚于爱自己的灵魂，而事实上，他是在写给弗朗西斯科·维托里（Francesco Vettori）的一封信中提及自己出生和成长的城市的（《反潮流》第 2 版，第 68 页）。无论如何，这种事是我在编辑过程中要去处理的。[37] 人们可以说我对您作品所进行的处理并没有在哪怕是最小的程度上影响它们所投射的光芒——这只不过是在某种程度上保护它们，使其免遭迂腐学究的攻击，那些人将注意力集中于细枝末节，而不是您的主旨与论点。

我的最后一句话现在看起来似乎是夸张了。伯林未曾一丝不苟、恪守规范地核实他的引文来源，而他本应该这样做。当然，今天利用互联网来做这件事要容易得多，但道理还是一样的。我很乐意用精确性来换洞见，然而最好还是二者兼得。

在我就职于牛津大学出版社期间，我还再次刊印了伯林已经在该社出版的两本书：《卡尔·马克思》(*Karl Marx*)——作为全新的第 4 版，伯林重新审读了书稿，做了不计其数的订正，并在论异化问题上进行了篇幅很长的补充，以及《自由四论》。关于后一本书，我询问伯林是否需要进行任何修订，随后收到他的回信，他在信中对我的编辑能力表现出的信心令我深为感动，也觉受之有愧：

> 关于《自由四论》：这又是一部令我自己无法卒读的作品。毫无疑问，书中充斥着错误，不过，我认为自己现在无法对其加以订正。我想不起自己应当予以注意的对于上一版的任何批评。谢菲尔德大学（University of Sheffield）政治研究专业的一位名叫安东尼·阿伯拉斯特（Anthony Arblaster）的人曾写过一篇特别令人不快的文章，其中所运用的方法就是将《自由四论》和《卡尔·马克思》两书的原版与修订版内容进行对比，目的是要表明我见风使舵，改变自己的观点以求使自己适应新的潮流，尤其是在政治方面，以此来表示我是个一点儿也不诚实、正直或体面的人。[38] 如果你屑于对那篇文章投以目光的话，你会发现其中可能有关于事实不准确的若干指控。你现在已经是这个世界上患有"伯林恐惧症"（Berlinophobia）最伟大的专家了，如果有什么需要我去做，请告诉我，我会去做的。我将完全依赖于你，而不再看

第 4 章 《选集》

一眼那些文稿。(写于 1979 年 3 月 5 日)

我还出版了上文中提到的《启蒙的时代》的一个新版本,于是牛津大学出版社的出版清单上便有了伯林所著的三本书。

我还留了一手,计划着让更多关于伯林的书面世。1979 年 6 月 2 日,牛津大学出版社的负责人乔治·理查德森(George Richardson)向伯林呈送了一本纪念文集——《自由的观念:以赛亚·伯林纪念文集》(The Idea of Freedom: Essays in Honour of Isaiah Berlin)。该文集由我策划,阿兰·瑞安担任编辑,牛津大学出版社出版。赠书的场合是在沃尔夫斯学院储酒室中举办的一次午餐会(出席者签名的菜单见《确定不移:1975—1997 年书信》,第 106—107 页,该纪念文集的插图 1 是书中文章作者们的合影——这是我所知道的自己与伯林的唯一一张合影)。关于应当邀请哪些人来撰写文章——这是一件会得罪人的事儿——编辑拥有最终发言权,然而,至少有一位未被邀请者将自己被排除在外一事归咎于我。关于这本书的缘起,伯林偶尔获知了一鳞半爪的信息,而他想知道整个过程。在 6 月 19 日的一封信中,我试图概括向他讲述这件事:

> 萨姆·格滕普兰与我(在 1974 年?)进行了一次谈话,我们一致认为应当为您组织一部纪念文集。我们俩和塞尔西亚·迪克(Cecilia Dick)一起,邀请斯图尔特·汉普希尔共进午餐,可能还有托尼·昆顿(Tony Quinton)(恐怕我关于这些场景的记忆已相当模糊)。我们都同意,无论如何应

143

该由托尼来编辑此书，而他则接受了任务。在随后的三四年中，他却什么也没做，至于原因我无从猜测。您能猜到吗？偶尔的催促并没能出现任何行动的迹象。最终在绝望中，我于1977年12月5日致信阿兰·瑞安，询问他是否愿意接手这件事。我之所以选择他，是因为知道他是执行力强的实干家，也由于他曾经因未能得到为《反潮流》一书撰写导论的机会而表达过轻微的遗憾之情。在这一阶段，看起来最好是选择某位能够实际去做这项工作的人。阿兰同意做这件事，如果我能够使自己摆脱托尼的话。

出于如上考虑，我于1978年1月16日致信托尼，不过由于他未复信，我在2月7日又给他写了一封信。我想我们最终一定是通过电话（也许是我打给他的，也可能是他打给我的），因为在1978年2月27日，我致信阿兰，制订了由他担任编辑推进工作的计划。我建议，将自由或多元主义作为可能的主题，围绕该主题组织一本书。他、我以及雨果（即雨果·布伦纳，如今在牛津大学出版社）于3月13日共进午餐，讨论该项目。在这次讨论之前，他（瑞安）、我和帕特一起列了一张可能的撰稿人名单。我们又列了一张最终入围名单（其中包括托尼·昆顿，他同意写稿，却未能提交文章）……我们决定，将1978年10月1日定为交稿日期，即正好6个月的写作时间。我们将许多名字排除于该名单，因为我们认为他们不适合自由这个主题，或者是由于他们是众所周知的行动力不足之人，再或者是我们认为您不是那么有兴趣看到将他们囊括于作者当中，又或者是出于其他什么原因……约稿函大概是在1978年3月份的下半个月里陆续发出的。在夏天的某个时候，我们又给撰稿人寄送了一份暂定题目清单，当时大多数人已经对最初的约稿做出回复。帕特同意在1978年11月编写该书的索引。

一开始，我们打算在万灵学院安排午餐会，但后来发现这很困难，于是我们最终换到了沃尔夫森学院，它在各个方面都给予了极大帮助。在我们发出邀请之后，没人相信我们能够将秘密保守哪怕半个小时。我自己也很怀疑，但我们令所有人都大吃一惊。我们原本将所有事宜安排在6月9日，却在不久后听说一个神秘活动（现在已揭开面纱，即6月7日哈佛大学为伯林授予荣誉法学博士学位）与我们的计划冲突。因此，我们将活动日期改为6月2日，而这一次成功了（正如您能够想象到的）。撰稿人被我如水流一般不断寄送的约稿函淹没了，偶尔他们也会收到来自阿兰的约稿函。我想我们都因为事情进展得如此之迅捷，并在该过程中打破了纪录而兴奋不已——我当然认为，这本书创造了牛津大学出版社普通图书部的最快出书纪录，国际象棋书籍除外。产品经理阿德里安·布洛克（Adrian Bullock）、视觉艺术制作部及排版人员都在其中立下了赫赫功劳。

不过，还存在着汉普希尔/哈特（Hart）[①]的干预。他们比我更了解这背后是怎么回事。总之，1978年年底（我想是在12月），我和阿兰·瑞安以及两位干预者一起被叫到新学

[①] 即赫伯特·哈特，本段中的"赫伯特"指的就是哈特。——译者注

院去喝一杯。此时，距离每个人被告知哪些人会撰稿已经过去很久，我不知道他们的反应为什么会如此延迟。赫伯特一直就对自己是否能够撰稿抱有怀疑；如果他要提供稿件，其文章将会是他在哥伦比亚大学的一次讲演的讲稿。但是，他认为，将一篇之前已经在期刊上出现过的文章献给一本纪念文集可能不合适。我说，对关于纳米尔的那篇文章，您也是这样处理的。最终，他要求《哥伦比亚法律评论》(Columbia Law Review) 推迟到8月份之后再发表他的文章，结果该刊物很善意地同意了。刊物的这种合作态度，再加上来自多方的鼓励，使我们能够成功劝说赫伯特提交文章。但是，我在这里要稍微离题一下。我对此事的理解是，当赫伯特前往美国发表讲演时，曾在那里与莫顿·怀特（Morton White）会面，这使他突然意识到，若是后者未在撰稿人名单中，他可能会感到十分受伤。这便激起了一些相关保留意见。赫伯特召集在新学院的会面，是为了劝说我与阿兰相信，我们未能列出完全正确的撰稿人名单。名单中没有足够的重量级大腕儿。比如，莫米利亚诺（Momigliano）在哪里呢？关于这一点，针对我们名单的指控相当站不住脚，因为我们可以指出，莫米利亚诺不仅确实在我们的名单上，而且已经接到了约稿函！迈耶·夏皮罗（Meyer Schapiro）……在哪里呢？最重要的是，莫顿·怀特又在哪里呢？长话短说，我们同意将莫顿·怀特列入撰稿人名单，随之而来的便是一连串跨越大西洋的电话、往来电报，等等。莫顿·怀特很慷慨地同意迅速写一篇文章，而他确实行如其言，（引用他在一封信中所

说的话)"在大约两周之内"便写出来了!⁹

剩下的事都是历史了。如我所说,如果还有任何被省略掉的细节激发了您的好奇心,请毫不犹豫地出言询问。这一切都非常振奋人心,而且我希望,当您有机会阅读这本书时,您会发现其中有一些可取之处。不管怎么说,我发现莫顿·怀特对您关于决定论(determinism)之看法的论述非常不能令人信服。

就在与该信写于同一天的一封信中,伯林告诉我,他希望自己论述《爱因斯坦和以色列》(Einstein and Israel)的那篇文章不要被收入文集第四卷中。他说:"在我看来,那篇文章既不够重要,也不够优秀,不需要为其费心思。"幸运的是,出于某种未曾解释的原因,至少是没有给我解释过的原因,他后来态度缓和,不再拒绝。⁴⁰尽管如此,胜利还是无法抵消失败:我没能说服伯林让我将他在揭晓1979年耶路撒冷奖(Jerusalem Prize)时的获奖感言收入书中,作为一篇"自传性质的尾注";20年后,我终于能够做这件事了,将该演说收入在伯林去世后出版的该书第2版中(1998年),以《我生命中的三条主线》(The Three Strands in My Life)作为标题。

关于爱因斯坦的那篇文章提供了一个契机,借此说一下伯林大多数文章的一个显著特质:无时间性。这是一种带有悖论色彩的特质,因为他的题材主要是历史性的,而且其文章也常常是为了某个特定时机和场合而作。尽管如此,伯林对于"人类世界更为永恒的方面"(TK)的潜在兴趣通常会将他的评论从其直接语境中提升而出，并使其转化为适宜于任何时候的反思。当我将自己建议收录的关于爱因斯坦之文章的编辑修订稿寄送给伯林时，我向他解释我做了哪些调整，并提及我在其作品中观察到的永恒性与普遍性：

> 我认为，最好能去除它现有的转瞬即逝的外壳，而具有永恒意义的那些评论正蕴藏于此外壳以内（正如我对于其他几卷中某些文章所做的处理一样）。通过这种方式，这篇文章便可以更加契合您的《选集》这一更为长期的语境。正像在您作品中常见的情况一样，这层外壳的剥离是相对容易的，这再一次证明您利用自己受邀讲话的时机和场合，启发自己借此详加阐述一些不仅仅在特定场合具有重要性的思想，而且不将其视作敷衍一下便可打发的杂事。

此处论及的特点，正是为我花费这么多年所从事的这项工作提供正当性的理由之一。伯林曾建议，印在《个人印象》一书上的推介词应当说，其中收入了"纪念性的文章……通常是为了回应某个具体场合或特定请求"，我便在他这样说的时候援引了上述理由，因为若是那样写，则会误导人们，给他们造成一种印象，即他讲的东西比其实际所是的更加局限于特定语境。结果，伯林话中这些词语都被保留下来（仅仅替换了一个词），然而其语序则经过了调整："这些纪念性的文章尽管大多数是为了回应某个具体场合或特定请求而作，但它们具备永恒的价值与意义。"

《选集》第二卷和第三卷的出版——《概念与范畴》出版于

第4章 《选集》

1978年9月7日，《反潮流》出版于1979年6月7日，在我们的相互通信中几乎没留下什么痕迹，不过，伯林确实曾经提醒我留意一篇为《反潮流》而作的"高度肯定性"的评论。这是格伦韦·里斯（Goronwy Rees）（在其最后一篇专栏文章中署名为"R"）于其去世前不久所作，发表于《邂逅》10月号上。里斯文章的最后一段是这样的："《反潮流》当然代表了一项最为引人瞩目的思想进步。在我们这个时代所出版的书籍里，几乎没有哪本比它更能灿烂耀眼地启迪西方文化与文明中某些最为关键和重要的问题。"可以想见，这些话令我们俩都打心底里高兴。10月2日，伯林又使我打心底里更加高兴。他写道："赫伯特·哈特说，你永远地改变了我的名声，说你对我名声的影响，同时也就是间接的对我的影响，比其他任何人都更具决定性。情况很可能确实如此。你是肩负着如此重大的责任在工作啊！"情况确实是如此。在我于10月13日写给伯林的回信中，我引用了我的朋友威利·琼斯（Willie Jones）来信中的一段话。他之前曾经是舒兹伯利学校的英文部主任，当时则在日本教书："就像另外两卷一样，这是一部杰出非凡的作品，而且如此激励人心，对于我一直以来认为是真实的所有一切，这本书都给予了权威的支持……我并不认识伯林，但是我热爱他。"伯林于10月20日回复道："你的朋友是个多么优秀、多么热心肠的人啊——一想到自己在札幌市（Sapporo）被人提起，我就感到非常高兴。"

大概就在这个时候，我成功说服《牛津引语词典》（ODQ）将伯林写于1950年的文章《二十世纪的政治思想》（Political Ideas in the Twentieth Century）中的一段收入其中。这段话曾经深深打动我:"不公、贫穷、奴役、无知——这些都可以通过改革或革命得到治愈。然而,人并不是仅仅依靠与邪恶斗争的方式来生活。人们依靠积极的目标来生活,无论是个人还是集体的目标,它们多种多样,难以预测,有时候还互不兼容。"伯林为此深感荣幸,但是他认为这段话并不是足够出类拔萃。也许他是对的。如今我认为,他在《两种自由概念》(Two Concepts of Liberty)中写下的一些句子更为回响悠长,《刺猬与狐狸》的最后总结句也是如此。

我还说服《牛津引语词典》收入伯林最喜欢引用的康德的话语之一:"用人性的扭曲木材,从来也没有造出过笔直之物。"这是具有典型伯林特征的自由与富于创造力的翻译,其德语原文比较枯燥无趣:"Aus so krummem Holze, als woraus der Mensch gemacht ist, kann nichts ganz Gerades gezimmert werden." 按照字面意思翻译,这句话是说:"用这样扭曲的木头,就像用造成人的扭曲材料一样,无法造出任何完全笔直的东西。"[41] 正是由于伯林将这句话改造成了一个令人难忘的英语句子,它才成为一句著名引言,完全值得《牛津引语词典》将其列入。出于一时受到迂腐学究气的误导,我建议编辑将伯林版本中的"从来也没有造出过"改为"从来也无法造出",最终出版的词典中的措辞便是后者。或许有一天能够恢复伯林的措辞,使这一引言既是康德的话,也是伯林的话。

距离《个人印象》的出版尚有一年时间,我在等待着伯林关于他与俄罗斯作家们私人会面的新文章。1979年8月2日,他告诉我:"我现在为此(俄罗斯人民)感到痛苦。上帝才知道会发生什么,以及必须要多么小心谨慎,哪怕是论及关于已逝之人的时候。"到了 9 月 7 日,我可以写下这样的话了:"听闻关于俄罗斯作家的文章正在成形,这真是太好了。它最终是如何诞生的呢?"这是一个非常没有现实基础的问题。最后,伯林在第二年年中才完成该文。他于 1980 年 6 月 16 日将文稿转交给我,所附的亲笔便笺这样开头:"它(令人惊喜地)在这里了!"

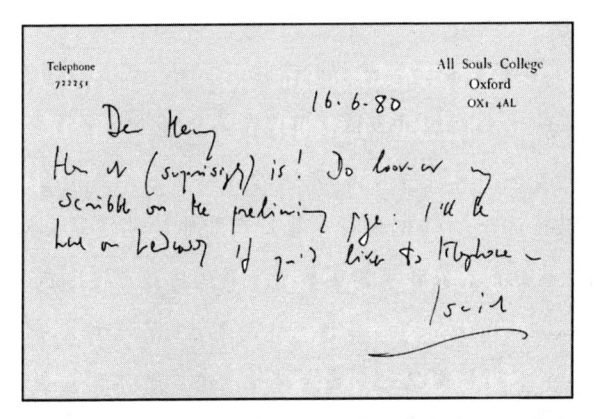

伯林写给本书作者的便笺,附于《1945 年和 1956 年与俄罗斯作家的会面》一文的书稿

伯林与安南那些令人不快的谈话产生的不幸副作用之一,是安南感觉自己无法在导读中为这篇新增文章添上一段话,尽管该文是该书中篇幅最长、最重要的(这一点有争议)文章。幸运的是,没有人对此发表评论,而这一缺憾最终也由赫米奥娜·李(Hermione Lee)在她为 2014 年第 3 版撰写的前言中弥补上了。

伯林于 11 月 2 日给我写了一封信,因为信中的第二句话而在我的记忆里留下深深烙印:"让我长话短说(简明扼要这一特质我们俩都不具有)。"紧随其后的便是一封长达两页的信,包括关于新文章的一段话,因为之前我曾请求伯林为该文起一个更令人难忘的题目,而不要采用他于1978年6月20日提供的标题——《1945年与俄罗斯作家的会面:个人回忆》(Meetings with Russian Writers in 1945: A Personal Reminiscence)。我不了解这些会面的某些细节,于是曾在1979年10月27日建议使用类似"莫斯科会面"这类我所中意的题目。伯林在11月2日回复道:

> "莫斯科会面"这样的说法并不好,因为最主要的一次会谈的地点是列宁格勒,而"在莫斯科与列宁格勒的会面"在我看来则是荒谬可笑的。(为什么呢?)不管怎样,我们可以将这一切都先放在一边,直到你读过这篇文章之后再说。我猜想,在俄罗斯围绕着阿赫玛托娃一定存在一个巨大的谜团,我也在此谜团中,于是便产生了关于我为什么要见她、什么时候见到她、多久见她一次、她都说了些什么等问题的各种版本的说法;因此,无论我写了什么,都极有可能遭到某个人的否定与反驳。我以后在声称记忆会欺骗人时一定要小心谨慎,而眼下,我认为记忆并没有欺骗我。

《会面》一文以一篇附录结尾,罗列了阿赫玛托娃诗歌中提到或暗指与伯林会面的段落。伯林一反常态地为该附录的各个细节花费了很大的功夫,其精确性对他来说自然十分重要,尤其是在面对"巨大的谜团"之时。[42]

伯林意识到关于其记忆的准确性会引起广泛的争论,他也确信自己对事件的回忆符合真实发生的情形,这些都激发起人们的一些兴趣。2009年,一本俄语书面世,作者为坐落在圣彼得堡"喷泉屋"（Fountain House）的安娜·阿赫玛托娃博物馆（Anna Akhmatova Museum）（位于阿赫玛托娃的旧居中）的研究者们。他们在书中认为，除了伯林所写到的两次拜访（1945年11月15—16日和1946年1月5日）之外，他还进行过两次如同前述第一次一样一直持续到第二天凌晨的拜访，分别是在11月17—18日，以及11月18—19或19—21日，另外还有一次在白天进行的访问，时间是1月2日。也就是说，如果把因受扰而半途中断的第一次会面算作一次，共有5次会面。[43] 伯林自己从未提起过另外这几次会面，不过指向它们的间接证据渐渐累积，且越来越令人信服。尽管据称他的拜访更为频繁，但伯林从未在这一点上表露出任何怀疑的迹象。也许我们永远也无法确切地知道真正发生了什么。

无论实际情况如何，总之作为《选集》所收录的唯一一篇为它新写的文章，《会面》一文是一篇公认的杰作。在我看来，它就是整个这项事业的盖顶石。1980年10月30日，包括这篇文章在内的那卷书出版，至此四卷本系列丛书已完整出版，同时也为我和伯林交往中的这一章节画上了句号。这本书在批评界获得了巨大成功，收到了超过一百篇评论，而且在其出版后不久便重印。[44] 小道消息称，它是"闲聊阶层"（chattering classes）[①]在1980年最喜欢送的圣诞礼物。劳丽·泰勒（Laurie Taylor）在《泰晤士报高等教育增刊》（THES）上的专栏中于1981年1月9日撰文影射了这一社会现象：

[①] 指接受过良好教育的中产阶级人士，喜欢谈论政治、社会、文化问题，总是对各种各样的主题发表见解。——译者注

伯林《1945年和1956年与俄罗斯作家的会面》附录原手稿的一部分

第 4 章 《选集》

今年过节送什么礼物？

对以赛亚·伯林的书感兴趣吗？

《概念与范畴》？

不，《个人印象》。

哦，天哪，你能不能换个礼物？

这本为什么不行？这是本很可爱的书，第 2 版新鲜出炉，售价 9.5 英镑。从来就没打开过，我买 5 本。

你会交好运的。让我来告诉你，在我们这个圈子里，今年圣诞节，伯林的书如同 J. R. 牌须后水和挂绳香皂一样常见，令人爱不释手。有段时间，我们家里有 3 本，其中两本我们打算送给老家好面子的亲戚们，还有长辈刚刚送给我的一本。[45]

1980 年 12 月 19 日，伯林颇有风度地承认他之前对于该项目可能的受欢迎程度判断有误："这四卷本的整个系列丛书继续令我惊诧。我这等年纪还获得如此盛名！"在写于 1981 年 1 月 7 日的一封信中，他又补充说："我无法理解《个人印象》为何有如此之大的销量。"

毫无疑问，这是由于其自传性质的内容。对于《个人印象》一书的相关评论，伯林所发的议论比之前几卷都要多。他在同一封信中写道："丹·雅各布森（Dan Jacobson）对于我'英国狂'等的臆测，无论我是否'把握好了分寸'，均令我感到烦恼"；雅各布森在那些"如小说般的"段落里写道（他遗憾没有更多这样的段落），伯林"确实很好地把握了分寸"。[46]伯林接下来写道：

155

托尼·昆顿也已经给我送来一份他的书评,[47]你完全可以想象这篇文章如何令我深感困窘。我也给他写了一封信,至少指出了4个重大的不准确之处。他的评论全是在谈论我,我的观点,我的出身,等等,这太私人化了,很难不在相当程度上惹恼我。雅各布森简单地认为这是一个有趣好玩的主题,决定对此大加渲染。托尼是出于好心(我猜想是),但是他对于其他人的迟钝不敏感令人感到惊骇万分。他完全缺乏道德或审美感知——在这一点上比安南更为糟糕。在斯托中学(Stowe School)的发展历程中,这一定是其在某个特定时期的特征。不过,它好像确实并未影响我的继子彼得。然而,安南、昆顿、罗伯特·基(Robert Kee)都是粗枝大叶、缺乏细腻心思的记者,与布鲁姆斯伯里恰恰相反。在这两个极端之间,我更倾向于后者:它与类人猿之间的距离要更加远些。

第 5 章
平凡的十年

I

《个人印象》一书的出版事宜尘埃落定后,接下来是相对闲散的十年。我认为自己的工作已经完成,而且不期待将来会再有续集。与此前的 9 年相比,我与伯林之间的接触变得不那么频繁了。我继续供职于牛津大学出版社,先是在我一开始加入的那个部门,从 1985 年开始则担任政治学和社会学的组稿编辑,在适当的时候也负责社会人类学领域。我是在并非自愿的情况下接受这一新职位的,那是在与我的总经理发生了一次龃龉之后,而那并不是本书要讲述的故事的一部分(尽管其细节并非无趣)。[1] 唯一与本书相关的,就是这让我一有机会便急切地想要离开牛津大学出版社。

1980 年,在我的提议之下,牛津大学出版社出版了"过去的大师"(Past Masters)平装版系列丛书,简明介绍思想史上的重要人物,同时出版的还有"世界经典"(World's Classics)系列丛书的第一套再版平装本。前一套丛书[由基思·托马斯(Keith Thomas)对外担任丛书编辑]的产生直接受到我所从事

157

的关于伯林的工作之激励，也受到他相信思想史上的人物别具重要性这一观念的启发。[2] 第一批 6 种书中包括关于汉弗莱·卡朋特（Humphrey Carpenter）论耶稣和彼得·辛格（Peter Singer）论马克思的著作。我记得自己曾经对牛津大学出版社的科学编辑之一布鲁斯·威尔科克（Bruce Wilcock）说，将耶稣与马克思这二人并置在一起颇具意味。"是的，"他一本正经地回答道，"侧重点略有不同。"

鉴于伯林对于詹巴蒂斯塔·维柯（Giambattista Vico）的兴趣，这位意大利思想家自然是我为该丛书构想的主题人物之一。我们接触了彼得·伯克（Peter Burke），而他一定是给了我们关于自己将要遵循的大体线索的一些想法，因为在 1981 年 12 月 15 日，伯林写道：

> 关于彼得·伯克：如果他所说的维柯是一位典型的17世纪那不勒斯人（Neapolitan）是正确的（而我是错误的），那么我认为没有理由在"过去的大师"系列丛书中出现关于维柯的一种书。对于西方读者而言，维柯唯一有趣的地方并非在于他是一位 17 世纪那不勒斯的思想家，而仅仅在于他是一位思想家，具有其他 17 世纪那不勒斯思想家似乎不具有的有趣思想，否则我们就应该听闻过他们的名字。已经存在大量意大利文文献在追溯维柯身上的那不勒斯根源，其中尤为出色的一本是巴达洛尼（Badaloni）的书。[3] 颇为有趣的是维柯的某些思想肯定曾明显地受到不那么重要的那不勒斯思想家的影响。但是，这就如同说，卡尔·马克思是一位典型的 19

第 5 章 平凡的十年

世纪中欧知识分子。在某种意义上,这是对的,然而没有意义。如果伯克想写一篇反驳我的文章,那完全合情合理,但是他一定要写出一本正式的专著,而不是你们要在本系列中出版的那种。我并不相信,任何对哲学不甚了了的人能够以富于启发性的方式写出一本关于维柯的书。彼得·伯克是一位非常勤奋用功、谨慎细心的历史学家,致力于研究文艺复兴时期意大利著名城市——我敢说也包括那不勒斯——的社会(与经济)生活。他自认为是一位观念史学家。若是你认为思想就等于关于这个东西或那个东西的普遍观点,或者是各种各样的文化表现形式等,那么,他的确是观念史学家。然而,如果说维柯的确有什么有趣之处的话(当然这一点毋庸置疑),他仅仅是作为一个原创的源泉、作为一位思想的先锋而有趣,那些思想注定在后世会变得影响深远、意义重大。如果不是这样的话,那么他肯定就不值得在你们的系列丛书中占有一席之地。不管怎样,这就是我的看法。当然,我并不想阻止彼得·伯克攻击我,恰恰相反,他不仅有权利这样做,而且可能在思想领域还负有必须这样做的责任,但是,当然不是在"过去的大师"这套书中去做这件事。你会将关于穆拉托尼(Muratoni)、圭恰迪尼(Guicciardini)、基佐(Guizot)、柯克(Coke)、塞尔登(Selden)等在其各自时代都非常重要的人物的书收入丛书吗?如果维柯仅仅是那样的话……

后来,伯克的这本书面世之后,伯林将这些观点扩展为一篇短文。我在其文件中发现了该文,并在其去世之后以《维柯的声誉》(The Reputation of Vico)为题发表。[4] 这是一个特别清楚明白的例子,显示了伯林与剑桥学派(Cambridge School)思想史学家们研究方法论的差异。后者的关注重点在于往昔的思想家们在写作时处身其中的文化语境,并注意到用当代——因此据其所称也就是时代错误的——术语来阐释其作品时所带来的危险。正如伯林在 1976 年 3 月 15 日写给昆廷·斯金纳(Quentin Skinner)的信中所说:

> 我无法否认,在维柯与赫尔德两人身上最令我感兴趣的,是那些在我看来至今依然生机勃勃的思想,就像是仍在奔跑的野兔,那些具有永恒重要性的问题,至少对于其他社会而言也有持久重要性。

在同一封信后面的部分,他又写道:"对于我来说,维柯与赫尔德最重要之处在于,他们打开了通向新前景的窗户。没有什么比这更杰出非凡的了,而研究他们的人会由此感到激动,也确实为其所深深折服。"(《确定不移:1975—1997 年书信》,第 24 页;《启蒙运动的三个批评者》第 2 版,第 491、493 页)

1982 年 1 月,艾琳·伯林借给我一份伯林的原始手稿,那是他在上学期间写的一则小故事,当时他年仅 12 岁。这份手稿反映出的作者的早熟程度引人注目、令人惊诧。现在,它已经广为人知了,因为我在多年之后将其出版,同时刊印了保留其原始拼写与标点的版本,以及经校订之后的规范化版本。[5] 为什么引人注目？为什么令人惊诧？正如我在当时写给艾琳的信中所说：

> 即便这篇文章没有达到黛西·阿什福德（Daisy Ashford）的水平，其中还是有一些非常有力量的片段。我特别注意到了一段文字，它清楚明白地预示着以赛亚对冷酷无情的极权主义的反对。这段话是用来描述文中反面人物乌里茨基（Uritsky）的……
>
>> 他拥有一副看起来聪明却十分冷酷的长相，而其一切表情都带有一种狂热的色彩，连眉毛都不带动一下地签发死亡判决书。他最重要的人生座右铭是"目的证明手段合理"。在他的一切计划得以实施之前，他决不罢休。（《处女作与绝笔》，第17页；请比较《自由论》，第334页）
>
> 这段描写非常出色。我也同意您的观点，这个故事具有一种全然的俄国感觉，尽管它是用英语写的（如果以他当时仅仅学了那么短的时间来看，这是非常棒的英语了！）。（写于1982年1月11日）

这便是我为什么将《目的证明手段合理》（The Purpose Justifies the Ways）定为这篇文章的题目。

1988年，出现了一个小小的商业发展机会，从而启动了伯林作品出版事业的下一个阶段。我于3月8日致信伯林，告诉他牛津大学出版社之前由霍加斯出版社授权出版了《选集》中三卷的平装版本，现在被要求支付"续约预付金"，以延长其临近期满的授权有效期。不幸的是，以牛津大学出版社的正常标准来衡量，这三卷书的销量尚不足以支持该社是否决定支付预付金。于是我建议修订这些书以促销量增长，"在每本书中都增补一两篇于文集出版之后写成的文章"。伯林与我会面讨论了这个主意，而我后来（1988年4月26日）写下的文字也证实了我们当时所达成协议的内容。那是一些和我的原计划非常不同的东西，即"已经有了足够的素材来编一本《反潮流》之第二卷"。有两类材料可以构成这样的一卷书。其一，有两篇文章在一开始为《选集》做选择时便已然存在，但是伯林将其从中去除，因为它们与他计划中论述浪漫主义的那本书有重合之处（TK）。现在他准备收回此前的排除决定，或许是由于意识到，自己完成这一计划中的工作之可能性在可以预见的未来已变得渺茫。其二，伯林在这十年中写了许多新文章，其中至少有4篇适合被收入本卷中。

像往常一样，伯林唯恐内容有重复，也担心新的一卷书"可能有点太单薄了"，但他还是接受了这一计划（于1988年5月6日）。罗杰·豪舍尔与我带着这些保留意见（重新）阅读了那些文章，而我们一致认为，伯林的这两项怀疑都站不住脚。在给我的信中，豪舍尔写道，"将这些文章放在一起，会形成某种统一一致而且强有力的叙述，并进入《反潮流》所未曾触及的领域……，特别是欧洲的浪漫主义"；还说"这些文章的重复程度，并不比《反潮流》（第一卷）中文章的重复程度更大或者更为严重"。[6]我于9月16日将我们的意见报告给伯林，并且建议我们再增补进《被压弯的树枝》（The Bent Twig）一文。这篇文章是关于民族主义的，伯林曾将其排除出《反潮流》，因为它与《民族主义：往昔的被忽视与今日的威力》（Nationalism: Past Neglect and Present Power）一文有一些重复。我还表达了如下希望，尽管这本文集的实力已然非常雄厚，但他或许还可以增加一篇从未发表过的作品，可以是论述约瑟夫·德·迈斯特的文章，以进一步充实文集。我知道伯林多年以来致力于研究迈斯特，但是直到此时，他仍否认存在关于这一主题的可供发表的文章。豪舍尔还想知道，伯林是不是还有可能写一篇关于鲜为人知的约翰·格奥尔格·哈曼（Johann Georg Hamann）的文章，此人是18世纪德国虔敬主义哲学家以及浪漫主义的先驱人物，也是我们知道伯林一直在研究的人物。

鉴于此后的事态发展，伯林在1988年10月8日的来信中针对哈曼与迈斯特所发表的评论便值得在此处加以征引：

> 我从来没有写过有关哈曼的正式文章，仅在纽约就此做过一次讲座，但据我所知，没有任何人对讲座进行录音记录，我本人则是最不可能去录音的人。有关德·迈斯特的文本确实存在，有大量的（不消说也是重复的）用打字机打好的文本，但不知被塞在什么地方了。自从我一开始写作这个主题以来，20世纪50年代之后已经出现了那么多关于他的文章（不过，请比较TK）以及讲座，[7]浓缩这些成果的工作令人生畏，而在我看来，它们的原创性又是如此之低，因

此，我认为这件事不值得去做。

不过，如果你想看那个文本的话，帕特或许可以在大概一个星期之后通过考古发掘将其挖出来。它确实存在，这一点我无法否认。

事实上，有过两次关于哈曼的纽约讲座，即前文提到过的1965年由4次讲座所组成的系列讲座"启蒙运动的两个敌人"的前两次（TK），其中的第二次讲座大篇幅地谈到关于哈曼的问题。与第一次（以及第四次）讲座不同，这一次讲座确实是进行了录音的，录音转写文字记录存于"以赛亚·伯林虚拟图书馆"。[8]至于"正式文章"，故事的这部分在后文中再讲述。

伯林关于迈斯特的文章，一共连续写过7次完整草稿，每一稿都比前一稿的篇幅更长。在同一篇写给伯林的报告中，我还提出这样的想法：新的这卷书不该作为《反潮流》的第二部分，而是应成为一本独立的新文集。1988年10月18日，我建议将《扭曲的人性之材》作为文集标题。到11月22日，豪舍尔与我两人都已经阅读了《约瑟夫·德·迈斯特与法西斯主义的起源》一文最为晚近的一个版本，它可能是由帕特·乌特钦发掘出来的，同时找出的还有几个文件夹的笔记，以及6个稍早版本的草稿。很明显，这是一篇绝妙的好文，仅经过极小程度的编辑工作之后便可出版。不过，其篇幅长达30,000个英文单词，对于新书来说，这种长度显然并不适宜。我紧逼伯林写关于哈曼的文章，希望就此形成一本书，将启蒙运动的两个敌人结合在一起。然而，在12月5日的一封信中，伯林再一次提起1965年的系列讲座，

第 5 章　平凡的十年

仿佛那是他进入这一领地的唯一一次冒险。他还补充说："我并不打算以他为对象写一篇单独的文章。"当时我们中的任何人都不知道，仅仅在 5 年之后会发生什么。至于论述迈斯特的那篇文章，我们最终决定无论如何都要将其收入新文集中。该文那超乎比例的长度事实上使其成为这本文集的中心篇章，而不是一个不合时宜的怪物，它也成为伯林最为著名的文章之一。它比《刺猬与狐狸》篇幅略长，当时可以——或现在也可以——以同样独立的形式出版，或许可起名为《暴力与恐怖：约瑟夫·德·迈斯特与法西斯主义的起源》（*Violence and Terror: Joseph de Maistre and the Origins of Fascism*）。有一天会出版，也许。

II

也是在 1988 年，我第一次见到了阿兰·布洛克（Alan Bullock）。那是在林纳克学院（Linacre College）的一次派对上。我和他谈论起《方坦纳现代思潮辞典》（*The Fontana Dictionary of Modern Thought*），而他正是此辞典合编者之一。我向他抱怨，说人类学与社会学的条目［由莫里斯·弗里曼（Maurice Freedman）和丹尼尔·贝尔（Daniel Bell）编写］未能给出任何比较性的叙述来阐释这两个学科如何对人类行为进行解释。我在牛津大学出版社负责这两个学科，想要更好地理解它们之间的区别。值得赞许的是，他严肃认真地对待我的意见，于 6 月 16 日致信给我，信中写道：

我查阅了我们辞典的新版本，想看看我们是否在第二轮中对您的问题提供了更好的答案。我们保留了丹尼尔·贝尔编写的条目，不过也提供了安娜·格里姆肖（Anna Grimshaw）编写的关于人类学的新条目。我随信附上其复印件。

将这种状况比作社会科学家们在自己的工作中戴了眼罩，这真是个非常吸引人的比喻，格里姆肖在其条目中也既未提及亦没有交叉参考社会学的相关内容。同样引人注意的是，像丹·贝尔这样涉猎广博的社会学家也没有提及人类学。我还查阅了《社会科学百科全书》，其情况亦完全相同。在一周之内，我会见到丹·贝尔，他要来我们这里举办一次讲座，到时候我会问他，为什么人类学家与社会学家都受制于如在隧道中一般的狭窄视域。与此同时，我接受您对于我们编辑工作的正当批评。

我从来没有听他再提起贝尔是怎样回答的，但无论如何，这段小插曲在布洛克与我之间建立起某种联系，这对于我事业的下一阶段大有裨益，有助于必要资金的筹措。

1988年晚些时候，伯林正在修改遗嘱，他问我是否愿意担任他的四位遗稿保管人之一。如果我的记忆正确的话，其他几位是：他的妻子艾琳、迈克尔·布罗克（Michael Brock）以及哲学家帕特里克·加迪纳（Patrick Gardiner）。我自然是欣然接受，但这一请求在我的头脑中发酵。于是，我于11月22日给伯林写了一封信，这最终引向我生命中的一次重大变化：

> 我有一个大胆的想法，但我希望它不会冒犯到您。让我

第 5 章　平凡的十年

以自己相信为真实的两个前提开始：(1) 您拥有数量可观的这样或那样的文章，如果我在您逝世后依然在世，作为您的遗稿保管人之一，就可以参与整理它们的工作；(2) 如您所知，牛津大学出版社分配给我的工作任务并没能让我获得什么乐趣。

在能够获得您的建议这一有利条件的情况下去处理您的那些文章，当然将会在某些方面远为更加便利，同时也更加有趣：我敢肯定，许多云遮雾罩的神秘事情，您能够一下子就拨云见日。您会看到我要引向哪里。设若我能够安排一份以某种方式发放的薪金（来自某个教育/慈善基金会，或是某个可能资助我以换取出版一两本您的作品之权利的出版公司，抑或是某个第三方？），那么由我来作为您生前（暂且这样说）作品保管人，您认为此事的前景怎样？或许我可以兼职做这件事（如果牛津大学出版社允许我兼职），或许也可以全职来做？坦白说，如果这一建议令您感到惊骇，我也不会太吃惊，即便是我保证，把由自己的发掘成果产生出的询问局限于一个双方都认可的可以忍受的程度。

在这一阶段，我不会再多说什么了，因为这有可能是件会胎死腹中的事。但无论如何，我希望您不要介意我大胆地提出了这种可能性，只有在您也感觉这是件好事的情况下，我才会愿意去追求它。

伯林的回信日期是 12 月 5 日：

我意识到，在我那些混乱地四处散落的文章中，若是没

167

有关于其内容、来源和缘由的一些信息，一定有一些篇目人们无法理解，而或许只有我本人能够就其中的一些例子给出说明。还有一些即使是我也会茫然无知。这是一项工程量巨大的任务，而且让自己的过去重现眼前这一想法令我感到不舒服。上帝才知道过去究竟有些什么——我极为害怕去想，从我那相当值得尊敬然而仍旧是混乱的且已被遗忘的往昔当中会浮现出什么。因此，在某种程度上，我完全理解，这是一件好事：由像你这样敏感而且如此深入了解我的人来承担这项令人却步的任务。同时，我当然又更加希望这一切都发生于我过世之后，到那时我就再也不会介意人们对我遗留下来的东西做些什么了，无论是遗作还是别的东西。因此，我必须对此深思熟虑后才能告诉你我的决定。

1989年1月26日，在一封建议将《观念史中的章节》(*Chapters in the History of Ideas*) 作为新书副标题的信中，我提醒伯林：他还依然在深思熟虑。在1月30日的回信中，伯林接受了这一副标题，并同意以《扭曲的人性之材》作为主标题。至于我关于其文章的建议，他写道：

> 如果你真的如此好心，愿意接受这项令人厌恶的任务，我想我应该停止深思熟虑，并请你来做这项工作。请去和我的妻子以及帕特商议此事——在前期事务进行期间，我不需要知道任何事，直到并且除非你开始询问各种各样的问题，诸如形形色色的人物都是谁，那些日期意味着什么，指涉的

事件都有哪些，等等。如果被问及，我将很愿意回答。我极为恐惧浸于往昔的生活，然而我想自己避免不了这个，因此我想在此事中激发起善意。

通过这些稍带双重意味的话语，伯林开启了通向一片新土地的大门，这片土地中满满蕴藏着意想不到的巨大财富，在这里要以一种前所未有的不同方式来行事。这也揭开了我生命中新的篇章。

第 6 章
《扭曲的人性之材》

> 我真的非常感激你逼我讲出真相,即,遵从我的要求,去忠实于我努力建立起各个思想家之思想与观点的那些文本——请一定要继续这么做!没有人比我更为不精确了:我的引文都是夸大其词的描述,有时候则起到了(以我看来)积极的改进作用——不过不要紧,精确性就是一切。
>
> ——以赛亚·伯林 1989 年 3 月 13 日致亨利·哈代的信

在认真地开始为新任务工作之前,我需要为出版社备好《扭曲的人性之材》的书稿,找到资金来支付我的薪酬,以及离开牛津大学出版社。编辑《扭曲的人性之材》的工作引起了又一波关于所涉及之引文的询问。在其回信中,伯林不加避讳地谈起自己的非学术化,正如他在本章题记中所说的一样:

> 到了现在,您一定不会再惊异于我的全然缺乏精确性、模糊含混,以及为了使引文成为我认为可能的更好表达方式而对其进行的大幅调整……当然,我的手头没有参考资料。

第 6 章 《扭曲的人性之材》

你把我当成什么人了？……事到如今，你一定已经知道，我在阅读时从不做笔记，从不划重点，也从不做任何严肃学者通常会做的事。我承认，这是一个严重的失误，但是我现在年事已高，已经没有精力再去修补……我认为，你并不是真的期待我在这个或那个问题上保持学者的精确性！你怎么会这样呢？（写于1989年2月5日）

对于我们无法追踪来源的那些引文，伯林则是"极尽推脱之能事"的态度。例如，某一天，关于来自 C. I. 刘易斯（C. I. Lewis）的一则引文，他写道：

> 我认为，我们只需要说"C. I. 刘易斯"的名字，然后抱着乐观的希望就够了。如果有人质疑，我不会回应，或者给出某种闪烁其词的答案，抑或是（讲）一些低劣的谎言，比如，我就是听到他这么说的。在这点上，我认为稍微"作弊"一下是完全适宜的。[1]

如同在所有事情上一样，他在这一点上也是反复无常的：对于一位多元主义者来说这无疑是个美德，然而却令迂夫子式的学究抓狂。当我说我想将康德关于扭曲之木的引文作为这本书的题记时，他坚持要我们将德文原文印在上面（TK）——这倒是说得通——后面跟着德语原文的英文直译。他提供的译文（直译为中文）是："用造出人的人性的扭曲木材，无法造出任何完全笔直的东西。"这个译文很糟糕：仅仅是出现两次"造出"，以及将德语"als woraus der Mensch gemacht ist"翻译成两个不同的短语（"人性的"和"造出人的"）就有失文雅优美，而且，如果其目的是要遵从字面意思的话，译文其实也不准确。我想使用他那个广为人知的版本，它毕竟已经在其作品中多处出现。我的反复恳求都不能使他动摇，不过，我们还是稍稍调整了他的"遵从字面意思的"译文。在该书的第一个印次中，出现的文字是"用这样扭曲的木头，就像用造成人的扭曲材料一样，无法削刻出任何完全笔直的东西"。在后来的诸印次中，依照德语为母语的拉尔夫·达伦多夫（Ralf Dahrendorf）的译法，"削刻出"变成了"制造出"。在该书第2版（2013年）中，我终于自行其是，将译文替换为伯林那激起人们巨大共鸣的译法——"用人性的扭曲木材，从来也没有造出过笔直之物"，并且将原来按照字面意思直译的版本处理为脚注。我敢肯定自己的做法是正确的。

大约在那个时候，我从研究科林伍德（Collingwood）的学者扬·范·德·杜森（Jan van der Dussen）那里发现伯林所引用的康德的话（这段话没有出现在 R. G. 科林伍德的任何一本已出版的著作中，与伯林向我保证的恰好相反）来自科林伍德于1929年"圣三一学期"（Trinity Term）[①]在牛津大学所举办的一次关于哲学史的讲座中，那正是伯林攻读"大课程"（Greats）[②]的第二个学期。[2] 当时的讲演手稿是这样的："用人性这块扭曲的、纹理交错的木头，做不出任何稍显笔直的东西。"[3] 或许他在做讲

[①] "圣三一学期"为牛津大学的夏季学期，通常从4月到6月。——译者注
[②] "大课程"即牛津大学本科的高级人文学科，内容以古典经典为主，攻读此课程的学生需要读四个学期，而非通常的三个学期。——译者注

第 6 章 《扭曲的人性之材》

座时使用了"扭曲的"这个词。伯林对此十分确信：

> 太棒了！不可思议的福尔摩斯式的侦破！我可以肯定，你的这一推测是正确的：我曾亲耳聆听过科林伍德说这些话。如你所知，它们改变了我的一生。偶尔有人会问我，是否曾经受到过科林伍德的影响。现在再有人问这个问题的话，我就可以说："是的，决定性的影响，永远的影响。"（写于1989年5月3日）

1989年4月，我们决定将伯林关于约瑟夫·德·迈斯特的那篇从未发表过的文章收入《扭曲的人性之材》，尽管他宣称自己对此"持十分犹豫的态度"（4月21日）。比起他的其他曾出版过的作品，该文本对编辑提出了甚至更为重大的挑战。我询问过伯林，是否想在作者自序（到那时他还拒绝写自序）中就该文的缘起说些什么。我为他拟了一段话，如若他拒绝写序，这段话可以出现在我自己的序言当中：

> 这篇关于德·迈斯特的文章是首次出版，关于其写作缘起需要一点点解释。这是以赛亚·伯林撰写的第一篇观念史领域的文章。他在20世纪40年代写了此文第一稿，此后直到20世纪50年代晚期，在不同时候都继续致力于研究该课题，并不止一次地对文稿进行了十分重大的修改。曾有一家刊物与伯林讨论过出版问题，但是文章太长，不适宜以这种方式面世，于是出版计划搁置。目前这个文本是在研究了

173

所有版本的草稿（其中没有一版单独可以作为一个自足的文本），以及研究了它们立基于其上的数量浩繁的笔记之后才出现的。文中的一些引文已标明了参考文献，而我为余下的那些提供了文献来源……不过，该文不曾将关于德·迈斯特的更为晚近的研究作品纳入参考范围内，因此，这篇文章应当被看作是出版于（比如说）1958年。[4]

伯林拒绝接受，写信说，在他看来：

没有必要说明此文的缘起……所有需要说明的至多就是，这篇文章在我的书桌抽屉里躺了许多许多年，因为我之前想的是，它需要一次翻天覆地的大修大改，然而，由于年事已高和懒惰倦怠，我没有去做这件事。（写于1989年4月21日）

最后，他同意，我那段话的一个修改过的版本可以出现在书中：

这篇关于德·迈斯特的文章是首次出版。由于作者认为此文需要进一步修订，所以它在1960年被搁在一边。不过，这篇文章是如此接近于可以出版的状态，而且包含了如此之高的价值，因此，将其收入本书中看起来非常恰当。尽管作者添加了几个新段落，也改写了其他部分，但文章并没有以任何系统的方式加以修改，以使其将后来出现的关于迈斯特的作品全面纳入参考范围内，无论如何，那些作品并没有影

第 6 章 《扭曲的人性之材》

响本文的中心论题。(《扭曲的人性之材》，第 X 页;《扭曲的人性之材》第 2 版，第 XX 页中有所扩充)

伯林还坚持，在其文章文本最终定稿之前，一定要阅读一本出版于前一年的迈斯特新传记:"否则，我就会陷入紧张慌乱中。"[5]

我花费了大概 6 个月的时间，找到了伯林引用的所有迈斯特话语的原文，其中的一些，是在伯林正在阅读的那本传记的作者的帮助下找到的。随后，伯林修改了文本，也插入了更多没有标明出处的引文。有一项发现值得在此报告。伯林在其文章中将一句精彩的评论归于迈斯特所言:"Dire: les moutons sont nés carnivores, et partout ils mangent de l'herbe, serait aussi juste."[说绵羊是天生的食肉动物，又到处啃食青草，也是同样合情合理的（正如卢梭说，"人生而自由，却无往不在枷锁之中"）。]经过在迈斯特作品中大量徒劳无功的寻找，我发现，这段话实际上是出自批评家埃米尔·法盖（Émile Faguet）的一篇论述迈斯特的文章，是他对迈斯特的阐释。[6]很自然地，伯林一定是认为法盖的这句话是从其写作对象那里引用的。迈斯特确实也说过表达了同样思想的几句话，不过没有那么简洁有力:"他（卢梭）是什么意思呢?……是说这句疯狂的宣言——人生而自由——是与事实相反的。"[7]在另一处，迈斯特又说:

如果任何人想要证明蝰蛇天生是长翅膀的，而且会唱悦耳动听的歌曲，想要证明河狸与世隔绝地生活在最高的高山之巅，那么就得由他来证明这些。而与此同时，我们相信，

175

事情是什么样的就必须是什么样，而且一直以来都是这样。[8]

同样的思想也出现在亚历山大·赫尔岑的头脑中，他以这样的类比来表达观点："鱼生来就会飞，然而哪里的鱼都在游。"[9]

《扭曲的人性之材》将由约翰·默里出版社（John Murray）出版，部分原因是他们提出的条件比查托与温都斯书局/霍加斯出版社更为优越，另一部分原因，在于霍加斯出版社的雨果·布伦纳被卡门·卡里尔（Carmen Callil）拉下了马。伯林致信给我，写道："我确实希望默里出版社胜出，我想我更希望是他们，而不是查托，没什么合乎理性的理由，只有一点：尽管大家都十分钦佩赞赏卡里尔小姐，我却并未发现她比雨果更具吸引力。"（写于1989年4月12日）经伯林同意，罗杰·豪舍尔又一次撰写了导读，而伯林在一次大变脸中——这次变脸比我在其手下经历过的所有反复无常都更为不体面——居然在还没有阅读该导读的情况下就直接将其拒绝。他忘记了自己曾经同意过这件事，然而，即便是经人提醒，他甚至还是不愿放弃其主张。这曾深深地打击了我，也一直在打击我，在我看来是一种无端的残忍行为，这就是安南所说的伯林心中那一大块寒冰的产物，也是豪舍尔本人所认定的坚硬钻石般思想内核的产物。如果这不是完全出于其性格，那么或许是因为伯林非常重视在他看来是其作品最佳介绍的导读。或许我对他的评判过于严厉了。他自己的原话如下：

> 我完全忘记曾经请罗杰就这本书写点什么，而在当时，该书计划成为查托系列丛书中额外的一卷。这多么令人尴

第6章 《扭曲的人性之材》

尬！我认为自己无法仅仅因为罗杰已经动笔开写，并且在印象中以为我已经授意，就同意让任何人去撰写导读。我完全准备好对他卑躬屈膝地认错，解释自己为何不愿意为本书加一个导读，因为我已经被过度导读了。他曾经很精彩地，艾琳曾经很周全地，伯纳德·威廉姆斯曾经很实在地（安南勋爵曾经不那么实在地）对我进行过导读。无论如何，要我怎么道歉都行，并且还会因他已完成的工作而给予他一些报酬。

在本书面世之后，或许他可以将自己已完成的文章转化成某种对本书的评论——我认为我无法说服《泰晤士报文学增刊》刊印任何篇幅相当长的文章，但是我也许可以在《纽约书评》说上话，尽管很明显，我无法许诺任何事。我认识到这种痛苦会有多深。我只是觉得，我不想要导读的希望不是必须要让步于早先的承诺已被做出这一事实，因为我现在认为该承诺是不明智的。我想，由罗杰撰写两篇导读，这在根本上就是不合适的——不过，比起我不想要任何人写的任何导读这一点来，那并不重要。

告诉我该怎么做。我应该直接给他写信吗？或许那样做是最好的，可以阻止他在错误的轨道上继续前行——要么你是否愿意做好铺垫，对他说我关于这件事非常不可理喻，以及说我对他完全忠诚，他为我写出的任何东西都撰写了最优秀的导读，不过，我渴望不要再被过度导读了——说我对于此事感觉很糟，但还是想要他停下来——还要对他说，我当然准备好给予他报酬［请不要提起关于在任何地方发表书评之可能性的建议——很不幸，除了鲍勃·西尔弗斯之外，我对任何编辑都没什么吸引力，不过，诸如《政治学》（*Politics*）和《政治研究》（*Political Studies*）以及其他类似刊物可以很好地接纳他的文章]。（写于1989年4月19日）

我之前告诉伯林，豪舍尔已经写完了这篇文章，只是尚未修改完善，而这令伯林"罗杰已经动笔开写"的表述显得不够真诚坦率。然而，令我喘不过气的，是伯林明确宣称他不受自己先前承诺的约束，并且他用被动式来表达这句话，仿佛这样就可以使自己置身事外。看起来，原本作为《反潮流》第二卷的材料变成了一本独立成册的书这一事实远非决定性地对他有利。我提出反对，但没有结果。我劝他对于提供报酬这一点要谨慎行事，因为这看起来可能会在伤害之上又增添侮辱。我认为若是报酬由我付可能会好一点。豪舍尔当然深感屈辱难堪，觉得自己被朋友辜负。遗憾的是，他的文章似乎是散佚了：否则，我应当于2013年将其增补入该书的第2版中。也许某一天它会出现，并被收入未来的某个版本当中，或者是被上传到网络上。

在编辑《扭曲的人性之材》的同时，我也谈到了资金的问题。在1989年1月31日的一封信中，我提出这个话题。伯林本人很轻易便可负担我的薪酬，但是我不想对他提此要求，而且我也（正确地）感觉到，他并不想资助我的工作，因为这会使其太像一个自吹自擂的出版项目。他觉得，如果这项工作值得去做，就应该有可能找到资助它的其他资金来源。但是，我需要确定，于是，我给伯林写了一封信，表露了自己（真实的）不好意思的

第6章 《扭曲的人性之材》

感觉："在考虑这个问题的时候，我并没有设想您会想要自己出资来支付我薪酬，不过很明显，在我认真尝试去从别的途径寻找赞助之前，必须先请您明确表态。"我还询问了占用他家中一个房间的可能性，我可以在其中安置一只文件柜和一个文字处理机。伯林于2月6日回复说：

请你和艾琳去商议关于钱这个永远令人兴致勃勃的话题，你一定不要为了筹钱而感到不好意思。上帝才知道这一令人厌恶的劳作要持续多长时间，显然，你无法继续在牛津大学出版社全职工作，除非你决定在这件事上花费15年左右的时间。[10] 15年后，我肯定已经去世，而且我当然极大程度上更宁愿是这样，这样我就不用再回答任何问题，留下你构想种种假说来猜测那些隐晦不明的参考文献来源就行了。不过，还是严肃一秒钟吧。请一定要给艾琳打电话，并和她约定会面。我更愿意由她来和你商议这些事，她对情况全面理解，并且完全赞成。关于房间也是如此。房间倒是有一个，但我打算在其中试着完成关于浪漫主义的那部作品，它将成为我生前的最后一本书或是在身后出版的书。我想或许最好的计划可能是，让你在我不太可能用它的那些日子里使用我在万灵学院的房间。我主要是在周末用它来接待访客，而周末你肯定是不会去用的——有时候也会在周五，更罕见的是在周一，不过在周二到周四期间我都不会去（如果我在周五用，就是在下午晚些时候，如果是在周一，则是在上午）。因此，我们可以就此订个协议：你可以使用房间里的文字处

179

理机和其他所有东西。你认为这是不是个好主意？总之，让我们就所有这一切商议一次吧。给我打个电话，我们来定个日期会面。

按照伯林的要求，我和艾琳见了一次面，她建议我来"海丁顿屋"，浏览一遍存放在那里的文章，以确认（或推翻）我的猜测，即有好几年的工作量等待着我去完成。她那个时候以为这只是一项兼职副业，所以确切答复我说她和以赛亚不愿意给予我资助，尽管他们可以提供一部分资金。我们讨论了可能的资金来源，包括慈善基金会与出版商。在这次会面之后，她让我找以赛亚，于是我俩便在3月3日共进午餐。

我相信，尽管也不能肯定，我对包括在万灵学院的午餐及之后的会谈在内的这次会面有着特别清晰的记忆。不管怎样，暂且认为是这个日子吧，因为它确实发生于这个时间前后。事实也可能是，我现在所描述的这次午餐交流属于另一个场合，但是这无关紧要。

我们走进早餐室（那里有弧形的餐桌与没有靠背的长椅），午餐已经恰到好处地备好了。我们坐在一对夫妇对面，他们是学院另一位研究员的客人。主人介绍了他们，伯林介绍了他自己与我。那位丈夫随后对伯林说："是的，我知道您是谁，我们星期二曾在一家餐厅里共进午餐。"伯林回敬道"这完全可能，完全可能"，然后便旁若无人地继续说下去。我对伯林的评价是冷静镇定，而不是感到惭愧。

当时的天气是不合时节地温暖。当我们来到吸烟室喝咖啡的时候，炉子中燃烧的煤火让屋子里热得几乎令人无法忍受，即便是在我已经脱掉外套的情况下。伯林穿着的是他那套常穿的厚三件套西装，并没有表现出任何不舒服的迹象。我不仅身体上感觉很热，而且对于讨论资助之事忧心忡忡，而要使事情有所进展的话，又需要去做这件事。我有家庭，还背负着一份按揭贷款，无法承担无报酬的工作。我说自己要提出一个建议，却又对此不好意思。伯林将我的犹豫扫到一边，嘱咐我直话直说。我说，我未来可能编辑的任何一本书的版税收入可以以某种形式来支付我活动的费用，我还询问伯林认为自己每年来自版税的收入有多少，以试探他对于可资助数目的理解。伯林说了一个数字，但这数目不仅是太低，而且简直是低了好几个数量级。他被真实的数字所震惊，然而即便是那样，仅仅依靠版税，资金也是不充足的，尽管这可以是一个体面的开始。不管怎样，伯林欣然同意这项收入可以转用到该项目中。随后，我们讨论了用以补充的其他可能的资金来源，我则答应研究它们是否可行。

在谈话临近结束的时候，话题转移到关于一个人的实足年龄与主观年龄之间的差距上。我问伯林感觉他自己有多少岁。他说，他仍然感觉只有18岁，拖着一副80岁的躯体，"就像是拖着一个麻袋"。这种内在的青春勃发可能就部分地解释了他对于哲学的终生兴趣。伯林曾回应布莱恩·麦基关于哲学问题是"孩子气"的提法，在这个意义上，伯林直到生命最后一息都保持着"孩子气"。

此次会面一结束，我就对"海丁顿屋"中的文章进行了一次预查阅。这是个重大事件，需要一个新的段落来描述。

1922年，考古学家霍华德·卡特（Howard Carter）在日记中记录道，当他第一次将目光投向埃及国王谷（Valley of the Kings）的图坦卡蒙（Tutankhamun）之墓的时候，借助一根蜡烛，他透过自己在墓壁上开凿的一个小洞朝里窥视：

> 过了一会儿才能看清东西，逸出的热气使得烛火摇曳闪烁，不过，一旦眼睛适应了微弱的光线，墓室的内部便渐渐浮现在眼前，兼有奇异与美妙特质的精美绝伦的物件一个摞一个地堆成堆。

他的赞助人卡纳冯勋爵（Lord Carnarvon）也在场，问他："你能看到什么吗？"卡特回答道："能，真是太棒了！"[11]三千年来，没有谁见过这些珍宝。我去伯林家中执行第一次搜寻，来看看作为他的遗稿保管人之一我将会面对些什么，这让我经历了我本人的略微朴素一些，然而仍十分强烈的"霍华德·卡特时刻"。我的"图坦卡蒙之墓"是一个宽敞的地窖，通过一段石阶可达，除了洗衣机与烘干机之外，这里被各种各样临时搭建的架子堆满，所有架子上都是堆得高高的乱七八糟的文稿，以及盒子、手提箱与行李箱。材料的数量大到惊人，既令人生畏又让人兴奋不已。我第一次浏览的时候，处于一种无法呼吸、浑身震颤的状态，而且只是粗略地匆匆一翻就发现许多从未出版过的文本被置于一边长达几十年之久，除了伯林本人之外从来就没有人读过。我多么希望自己当时头脑镇静并能够想得起拍照呀！一想到这些文本多么轻易就可能永远散佚，我便不寒

第 6 章 《扭曲的人性之材》

而栗。发现它们令人激动，看到其中的许多现在已经重见天日并回归它们所归属的这个世界是件非常有意义的事，这正是伯林留给未来世代的思想遗产的一部分。

我对"海丁顿屋"的勘察于 5 月 4 日完成，当天，我汇报了自己的初步发现：

> 我现在已经完成了对"海丁顿屋"所存文稿的一次快速而匆忙的勘察。鉴于我目前只能利用业余时间，所以可能需要好多个月才能完成一份全部文稿的粗略清单。不过，我已经见到足够多的东西，可以让我得出一些坚实的结论，我将尽力用自己所不擅长的简洁性将它们表达出来：
>
> 1. 将文件分门别类，使其成为可以使用的"档案"，然后以原始粗疏的方式为其编目就需要花费几年时间，而不是几个月，且不说对其进行编辑。
>
> 2. 很不幸，随之而来的就是，我若只在业余时间（除了找到资助我全职工作的资金之外，这是唯一的选择，因为牛津大学出版社不愿意我在该社兼职工作）来承担这项任务是不现实的。毫无疑问，我会继续设法慢慢解决问题，但是以现状来看，情况就是如此。
>
> 3. 无论是现在做这项工作，还是在您去世之后由遗稿保管人或遗稿保管人委托之人来从事此工作，它都必须是一种有偿工作（或者是由某个有条件无偿工作的人来承担此任务）。
>
> 4. 存在基于初步印象可以出版的大量材料，随此信附上

183

其目录，但这远远不是一份全面详尽的清单，只是让您对其规模有一些概念……

5. 通过更为仔细地阅读在我手头的资料，我自己对于处理这项任务的热情并未减弱，反而是增加了——如果能够找到某种让我接受任务的可能方法的话。

我们目前的处境到底如何，我并不是很肯定，不过我曾向您保证过，要提交一份关于我调查结果的报告，归纳起来就是上面这些了。我会就我们可以如何推进工作表达自己模糊的想法，在因此而再次麻烦您之前，我会等待，看看您如何回复。我所害怕的是，唯一切实可行的处理方法是放弃。

我随信附上的目录以单倍行距排版就长达两页 A4 纸。这封略显缺乏感情色彩、一本正经的信掩藏了我因自己重大发现而生发的激动之情，尽管到了此时，激动心情已被挫折感所缓和，因为我知道自己（暂且）无法着手开展工作。文稿散落在房屋中的许多地方，从阁楼直到地窖——此处就是字面意义上的从阁楼到地窖，并非比喻用法——尽管地窖原则上是被当作储藏室的。另几处蕴藏最为丰富的区域是伯林的书房（位于梳妆室中，该房间通向原先的主卧，主卧则被伯林当作他的主图书室）和帕特·乌特钦的办公室（位于二楼的一个小房间，最初也是一间卧室）。尽管伯林不是一个喜欢囤积东西的人，他也同样并非一个爱扔东西的人。他的文稿数量无论在过去还是现在都是异常罕见的。这些都是从他曾经栖身过的不同家中和学院中收集而来的，在搬家转移的时候填满了250个箱子和好几个文件柜。文稿所包括的范围是从上文中提到的写于1922年的短剧故事，直到他最晚近的一封信。写信日期距离其去世的日子不到一周，信是写给安纳托利·奈曼（Anatoly Naiman）的，信中提到了他们共同的朋友安娜·阿赫玛托娃，她在1945年与伯林那通宵达旦的著名会面对二人的人生都有着如此持续重大的影响。文稿总共有大约180,000页，最终填满了博德莱安图书馆的800多个档案盒——而它们所提供的"财富"超越了我最为乐观的想象。

伯林的朋友帕特丽夏·戈尔-布思（Patricia Gore-Booth）曾在1986年询问他，是否他的文件最终会归属于博德莱安图书馆。对此，伯林（于4月25日）回答说，他从未想过要将其中的任何一件占为己有。他告诉她，他会将关于这"巨大的未分类纸堆"的一切决定权留给他的遗稿受托人，不过他也很愿意建议他们将博德莱安图书馆作为安放遗稿的合适家园。在同一天，伯林致信给我，做的恰恰就是这件事："当那个时刻到来时，你能否承担起这个责任呢？我会忘记对艾琳或帕特里克·加迪纳说这件事的。"在伯林去世之后，我们按照伯林的意愿安排了文稿的存放事宜。

伯林那漫长一生的每一个阶段都得到了记录：在里加和彼得格勒（Petrograd）度过的童年，在牛津大学的本科生时光，作为教授与建院院长在沃尔夫森学院的日子，在纽约和华盛顿度过的战时岁月，还有他的教学、管理、写作与节目录制。丰富的通信信件展示了伯林广泛的友谊与交往圈子，从T. S. 艾略特（T. S. Eliot）到伯特兰·罗素（Bertrand Russell），从丘吉尔到斯特拉文斯基（Stravinsky），从玛戈·芳婷（Margot Fonteyn）[1]与劳伦·白考儿（Lauren Bacall）[2]到塞西尔·比顿（Cecil Beaton）[3]与杰奎琳·肯尼迪（Jacqueline Kennedy）。

在这次初步调查之后，我比从前更为强烈地意识到，伯林毋庸置疑是一位需要一个编辑的作者。他对于出版十分勉强，并且写过和说过大量他本人未能见到它们付印的东西。他一直需要若干智力经理，来帮助他实现他的全部作者潜能，而此时此刻他比任何时候都更需要一位。如果我能够以某种方式承担这项任务，那么，对于一个编辑来说，我所能梦想到的最为令人满足的生涯就会在我面前展现。

我承认，我希望我对自己前景的悲观评估可能会引出伯林关于某条前进道路的建议，然而恰恰相反。1989年5月8日，也就是距离他八十大寿一个月的时候，伯林接受了我所说的话：

> 恐怕你是对的。就你现在的情况而言，你无法认真开展工作，而我的"档案"最好还是等到我过世之后再处理吧。到那时，如果艾琳依然在世的话，她可以安排一些职业档案保管员来做这件事，或者也许就什么也不做。如你所知，我对于自己已经写出来的任何东西都毫无热情，让它们就此"安息"这个念头一点也不令我感到沮丧……如果你在业余时间能够不时来这里看看其中的某些东西，而且为你付出的

---

[1] 玛戈·芳婷（1919—1991），英国著名芭蕾舞女演员。——译者注
[2] 劳伦·白考儿（1924—2014），美国女演员。——译者注
[3] 塞西尔·比顿（1904—1980），英国摄影师与服装设计师。——译者注

劳动获得应得的报酬，我会非常乐意去安排这一切。然而根据你信中所言的情况，恐怕这就是可以考虑接受的最大极限了，不是吗？或者你还有别的什么建议？我讨厌说所有这些，因为我想它可能会令你产生某种失望之情，尽管这件事并不值得令你失望。

插入省略号的地方是一段对我所列目录清单的插话式评论，其中的一些内容读起来很有趣，特别是联系后来所发生的事情来看。此处我仅举三例。

关于《政治思想的三个转折点》（Three Turning Points in Political Thought）（即希腊个人主义、马基雅维利的二元主义和浪漫主义的多元主义），那是伯林1962年在耶鲁大学斯托尔斯讲座（Storrs Lectures）上的讲演。他写道："这三次讲演有一个共同点，即关于从两个选择——政治与非政治的——到两种可能的道德，再到浪漫主义的多元主义这一渐次发展的过程。"随后他又非常符合典型伯林特色地补充说："不过，我并不认为仅仅因为这一点就值得为其花费许多时间。"这些讲演中的第一个现在被收入《自由论》（Liberty）当中，其他两篇保存在"以赛亚·伯林虚拟图书馆"。关于《作为一门描述科学的政治观念》（Political Ideas as a Descriptive Science），他写道："我根本不知道这是什么，也不认为这篇文章是我写的。"这正是《浪漫主义时代的政治观念》（Political Ideas in the Romantic Age）的第一章，是他篇幅最长的连续作品。最后，关于《我父亲的自传最好化成纸浆》（My Father's Autobiography Had Better Be Pulped），现在该文已经收入《以赛亚的书》(The Book of Isaiah)出版。彼得·哈尔班曾建议我不要出版，说伯林的英魂都会为此悔恨不已。但是我很清楚，它能使我们了解伯林从中浮现的那个世界。在其本身限定的范围之外，该世界并不被人们广泛知晓或理解。

在我写于5月12日的回信中，我推测了各种各样可能的资金来源。我对此并不乐观，但仍然说道："谁知道在未来还可能会开启哪些新的大门呢？别的且不说，如果运气好的话，到您去世的时候，我会是一个整日穿着居家软拖鞋的老头儿，拥有可供我支配的无限时间。"伯林写于5月15日的回信确认了他之前答应的事，接受我的建议，同意未来书籍的版税可以用作必要的资金（之一部分）。他还表达了对另一选择——从慈善基金会那里寻求帮助——的怀疑，不过还是并未将这道大门关死，因为他建议可以试试沃尔夫森基金会：

> 试试也无妨，只要你出言谨慎，说我对此一无所知，说整件事都是一项秘密的事业，只需要得到我的允许去编辑这些作品，而我自然不能被要求去资助我自己，等等。

6月6日，是伯林八十大寿的日子，媒体上出现了形形色色的文章，其中一些比其他的更为歌功颂德，另一些比其他的更为不准确。我本人则被《独立报》(the Independent)约稿，起草一篇用作讣闻的伯林生平。我对于用于此目的的伯林作品概要该怎么写并不是很肯定。我致信伯林，说不时有人会请我去解释他的思想（这一点完全是事实），如果有一份获得了他本人认可的简短的叙述可供参考，我将非常高兴（这也是真的）。我将自己草稿中的相关段落寄送给他，只是并没有告诉他这段文字将会出现于一篇有关他的讣闻中。尽管伯林可能觉察出什么苗头，但他并没有表露出来。不过，他认可了这段话，仅仅持有一点小小的保留意见（伯林回信写于1989年7月3日）。

在同一封信中，他提起，在他的文稿中冒出了一篇关于哈曼的打字机打出的稿件。文稿以三倍行距打印，一共90张大页纸（约合180张A4纸），外加若干页额外的A4纸，这些是用另一台打字机打出来的（总计有大约40,000英文单词）。他一直坚持说自己从未就这位神秘的反理性主义人物写过任何东西，所以这证明他所说的原来是假话。确实，这个文本明显是由他口述的，而不是先由本人手写再在打字机上打出来的，不过单凭这一点并不能将其与他在同一时期创作的其他材料区别开来。可能的情况是，这是为其1965年在纽约伍德布里奇讲座上的讲演相应部分所准备的底稿（除非该文是后来口授的）。不过，这两种情况都不能算作是"没写"，毕竟，伯林以《两种自由概念》为题的就职讲演，正是他最重要的出版作品，而它恰恰是以同样的方式"写"出来的。

如今已嫁给斯图尔特·汉普希尔的科学哲学家南希·卡特莱特（Nancy Cartwright）阅读了该文，评价说它"还可以吧"。这是伯林在一封信中告诉我的，他继续写道：

若是如罗杰所坚持的那样将这篇文章收入即将出版的那卷书中，则会使其（该书）充塞着黑色的思想家，与其他内容的多寡不成比例。很明显，关于哈曼的文章不能单独出版。而如果将它收入本书的话，难道它不是篇幅过长吗？不会把你逼疯吗？鉴于在英语文献中，目前没有质量优良的关于哈曼的文章，我不否认自己多少动了写作的念头。如果这将你推到了绝望的边缘，你能不能去对罗杰大发雷霆，而只是间接地谴责我呢？

我于7月7日回信说：

这是一个权衡利弊的问题。收入哈曼文章所必然要造成的相当程度的进一步延迟，比起将其收入本卷而不是把它留给未来尚未谋划的某个文集所带来的益处，二者孰轻孰重？当然，毫无疑问，这篇文章是可以挽救的，而且应当挽救。汉普希尔夫人读到一半时觉得它"还可以吧"——相当于给予本文的最低评价——这并不令我感到奇怪。但是，当她读完文章就会发现，那份打字机打出的主体文本并不完全（当然，我还会找出散佚的纸页），后面还跟着一系列长度不等、完整程度不同的文本片段要插入文稿主体某些尚未确定的地方。这样文章主体读起来才多少没有割裂感。

比起关于迈斯特的文章来，这篇用打字机打出的文稿主体更为不完整，至少据我看来，您并未对它进行过非常彻底的修订。这当然意味着，即使是我设法用手头的材料建构出一个文本，但当您通读过它之后，一定会想要对其做大量的改动。我想，您甚至都在认真考虑重写关于迈斯特的文章，

第6章 《扭曲的人性之材》

而您最初曾说自己连看都不愿意看它一眼。我、罗杰和勒布伦教授（Professor Lebrun）都认为就让它以现在的面目出现好了。乐观估计，如果迈斯特一事使本卷书的出版延迟（比方说）6个月，那么哈曼将会多耽搁多长时间呢？

让我们实事求是。我花了6个月将关于迈斯特的文章处理好。处理关于哈曼的文章将至少花费同样长的时间，而在此之后，估计您在1990年夏季之前都没有时间投入其中（基于梅隆讲座的那本书还会偷走更多的时间，这无疑是个令人惋惜的理由？）。我完全理解，以您这方面来说，您绝对不用匆匆忙忙，而且我会为您的超然物外鼓掌叫好；但是，您是不是全然毫不在意无限期剥夺您热切的读者读到一本书的权利，而这本书原本已经准备好交付给出版商了？如果不是这样的话，那么，以进一步耽搁为理由的论点就缺乏力量。至于我已经完成编辑的一本书必须延迟出版，由此给我本人带来的挫败感当然可以先放在一边置之不论。

或许我可以做一个提议：在关于哈曼的文章暂且不收入本书这一基础上，让我们继续推进工作。不过，与此同时，毫无疑问在罗杰那极其宝贵的帮助之下，我会加紧努力，看看我能对这篇文章做些什么。如果到您完成关于迈斯特那篇文章的工作时，我也整理出了一些能够给您看的东西，那么我们可以重新考虑这一问题。否则的话，能否让关于哈曼的这篇文章等到下一卷书再面世呢？……

我将不再为自己信件的长度而道歉，为此事抱歉就像是后悔我的鼻子长成现在的形状一样。

伯林再次于1989年7月10日回信：

> 我同意你的话。我想你最终会像一直以来的那样，证明你是正确的，并将他（哈曼）推迟出版。我想我已经有大概20年没再看过现在在汉普希尔夫人手中的那份打字机打出的稿件了。我敢肯定，自己没有修订过它，或是做过任何类似的事。在她归还稿件之后——如果她会归还的话——我将把它带到意大利去，不过我不知道他（能不能）作为收入本卷书的一个人选。还会有另一卷书吗？……
>
> 至于鼻子问题，做做整形手术总是可以的；然而，无论是你还是我都不大可能缩短我们的信件了——我们也不需要如此，尽管帕特会发出难听的怨声。完满充实就是一切。

就在同一封信中，伯林首次提出了让叶礼庭（Michael Ignatieff）担任其传记作者的主意：

> 如果真的需要有人来写传记的话，与其他我所认识的人比起来，我认为他可能会是个更好的传记作者，主要是由于俄国、美国，以及他对当前政治争议的了解等问题。我准备给他写一封信，授权他撰写我的传记，只要在我有生之年不付梓就行。他当然会尽一切努力试着联系你，寻求你的帮助，我希望你不介意做这件事——不过这完全由你来决定。我并不真的在意在我身后发生什么——从来就不在乎——因此，只要在我有生之年不发生什么事，我就不是十分在意现

第 6 章 《扭曲的人性之材》

在安排了些什么。我希望这听起来不是过于散漫随意,不过你比其他任何人都更为了解我这个人是什么样的。

三天之后,我回信写道:

您对哈曼的宽免是无期限的,这令人高兴。我会继续处理文稿,看看我能做些什么。我已经安排好,将其导入文字处理机,这样就能够给您一份打印出的文稿,如果您想的话,可以把文稿带到意大利去:这个文稿可能会比现存的那份打字机打出的稿件更容易阅读一些,它(打字机打出的原稿)是由一位"擅长拼写"的女士打字的,结果她竟打出了"diliterious"[1]这样的词……

您询问,如果将哈曼排除出目前这卷书,是否还会有另一卷书收录他的作品。关于这一点,正如您所知,存在充足的材料。至于在我准备好潜在的未来书卷之后,它们是否在您有生之年出版,这完全由您来决定。"巴克斯很愿意"[2]。

关于叶礼庭,我完全接受您的意见。

1989 年 10 月,我认真起草了一份声明,题目是《以赛亚·伯林

---

[1] 该打字员可能误将"deleterious"(意为"有害的")一词拼写成了"diliterious"。——译者注

[2] 这是源于《大卫·科波菲尔》中的一句话,书中的巴克斯先生用这句话来表达自己对于婚姻的兴趣,它后来成为英语中的俗语,用来强调某人对于某种情形的接受和开放态度。——译者注

193

的文章》，我在其中解释我发现了些什么，我认为应该怎样处理它们，以及依我看来必要的工作该如何受到资助。我将其寄送给自己在约翰·默里出版社与霍加斯出版社的熟人。1990年1月，我又将其寄给柯林斯出版社（Collins）的斯图尔特·普罗菲特（Stuart Proffitt）。在为与安德鲁·贝斯特的会面做准备的时候，我考虑了他的建议。与此同时，我也探索了从诸多慈善基金会那里寻求资助的可能性。只要牵涉其他出版商，我的道路就被封锁了，因为伯林对于同意在其有生之年再出版更多书卷这件事的态度十分勉强，出版商们则自然是想在未来一个可预见的期限内见到其投资的回报。经过幕后大量的来往交涉之后，1990年3月，阿兰·布洛克——我再次与他联络，想必因为他是沃尔夫森基金会的一位受托人，因而处于一个代表该基金会主席伦纳德·沃尔夫森（Leonard Wolfson）说话的位置——提出了一个绝妙的建议，即任何经费都通过沃尔夫森学院的一个职位进行管理。于是，1990年所开展的咨询都是在此前提下进行的。不过，这个情节有些向前跳跃了。

1989年11月8日，我寄给伯林一份关于哈曼材料的尚能说得过去的文稿：

> 如我在一段时间之前曾向您承诺的，我现在终于可以寄给您一份哈曼文章的经过文字处理的版本了。我将其随此信一同寄去。对于耽搁，我非常抱歉（尽管我知道这并不会引发您片刻的焦虑）：我被一名打字员大大拖累了。如您在附于文本之上的便笺中将会读到的，到目前为止，我仅仅采取

第6章 《扭曲的人性之材》

了基本的"急救"措施。在您读过文本之后,我将会很有兴趣了解您是否接受我的观点,即这篇文章处于远未完成的状态,因此,为了将其收入其中而考虑让新书的出版进程进一步延缓,将是不明智的。我知道,在交稿日期这件事上,您持有一种令人羡慕的轻松态度,但是我认为,即便是您也会承认,因为您可能最多要花费整整一年的时间来修改文本(还暂且不论处理脚注所需要的时间),在此之上再度延迟是不合理的。不过我也知道,就像是关于迈斯特的那篇文章一样,您无法向我保证不会再给我惊吓;[12] 因此,我已准备好面对(差不多)所有情况。

两天之后,伯林回复道:"尽管罗杰持不同意见,但我本能地感觉到,你一定是正确的。总之,将迈斯特与哈曼都收入集子,将使这本书变得过于'黑色'和斯克鲁顿式——我不能说比这更糟。"伯林为什么要提到罗杰·斯克鲁顿(Roger Scruton),这在斯克鲁顿不久前为《泰晤士报》(*The Times*)撰写的纪念伯林八十大寿的文章中得到了直接解释。[13] 除了一点并非过于不情不愿的赞赏之外,文中还包含了一些令人厌恶的讽刺挖苦,其中这两段尤为突出:

重读以赛亚爵士的文章,我发现自己既因其丰富而印象深刻,又为此而感到拒斥。伯林的思想围绕着"解放"这一被寄予厚望的主题,只不过这隐藏于精心编织的优美句子之下,它那自信的节奏具有一种几乎是自动的特性,我感觉到

> 它缺乏如下经验：神圣的和情欲的经验，关于哀恸和神圣的恐惧的经验。而对自由观念的怀疑正是植根于这些经验之中。
>
> 我感觉到，他所捍卫的事业对我具有吸引力。然而，看到那些二流顽固盲从者在他"统治"期间从其治下的学术世界中安然通过，我不禁怀疑，他为了反对思想腐败——他自己曾以小心谨慎的雄辩对其加以谴责——而建立起的堡垒究竟有多么有效？

如此一来，伯林对于斯克鲁顿已然存在的反感便进一步加深了。

将关于迈斯特与哈曼的文章同时收入书中将令该书的内容有失平衡，我拒绝接受这个论点，但是我仍然相信，收录关于哈曼的文章会引起的耽搁过长，即便是文稿经过删减这个问题能够得到解决。这一观点占了上风。与此同时，论述迈斯特的文章在伯林与我之间像打球似的来回传递。仅是关于称呼文章主人公为"迈斯特"还是"德·迈斯特"这个问题，伯林就不止一次地改变主意。我很高兴文字处理机的时代已经来临，使我能够运用"查找与替换"功能迅速实现这些改动。伯林还问我，能不能从文本中去掉频繁出现的注释提示符号（该文没有采用每页重新编号的页下注，而是使用尾注连续编号形式），因为在论述迈斯特的文章中，注释提示符的编号一直编到了130，这就变得格外显眼了。伯林问："我是否毁掉了你这个星期，这个月，这一年，整个一生？"（写于1989年新年前夜）我指出，该书注释会采取每页重新编号的形式（在文字处理机上，这样操作不方便），而且，该文注释的出现频率并不比《反潮流》中的某些部分更高。

于是注释提示符号得以保留。

在这些细枝末节的琐屑小事中，重大的事件正在发生。我于1990年2月9日写给伯林的一封信是这样开头的："您如此之多的文章或含蓄或公开地反对的那一整套政治秩序看起来正在蒸发消逝！这在我看来真是难以置信。我想知道您是不是也同样感到惊异。"在信纸的空白边缘，伯林写了"是的"。而在第二天给我的回信中，他写道：

当然，我被事情的发展进程彻底震惊了。你是对的，我并不太喜欢这一政治秩序；我的那些政治类文章很快就会看起来像是毫无新意的陈词滥调，也许只有那些在暗夜中摸黑前进的东欧人不这么看。

我已将该卷书稿交付约翰·默里出版社。在此之前，我刚刚拒绝了伯林在最后一分钟想将《被压弯的树枝》[14]撤出该书的建议，因为它与《反潮流》中收入的《民族主义》一文太过相似。我重新阅读了这两篇文章，并向他报告二者有相当多的不同之处。再者，以一篇题为《被压弯的树枝》的文章为一本题为《扭曲的人性之材》的书作结，谁又能抗拒这一点呢？

第 7 章
《北方的巫师》

我想，日程表上的下一个工作对象就是哈曼了。
——亨利·哈代 1990 年 2 月 23 日致以赛亚·伯林的信

他对于细节的一丝不苟使得他很难令自己满意。这一点发挥到极致时，他甚至将一本重要的学术著作贬斥为"一文不值"，理由仅仅是该书中的"格勒诺布尔"（Grenoble）一词多印了一个尖音符。有一次，一位编辑允许他审读一篇他自己的研究作品，因为找不到其他能够胜任这一工作的批评家，而他借此机会严厉地揭露并订正了自己作品中某些微小的错误，从而也提升了该刊物的声誉。[1]
——P. V. M. 贝内克（P. V. M. Benecke）

另一个骇人的错误：在谈到（德·）迈斯特的天主教皈依者时，我将《战争与和平》中的海伦（Hélène）称呼为"H 女伯爵"，但是现在我感觉肯定的是——虽然尚没有胆量去证实——她是一位公主。失眠的夜晚啊！[2]
——以赛亚·伯林 1990 年 9 月 19 日致亨利·哈代的信

第 7 章 《北方的巫师》

I

我的编辑经历有时候既十分奇异又令人兴奋。或许一切经历当中最美好的时刻，便是奇迹般地恢复了伯林关于哈曼那生动鲜活的研究文章中原本存在但后来佚失的一长段文字。那份用打字机打出的主体文稿在第 90 页一个章节的中间部分戛然而止，最后几句话是这样的："我们为什么在这里？我们的目标是什么？我们如何减轻？……"看起来，这佚失的部分显然是十分重要的，而且我已找到的所有用打字机打出的独立段落都无法插入这个空隙中。这非常令人沮丧，因为对于伯林愿意——或甚至是能够——重新创作消失不见的那段话这一点，我毫无信心。尽管存在这个主要问题，但伯林或许并没有完全意识到其严重性，他于 1990 年 3 月 2 日写信给我。信中写道，"我同意继续进行有关哈曼文章的工作"，随后又立即附言，对上述同意加以限定："不过我必须阅读这份手稿——或打字稿——若是我发现它令人无法忍受的话。在采取行动之前，我会告诉你！"

伯林 81 岁生日（1990 年 6 月 6 日）那天，我寄给他一张清单，是对"二战"期间舒兹伯利学校的一位工作人员所编写的空袭预防措施的滑稽模仿。我那严格执行纪律的祖父 H. H. 哈代曾于 1932—1944 年间担任舒兹伯利学校的校长，因此伯林先前曾经在我们的熟人圈子里说："他不是白当那位著名校长的孙子的。"[3] 预防措施第一条是这样的："把哈代锁进礼拜堂里。"伯林于 6 月 7 日回应道："时间已经完成了它的工作——你现在不需要

-90-

sharply criticized for supposing that language is a natural function, that it grows like the sense of smell or taste -- for Hamann is a gift from a personal Deity. Herder, after recanting, leapt back into his naturalism towards the end of his life and attempted to give an empirical-genetic explanation of how different languages developed and what relations they had to the geographical, biological and psychological and social characteristics of their users.

Hamann thinks that there is an organic connection between all these attributes, and that history may indeed reveal them, but what is for him important is to insist that the connections created by God and by history itself is only a kind of enormous living allegory; the facts, of course, occur as they do and the events that historians uncover did indeed occur, and it is possible to re-establish them by painstaking scholarship; but the point is that we read in these patterns of fact what man is, what his purposes are, e.g. what God has created him for; and we read this in the Bible also; we read this in the economy of Nature; and that is all that for Hamann is of importance. It may be that others are interested in the facts for their own sake, to satisfy their curiosity; and invent or study sciences in order to satisfy this same curiosity; or perhaps they do so the better to control material forces; all this may be so, but to him this seems trivial beside the need to answer the ultimate questions -- why are we here? what is our goal? how can we allay the

《北方的巫师》一书排印稿最后一页，我在上面标记出口授录音带第 16 盘到第 15 盘的转换处（原文如此）

200

第7章 《北方的巫师》

被锁起来了,哪怕是被锁进礼拜堂。尽管如此,我还是为过去的岁月以及我青春时期那些英雄的大师们深深叹气。"

大约就在这个时候,阿兰·布洛克报告说,沃尔夫森基金会无论如何还是会为我所提议的最初五年期工作提供资金帮助,尽管他们一如既往地削减了资助金额,至多达到我预计需求的一半。幸运的是,在不久之后,我预算的余下部分被布洛克所争取到的一位(根据官方说法)匿名赞助人所补齐。我私下里从一开始便知道这个人就是我的岳父杰弗里·威尔金森(Geoffrey Wilkinson)。他是帝国理工学院(Imperial College, London)的无机化学教授,建立了自己的慈善基金,以资助教育项目(主要是科学领域的),资金来源是他的化学专利以及他曾经获得的诺贝尔奖奖金。我的项目完全处于他的舒适区之外,但他以异乎寻常的想象力洞见到该项目的潜力。当然,人们可以说,他仅仅是因为女儿嫁给我才这样做的,而我也确信,这确实是事情的一个方面。不过,我相信,除非是这项投资理由充分,项目本身令他满意,否则,他是不会如此行事的。阿兰·布洛克在其中扮演的角色十分关键。布洛克与威尔金森都是约克郡人(Yorkshire-men),布洛克是通过收养到了约克郡,从十三四岁起便进入布莱福德文法学校(Bradford Grammar School),当时其父亲搬进了城里;威尔金森就出生在约克郡,是托德莫登(Todmorden)的绘画大师与装饰设计师亨利·威尔金森(Henry Wilkinson)的儿子。我记不起来他们二人最初是如何彼此联系上的,尽管我怀疑我当时的妻子在其中秘密地充当了关键人物。总之,这两个人一拍即合,"约克郡帮"开始采取行动。在接下来的20年中,威尔金森慈善信托基金（Wilkinson Charitable Trust）一直支持我的工作，即便是在我于2004年与妻子分道扬镳之后也照旧支持我。威尔金森于1996年去世，所以我无法判断，若是他活得更长久一些，会对我有什么样的看法。不过，他的基金会的信托人仍继续资助我，体现了他们对威尔金森遗愿的宽宏解读。到2015年我"退休"为止，只有伯林慈善信托基金（the Berlin Charitable Trust）提供了同样规模的资金。

1990年9月27日，感谢伯林，我收到了《扭曲的人性之材》的新书样册，伯林在该书前环衬页上题写了如下文字："致亨利，来自你知道是谁的人，怀着你如今一定知道的感情。以赛亚·伯林。"10月11日，该书正式出版。在10月19日星期五，也就是圣弗莱兹怀德日（St Frideswide's Day）这一天，我从牛津大学出版社离职。在11月21日的一封信中，伯林写道："我开始阅读论述哈曼的文章了，并且开始订正它，然后我就对此完全厌倦了……恐怕在圣诞节之前，我什么也不会做，让我们一起期望明年会有更好的消息吧。"12月18日，我告诉伯林，他关于浪漫主义的梅隆讲座现在已刻录在磁盘上，并提供给他一份打印出的讲稿，说我估计他会就此退缩。12月21日，伯林写道："正如你估计的，我此时退缩了（至于是否还会有退缩的时候，现在还不清楚）。"这些往来信件的大杂烩对于我们当时的关系给人以准确的印象：轻松而幽默，我极不耐烦，而伯林是极尽拖延之能事，让人干着急。

关于哈曼文章的奇迹发生于1991年最初几个月，其过程持续了好几个星期。我保持了与自身性格特征相悖的相当程度的自我克制，一直忍住未向伯林报告此事，直到其尘埃落定，而我对

第7章 《北方的巫师》

于自己的立场也已经有了相当把握。4月23日，我终于致信伯林，解释到底发生了什么。

II

有一天，当我正在伯林的地窖里进行一次更为系统的"搜寻"时，我在一个小小的书柜上面找到了一个落满尘土的信封，里面装着好几条"口授录音带"——那是现在已废弃不用的一种红色塑料录音设备。人们在20世纪60年代使用它，运用一支触针便可以在"口授留声机"（Dictaphone）[①]制造的专用机器上录音，或是播放已录制的内容。连续的带子装在棕色牛皮纸的唱片套里。我注意到，伯林曾在其中的一个纸套上写着"哈曼.2"（原文如此）。我高兴得似乎心脏顿时停跳了一拍。这些被丢弃一边的塑料物件儿里会不会有我正在寻找的东西呢？[4]

要回答这个问题，第一步就是要找到一台能够播放口授录音带的机器。许多年之后，我发现在帕特·乌特钦那凌乱不堪的办公室里就藏着一台，而她早已忘记自己还留着这玩意儿。若是早一点知道她有这玩意儿，将会缩短本书诞生过程所经历的分娩般的剧痛，不过也会使故事失去一个新奇有趣的插曲。我联系了国家声音档案馆（National Sound Archive），该馆当时位于肯辛顿（Kensington）的展览路（Exhibition Road）上。我在那里意外发现，西方艺术音乐分部的负责人蒂莫西·戴（Timothy Day）原来

[①] 此处英文为商标名。——译者注

203

是伯林作品的一位狂热的爱好者，无论在这一次还是之后的许多事件中，他都是一位优秀的"盟友"。国家声音档案馆拥有收集而来的一大批历史上使用过的声音重现设备，只可惜居然没有一台相应类型的"口授留声机"。不过，阿加莎·克里斯蒂曾经使用的一台机器即将拍卖，这燃起了希望——然而希望持续的时间极其短暂，因为国家声音档案馆的出价不及他人而竞拍失败。接下来，我们又发现就在同一条路上的伦敦科学博物馆（London's Science Museum）中，有这样一台机器。机器已经无法正常工作，但国家声音档案馆将其借出，并设法让它运转起来。

存放哈曼文本的口授录音带的信封（正反两面）

下一个问题就是口授录音带，其中有17条是关于哈曼文本的，它们已经随着岁月的流逝而变得又脆又硬，无法被安全无损地装在机器的两个绕轴上。国家声音档案馆的工作人员展现出非凡卓绝的创造力，他们将口授录音带放在低温烤箱中，以极其缓慢的速度使其升温，直到带子变得柔韧可弯，但又保证它们不至于熔化掉。经过如此处理，带子可以被装上机器，但是即便如此，它们的运转也十分不规则。在录音播放过程中，必须手动一辙一辙地将其推送过机器。触针经常跳开，造成重复播放或是跳播，并从相邻辙印上捕获微弱的声音。通过灵巧敏捷的手指操作，录于其上的声音中的大部分都从带子上精心提取出来，并转录到普通盒式磁带上。进度一再拖延，似乎无穷无尽，其间我的焦虑悬心已达到可怕的程度。不过，最终，我收到了盒式磁带，用颤抖的双手将其装入我的录音机里，在一片吱吱啦啦乱响中，开始聆听这录于25年之前的声音。最后，我听到伯林说:"我们为什么在这里？我们的目标是什么？我们如何减轻？……"我屏住了呼吸。这段话其实是这样的:"我们如何减轻这些人的精神痛苦？他们除非获得了关于这些问题的真正答案，否则的话无法安歇。"我本人因焦虑担心而来的痛苦由此得以减轻，我的问题得到了答案，可以安歇一下了。

接下来的，不仅仅是文本中缺失的关于语言这一章（即现存的用打字机打出的主体文本最后一章，也就是正在展开的那一章）的1,900个英文单词，还有下一章的前一部分约600个单词。之前我并不知道佚失的还有这些内容，以及一个长度为1,000个单词的附录，即关于哈曼与维特根斯坦之语言观的比较：[5]多出来的总共有3,500个英文单词。在我听到以及用文字记录这些材料的时候，一直感受着异常强烈的激动兴奋。

聆听伯林口授原始录音所带来的另一项获益也值得一提。伯林的特约打字员奥利芙·谢尔登（Olive Sheldon）偶尔会听不清伯林所说的是什么，有时候则是因为他使用了一个非常用的词。因此，每到这时她便会留下一处空白，好让伯林去填补。当伯林查看文字记录时，他并不去听录音，而是在空白处重新填上一个词。这可能会造成某个有趣的词或短语就此损失掉。有一个例子令我印象深刻。在谢尔登女士的文字记录稿中，伯林说哈曼的宗教护教学代表是"试图驯化上帝，将上帝置入他自己的某种驯服的（ ）"。伯林在空白处写着"无害的配方"，然而"无害的"一词与"驯服的"多少有点语义重复，而且"驯服的、无害的配方"放在"将上帝置入"后面也并不自然。录音中的词是"植物标本集"，是个好得多的用语。

在我简要告诉伯林自己发现佚失材料的故事之后，他（于1991年5月6日）写道："你关于口授录音带的这个故事真的是举世无双。"他已经忘记了奥利芙·谢尔登这个人，也不记得自己是在1965年举办关于哈曼的讲座之前还是之后口授的文本，同样还不记得那些附加的纸页是否是后来口授的，而且确实对整理故纸堆与思想沉积这些问题毫无兴趣，他说："重点是文稿本身。"他希望在自己位于帕拉吉（Paraggi）的意大利城堡中审读和修订文稿。

在此之前，我已经将整理过的打印稿寄了一份给詹姆斯·C.奥弗莱厄蒂（James C. O'Flaherty）。他是美国的一位研究哈曼的专家，曾在过去与伯林有通信来往。我知道，若要说服伯林相信该书稿可以出版，我可能需要来自这种人物的强力支持。幸运的是，书稿令奥弗莱厄蒂印象深刻：

IB 102

that there is an organic connection between all these attributes, and
that history may indeed reveal it, but what is important for him is to
insist that the connection created by God and history itself is only a
kind of enormous living allegory. The facts, of course, occur as they do
and the events that historians uncover did indeed occur, and it is
possible to re-establish them by painstaking scholarship; but ~~the~~ his point
is that we can read in these patterns of events or facts what man is, what his purposes
are, what God has created him for; and we can read this in the Bible also;
we can read this in the economy of nature; and for Hamann that is all that
is of importance.

It may be that others are interested in the facts for their own
sake, to satisfy their curiosity; and invent or study sciences in order
to satisfy this same curiosity; or perhaps they do so the better to
control material forces.252 All this may be so, but to him this seems
trivial beside the need to answer the ultimate questions: Why are we
here? What are we at? What are our goals? How can we allay253 the
spiritual agony of those who will not rest unless they obtain true
answers to these questions? Nature is like the Hebrew alphabet. It
contains only consonants. The vowels we must supply for ourselves,
otherwise we cannot read the words.254 How do we supply them? By that
faith or belief of which Hume had spoken, without which we could not
live for an instant; by the our unbreakable certainty that ~~we have~~ that
there exists an external world, that there exists God, that there exist

— don't know wow!
who is horrified? the "others" above? w? can't understand
the footnote: but
omitted?
Fine — but it's your marginalia

252 [horrified when this provided an answer to real questions]
253 [at this point the original typescript breaks off, in the
middle of a sentence, at the bottom of a page; the material from here as
far as p. 115, note 282, has been recovered from the Dictabelts]
254 B i 450.19. [repeated on p. 120]

never mind!
brevissimo!

书稿第 122 页上的段落，已添加口授录音带上的
文字内容，以及伯林的修改与批注

207

首先，我要说的是，释读这位伟大的观念史学家反思哈曼的文章，真是一如既往地令人愉快。我必须说，我从中获益良多，特别是在关于哈曼与其他人平行的思想观念之比较方面……以赛亚爵士论文的许多许多部分，都是我所见过的对于哈曼思想的最佳论述……当然，他在阐释方面的卓越才华也到处闪现。（写于1991年3月26日）

在写给伯林的那封关于口授录音带的信中，我引用了这份"背书"，并且还附上一份作为这段话出处的原信复印件。奥弗莱厄蒂亦直接致信伯林。他提出了一些问题，如：哈曼是否是启蒙运动的真正敌人？他是否是反犹分子？伯林认为这些问题"值得反思"（1991年5月6日致亨利·哈代的信）。在同一封信中，伯林继续对我解释了他关于这两个问题的观点，说他可能会修改自己已写的东西，但是最后并没有改，至少是没有修改多少。我确实为他查阅了哈曼作品中所有（数量非常庞大）提到犹太人的地方，我们还以脚注的方式巧妙地处理了伯林在文本中宣称哈曼仇恨犹太人的说法（《启蒙运动的三个批评者》第2版，第369页）。然而，与论述迈斯特文章的情况一样，伯林并没有真正地重新考虑自己的立场。

直到1992年夏天，伯林才在意大利开始严肃认真地就我所提供的关于哈曼的打印稿开展工作，在文本上批注订正修改的文字，并且口授了更多指示录在另外两盘磁带上。我已经提供给他许多他引用过的哈曼文章段落的复印件，以及众多哈曼的其他资料来源，如此一来，伯林在回答我的大量问题时，手头就拥有所

第7章 《北方的巫师》

有必要的文本。尽管我已将该目的对他讲得清楚明白，但不知出于什么原因，伯林却将这些文本当成了必读材料，从中提取观点，插入自己的文本中，而这完全不是我的本意。尽管是出于误解，但他去做这项工作令我备感尴尬不安。由我来给他建议进一步的阅读材料是粗鲁无礼的不敬行为，而且即便我想这么做，我也不会选择自己复印给他的那些段落，那些仅仅是为了让他澄清我的问题而准备的。然而，尽管我试着解释了这其中的误解，但他似乎并没有领会我的意思。依照作为其结果的对文本的改动来看，在大多数情况下，这倒也没有什么不对的。

在伯林本人对文本全面订正之前与之后，我都对其施以大量的"修复手术"，经过这番编辑加工，我得到了一个可以出版的文本。1993年春天，伯林终于同意让我继续将这项工作进行下去，这一场景我记忆犹新。那是我们在其位于万灵学院的房间里一次漫长会面即将结束的时候。这间屋子坐落在学院的西南角，在这幢五层楼房的一楼，有一面凸肚窗朝着牛津大学的高街（High Street）。我们已经花了一些时间处理我关于文本要询问的最后一些问题，在其中一个问题上，伯林发了脾气（这极其非同寻常），因为他无法理解为什么他的一个说法站不住脚。

我所坚持的是一个微末的，甚至可以说是过分拘泥于细枝末节的观点，但是，在我看来，那是已成定论的东西。然而，出于某种原因，伯林却不能接受。最后，他认输了，怒气冲冲地厉声说："你想在书里放什么就放吧。"这个时刻很快就过去，和谐气氛重新恢复。气氛是如此之和谐，以至于在我离开屋子询问伯林我现在是否可以出版他关于哈曼的研究时，他爽快地答道：

"是的。"我敢肯定,阿兰·布洛克一定是和他通过气,指出我的赞助人如果要继续资助我的工作的话,他们还是希望见到一些出版的东西。我告诉伯林,别的不论,他真是令人吃惊地难以捉摸,而他仅仅是歪了一下头并眨了眨眼睛。

由于伯林之前已经完全忘记了自己曾经写过这样一部作品,所以对于其重获生命,他备感惊异。当约翰·默里出版社以《北方的巫师:J. G. 哈曼与现代非理性主义的起源》(*The Magus of the North: J. G. Hamann and the Origins of Modern Irrationalism*)为标题于1993年最终出版了该作品时,伯林也非常喜悦满足。对于这样一个明显晦涩深奥的主题而言——尽管伯林对它的处理使其变得一点也不再晦涩深奥——该书所得到的评论之广泛,十分惊人。其中,迈克尔·罗森(Michael Rosen)发表于《泰晤士报文学增刊》上以及马克·利拉(Mark Lilla)发表于《伦敦书评》(LRB)上的评论文章出类拔萃。[6]《纽约书评》上刊载了大量摘录(再一次经过伯林的疯狂修订)。从德国发出了一些不满抱怨的声音,在那里,在一阵看起来是有意反其道而行之的风潮中,哈曼开始被看作是"真正理性与启蒙的捍卫者"(《启蒙运动的三个批评者》第2版,第312—313页),而不是像伯林如此生动鲜活地塑造出的其生命形象那般,是启蒙运动的不可和解的批评者。[7]我并不会装作懂得,这一从黑到白的明显转变是如何达到的,除非"启蒙运动"一词被抽空了历史内涵,并等同于真理的意思。有人告诉我,一位专家甚至将《北方的巫师》形容为一桩学术丑闻。但是,在英语世界中,这种声音几乎闻所未闻,而且,这也未能阻止该书被翻译为德文。[8]

那些口授录音带中的许多盘都从其在"海丁顿屋"中的藏身之处被取出,后来,在准备出版伯林的未发表遗作时,它们也发挥了自己(略小一些)的作用。最值得注意的是,录音带中包括《两种自由概念》早期草稿的录音,这扩充了现存的用打字机打出的文本。现在该版本在网络上可以获得,甚至也可以出版。[9]不过,抢救关于哈曼的文章仍然是这些口授录音带最辉煌的时刻。

第 8 章
《现实感》

I

在毫不间断地叙述完关于哈曼文章的故事之后，现在我要将时间线倒回到1991年年初，因为就在我致力于"巫师"——或称"魔法师"，伯林在1956年是如此称呼他的（《启蒙的时代》，第272页）——工作的同时，与此平行发生的还有我与伯林之间的其他讨论。3月14日，我致信伯林，可惜这封信我现在找不到了，不过伯林的回信显示出，我一定是问他对于自己的声誉有什么感觉，以及他什么时候能够不再将自己仅仅视为"霍利克罗夫特大街（Hollycroft Avenue）49号［这是其父母从1928年开始居住的位于汉普斯特德（Hampstead）的家］的 I. M. 伯林先生"。伯林在回信中写道：

你认为我对于自己的看法是理智的，这令我感到很高兴——我将其看作是完全实事求是的，而且我的的确确认为自己是被过高评价了。我真的当不起诸如此类的荣誉，只不过是我那友好可亲的性格以及要取悦他人的焦虑（这并不是一个非常好的性格特征）使我鲜有敌人；而对于分配奖项、荣誉等的那些人而言，他们需要把这些有价值之物分配出去，而我的上述性格使我成为一个无害的接受者——请相信我，关于所有这一切，我并不是虚伪地故作谦虚、过度自我贬低或者是以反语来讽刺挖苦。

我确实认为自己仅仅就是"霍利克罗夫特大街的I. M. 伯林先生"。对于发生于我身上的事，我并不觉得非常神秘，只是觉得是我不配得到——许许多多的人都曾经错误地被加以赞扬或是遭到责备，我能够想到其中的一些人。我很高兴自己属于前一类，也希望它能长久。

我害怕自己习惯了这样的想法，即我已经受到诸多领域的人们的赞赏和敬重，由于我知道这比我实际应得的要超出许多，因此我并没有，正如你正确而好心的说法，"变得如波普尔（Popper）那般僵化固执，或是如梅达瓦（Medawar）那般傲慢自负，抑或是如……那般浮夸炫耀,[*] 又或是如……那般令人厌恶——不，我绝不会……"——如谁那般？我很想知道呢——（变成"如……那般"将会是最糟糕的命运）。

你还问："这种现象是从什么时候开始的呢？"不知道，我并没有意识到其发展，仅仅在不期而至的恩惠到来时会产生这种感觉。

我于3月25日回复道：

---

[*] 这句以及下句中省略了人物的姓，因为考虑到他们尚在人世。我不记得自己将哪一位形容为"令人厌恶"的了。——原注

要取悦他人的焦虑——这也是我所拥有的程度可与您相匹敌的仅有的几个性格特征之一——源于什么，其本身就是个有意思的话题。在我看来，有些人天生就拥有这个特质，有些人则没有，尽管它当然可以得到强化或减弱，也可以获得或失去。就我本人而言，我并不能确定它作为我基因禀赋的一部分，以及作为一种后天反应，二者的程度孰深孰浅——后天反应指的是我由一位毫无共情能力的继母抚养长大这一事实带来的反应，她是个根本不可能被取悦的人。无论如何，尽管竭尽所能地努力，却一再失败，无法被处于自己生命中心位置的某个人所接受，这毫无疑问能够强化本就与生俱来的顺从和殷勤。您的情况是什么呢？根据叶礼庭的说法，您将这一点至少部分地归因于作为外来者或离乡背井者的身份——移居国外的俄罗斯人／犹太人综合征——不过，在我看来，您似乎就像是在家乡一样格外地安适自在。又或许这只是虚张声势。

对此，伯林又于4月2日回应说：

……关于要取悦他人的焦虑（这是一个相对简单的问题），我仍然认为，我的这一特征源于需要，身为暴露于危险之下的外来者的需要。毫无疑问它是遗传的，而且到了现在，我敢说是来自基因的。犹太人两千多年以来要适应周边敌对环境。要适应这一环境有两种途径，或是咄咄逼人的自我防御（这通常都会带来糟糕的结果），或是试图绥靖安抚，我想这样做可能非常有失尊严、可怜可悲，但能够带来最低限度的自我保存与社会接纳。在古代世界和在中世纪时，情况均是如此。在现代社会中，像这样的东西仍然挥之不去。你很正确，说我在目前的生活环境中感到完全舒适。我并未意识到自己需要对潜在的危险或强有力之人或是机构做出妥协、安抚或逢迎奉承；我承认，没有这样的事，我既没有这样的感觉也不如此行事；不过，我天生倾向于权衡协调、妥协折中、和平解决——无论其客观正当性与合法性如何——这可能确实源于我在1919年（实际上是1921年）要让自己适应一个崭新环境的无意识努力。[1] 由于我获得了成功，我料想这一需要也就随之烟消云散了，然而，其痕迹必然还是会以各种各样无意识的、出乎意料的以及也许是相当中心的方式继续存在。我已经尽力了。不过，我略带喜悦地承认，无论我性格与习惯的根源是什么，我并没有意识到这些根源，或许从来就没有——我的理论纯粹是个假说，尽管我仍然认为它并非不合情理。

我写于1991年3月25日的那封信的余下部分显示我们的讨论开始进入新阶段，因为我开始向伯林询问具体思想内容的问题。处理伯林文本的案头工作，为我重新开启了长期以来占据我头脑的，甚至是折磨着我的关于其思想的那些问题，于是我便开始在信件中提出这些问题。今天，我震惊于伯林回答问题时的极度耐心与细致周全，而且在我看来，把他的那些回答放在一起，似乎就构成了对其已出版著作的一个重要补充，澄清了那些作品中的某些关键点，又避免了人们对其他要点自然会产生的曲解误读。

主导着我们第一次重要讨论的话题是多元主义与宗教信仰的关系。后来，我们又探讨了他对于人性的观念，以及其内容、限度及含义。我们所涉及的极端普遍性产生的问题始终伴随着我在处理伯林文稿过程中与他关于精微细节的讨论。与其按照时间顺序来追述我们关于这两类话题的往来通信，从而使两条线索都变得更难跟踪，我还不如将对这些难度更大问题的处理推迟到稍后的两章（第10章与第11章）中进行，而在此之前的一章（第9章）则试图概括伯林在已出版作品中所表达的对于相关主题的观点，以此作为清楚明白地理解其信件的一个基础。在本章中，我则将讲述一直持续到临近伯林去世前的编辑故事。

II

在1991年4月17日一封来信的结尾，伯林提出了一个请求，该请求对于一个声称不愿意去重新阅读很久以前信件的人来说有点反常。我此前询问他是否想要我定期向他汇报进展情况，以为他会说"不"，伯林却回答道：

> 你询问关于进展简报的事。我不介意这东西；事实上，如果你时不时地给我一份简报，我会非常高兴。不过，我想我尤其想要的是一份按照字母表顺序排列的我的通信人清单：博德莱安图书馆等机构已经对他们所有人进行了分类，清单不会有那么长。我自然渴望知道，其中是否有过于私密或令

人尴尬的信件，比如来自或者是写给某位依然在世的不管名叫什么的女士的信件（她在信上的落款是"Tips"），还有这一类的类似信件。请一定要让我知晓这个。我知道你在收集由我写的信件，不过，我想知道寄信人与收信人的名单。

至此，基于伯林的文章最终会由博德莱安图书馆收藏这一条件，该图书馆的档案管理员们已经对他所保留的（或者，更确切地说，是没有扔掉的）信件开展了一些初步的工作，在这一过程中编纂了伯林的通信人名单。"Tips"是蕾切尔·沃克（Rachel Walker），她是伯林20世纪30年代在牛津大学教书时的学生，曾爱上伯林并向他求婚（在巴黎动物园），后来她精神错乱，被收入病院（《飞扬年华：1928—1946年书信》，第719—720页）。我确实给伯林提供了他要的名单，尽管对于他见到名单的反应，我既没有找到记录，也没有相关记忆。

在7月4日的一封信中，关于《在苏联的四个星期》（Four Weeks in the Soviet Union）这篇文章，我建议，如果他将其中的一些空缺部分补上，一本收入他有关苏联文章的集子就可能成形。伯林对此断然反对：

> 关于苏联主题的文章：用撒切尔夫人的话说，就是不，不，不！[2] 它们达不到足够的数目，而且都是顺手写的东西，其中或许只有《人为的辩证法》（The Artificial Dialectic）这一篇值得留存，而且无论如何也只是在目前值得留存而已——而如你所知，在我身后发生些什么，我并不是很为

此忧心。这些文章并非名声不好，但是把它们全都算在一起，也仅仅涉及了一个相当轻量级的事件，而且还有些过时了……我的好朋友，《外交季刊》(Foreign Affairs)的编辑汉密尔顿·费什·阿姆斯特朗(Hamilton Fish Armstrong)一再逼我就某个政治主题写点什么，于是……我坐下来，写了关于人为的辩证法的文章。我可能还为他写过另一篇文章。[3] 这些文章或许值得继续留存于世，然而并不是收入一本单独的关于苏联主题的集子，请相信我！（写于7月7日）

我进行了反驳，但是无法说服伯林，他写信说自己不希望在苏联的坟墓之上舞蹈。[4] 23年之后，我终于按照自己的想法行事，出版了《苏联的心灵》(The Soviet Mind)。有一些人认为这是部不尽如人意的文集，但我并不这么认为，评论家们也和我意见一致。这部集子展示了伯林对于苏联心理的非凡洞见，而且与在苏联解体之后继任政权的心态也几乎同样相关，而苏联解体的时间就在我们上述通信发生的几周之后。

在承认这一提议失败后，我开始将注意力转移到我所发掘的其他从未出版的材料上来，包括系列讲座和单独的文章或讲演。询问伯林其来源时，他经常声称自己对此一无所知。我对于伯林同意在其有生之年出版讲稿系列这一点不抱期待，但是我确实希望，一卷收入其（相对来说经过加工润色的）单篇文章的文集能够出版。我首先向他报告了发现了三篇重要文章，现在它们分别以《现实感》(The Sense of Reality)（写于1953年）、《哲学与政府压制》(Philosophy and Government Repression)（写

第 8 章 《现实感》

于 1954 年）和《伍德罗·威尔逊论教育》（Woodrow Wilson on Education）（写于 1959 年）为标题得以出版。[5] 我为伯林描述了几篇文章的内容，但他已不记得自己曾写过其中任何一篇。这是我们之间典型的沟通模式。

在第二年（1992 年）3 月 3 日，我在通信中引入新的主题，即后来作为《浪漫主义时代的政治观念》一书出版的文本。不久之前，我从伯林的文章中找出了这篇用打字机打出的文稿，伯林曾在上面进行了大量订正。在该稿的基础上，我整理出一个文本：

> 我半屏住呼吸，将我暂时处理过的这个文稿随信附上，这是迄今为止您篇幅最长的一部尚未出版的作品（约为 110,000 个英文单词，共 275 页八开纸），它是弗莱克斯纳讲座（Flexner Lectures）[讲座时间是 1952 年，地点是布尔茅尔学院（Bryn Mawr College）]的"长版本"。请不要恐慌！我并不是要求您对此做任何工作，甚至不用细细阅读。不过，既然它现在是存在的，将它交给您看就是理所当然的，哪怕仅仅是为了让您赞赏它的体量。或许您不知道自己实际上曾经写过篇幅如此之长的一本书？！
>
> 在目录页之后，我在文稿中（《浪漫主义时代的政治观念》第 2 版，第 349—354 页）夹了一张便笺，您可能会对它有兴趣。我在上面提出了一两个问题，比如说：最后两次讲座是不是也有相应的"长版本"，或者是您从未有时间写？您为什么从没有在牛津大学出版社出版过这些讲座

219

文章，而你们之间签订的合同是如此要求的？安娜·卡琳（Anna Kallin）原先为第三套节目计划的节目版本是不是的确应该是1952年的里思讲座（Reith Lectures），[①]如果事实如此，那么什么时候以及为什么这一想法胎死腹中？您在美国举办这些讲座的时候，有没有现场录音？

伯林于 1992 年 3 月 10 日回应道：

关于弗莱克斯纳讲座：这些讲座实际上与我在英国广播公司节目上发表的讲演别无二致。275 页打印纸！太恐怖了！我不知道关于最后两次讲座草稿的事——英国广播公司的文本本身肯定是完整的？我不记得曾经与牛津大学出版社签订过合同（不要忘了，我今年 6 月就 83 岁了）。安娜·卡琳确实曾经想知道，他们能否做关于里思讲座的节目——我当时已经完全准备好了。但是她将该计划搁置了。我还保存着邀请我做这件事的信件，两天之后我又收到另一封信，撤回了之前的邀请。[6] 这就是全部情况了。七八年之后，又有人请我去讲这个系列，那个时候，我说我无话可说。那是在我想到"浪漫主义"之前。

1992 年 4 月 23 日，我又向伯林报告了另一文稿的准备情况，那

[①] 英国广播公司第三套节目创办于 1946 年，仅仅制作关于最优秀的严肃高雅文化的节目，其宗旨在于，认为精英文化会使整个国家受益。安娜·卡琳当时是第三套节目的制作人。——译者注

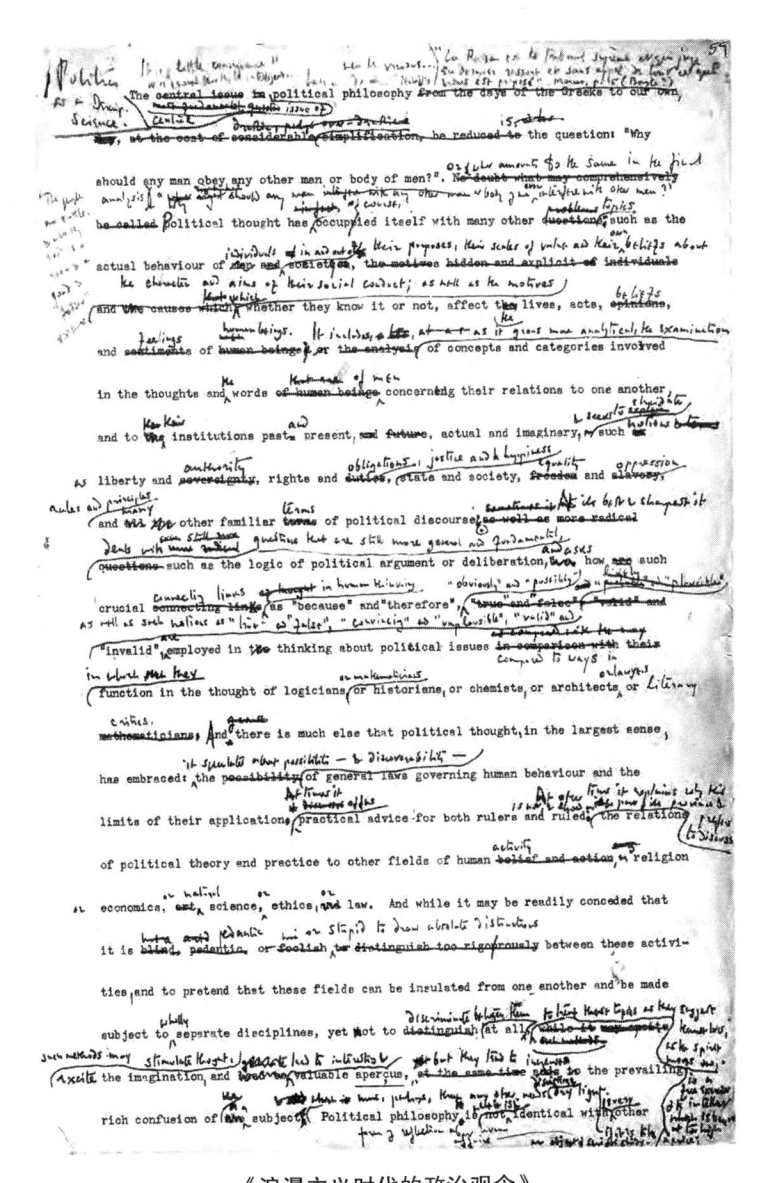

《浪漫主义时代的政治观念》
排印初稿第 1 页，伯林在上面进行了大量订正

是我已经花了相当长时间整理的文稿:

> 我今天写信的主要目的……是随信寄给您一份用打字机打出的文稿,可以说是下一个要堆上文堆的稿子!这是我第一次尝试整理您 1952 年在英国广播公司的讲演《自由及其背叛》讲稿。文稿总计大约 60,000 英文单词(也就是说,每一篇讲演约为 10,000 个单词,尽管关于黑格尔的这篇篇幅较长一些),与之相比较的是,"长版本"则有 110,000 个英文单词——该版本是您在准备弗莱克斯纳讲座时口授的。后者正是我上次给您寄去的用打字机打出的文本……(在您为弗莱克斯纳讲座准备的"长版本"中,每个主题大约用了 25,000 个英文单词,不过这一版里没有关于圣西门和迈斯特的部分。)

1989 年,关于《自由及其背叛》,您在给我的信中曾写下如下话语:

> 这些是在广播上进行的讲演,和我于 1952 年在布尔茅尔学院举办的讲座内容多多少少是一致的。从来就不存在任何文稿,如同往常一样,我也全部是根据笔记来进行这些讲演的。不过我认为,若加以整理,它们可能成为一个小册子。正是这些讲座使我获得了齐契利教授(Chichele Chair)的职位,因此我对它们高看一眼,尽管我认为它们有一点过于简单化,而且在某些地方太过教条和太过极端。关于黑格尔的那一篇确实一点也不

第 8 章 《现实感》

好，需要做实质性修改。如果有朝一日，关于所有这些讲演，你可以给我一份干干净净的文稿——我的意思是用打字机打出的文本，我承诺我至少会去读它，并在上面草草批注些什么。不过还不是现在，哦，上帝，还不是现在！

我希望三年的延迟对您那封信中最后的恳求已表达了足够的尊重！我引用该信，当然并不是为了试图让您履行阅读文稿的承诺，而只不过是要解释我为什么在自己的工作中优先处理了这篇文本。自然，若是您仍然觉得想去读它……（话语中断）

我断不能隐藏的一个事实是您还写道："如你所能想象到的，我自然的倾向是在去世之后再出版。"我料想您现在还是这样觉得。且不妨这么说，我自己的观点是，无论是否出版，确定无疑的事实在于，它们紧密地建立在即席讲演的文字实录基础之上。正是这一点赋予其新鲜活泼的特质以及易于理解的亲切性，试图将其转变成您或许曾以纸笔书写的某种东西将是错误的（即便这是可能的）。整体的风格、节奏、结构、范围都是不一样的。这也就是说，运用这些材料来写一本新书（不管怎样，我知道这件事也并不在考虑范围内）会造成损失。不过，在得到您的反馈之前，我将不再就此赘言了。

在编辑文本过程中，我"勤奋地比较与修订了"[7]现存的不同实录文本。前三次讲演在某个阶段曾经过大量修改，

223

而我通常更倾向于选择较晚的版本。我在国家声音档案馆听了关于罗素那次讲演的录音，这让我能够做一些订正。您曾在"费希特"这篇上进行了注释，其方式说明您计划为其添加一些引文（以字母表中的字母予以标记）。但是，尽管我已经查阅了您所有的笔记，而且找到了关于费希特的不计其数的引文清单，但是其中没有一个看起来是符合需要的。事实上，我认为最好的处理方式可能是就让该文保持原样，不再理会，因为若是添加了这些引文，和其他讲演相比，这一篇会破坏平衡。[8] 我并不认为，"黑格尔"那篇是如您所说的那般薄弱。在某些方面，"圣西门"这篇才是最难加工的，我认为，与其他几篇相比，这篇文章的前期准备工作可能没有那么详细周全。

伯林于 1992 年 4 月 27 日回复道：

我敢肯定，你已经猜到我会说什么了。我保证会在这个夏天去读关于哈曼的那篇文章，并将结果交给你。这是一个庄严的誓言，我想我会履行它。但是，如果我去做这件事，那么在秋天之前就不能再从事任何其他事了——不过即便是到了秋天之后……我仍然存有写点有关浪漫主义的东西的念头，虽然这一念头并不那么当真。我意识到自己年事已高，思维也过于摇曳无定，无法再写一本自己打算写的书了。从梅隆讲座开始我就一直想写这本书，一直在修改、调整，从此后我所阅读的所有东西中为其供给材料，它们都聚集在我们房子顶层堆放的文稿中。我并不认为自己还能活得够长久，或是拥有足够的力量来完成这一工作。尽管我一直对艾琳否认这一点，但她时不时会就这个题目不断催促我。我确信可以做到的事是写一本关于E. T. A. 霍夫曼（E. T. A. Hoffmann）的书，并以这些讲座的大量内容作该书导论的主体。我应该强迫自己去通读这些讲座实录，且不用做太多的笔记，并以阅读所得在一定程度上增强导论的内容。如果我去做这件事，就不可能再去读你好心送来的弗莱克斯纳讲座，无论是哪个版本，尽管你在其中投入了如此令人难以置信的劳动。自然，我的感激之情是无穷无尽的，但是我不想让你抱有太大的希望。

我想你是对的。我认为，这些讲演应当订正，但不用重写。如果这本书最终会面世，无论是在我身后还是生前，它都必须仅仅是作为讲座的实录文本，而且要被称呼为讲座；在导言中，一定要说它们就是讲座，而且如同所有讲座一样，其中含有一定数量宽泛松散的概括，以及可能有一定程度的修辞，而这些是无可避免的。或者是说其他一些话，以减轻那些过分"称职"的批评家们攻击的猛烈程度……

当然，如果我活得足够长久，而且能够找到某种令人重新焕发青春的物质来激发我那间歇性运转的大脑，让我不至于在从事不是非常紧张的工作哪怕半小时之后便昏昏欲睡，那么或许我就能将这两项任务都完成：但是，那也不会是在（比如）94岁之前。兰克（Ranke）大约就是在那个岁数去世的，他也的确在那个年纪写了一本水平相当低劣的世界

225

史[9]——所有内容都是由他口授的。他先是全文读了一遍希罗多德（Herodotus）的书，然后是修昔底德（Thucydides）的，再后来我想可能是色诺芬（Xenophon）的，接下来，他对自己的学生说："动笔写吧！"就这样，一本不太好的书就完成了。肖（Shaw）与罗素在相似年纪写出的东西也并不让人受到鼓舞——年老这一点是无药可救的。

读到这些，我又一次悔恨自己整理伯林文稿的工作没有在其人生早一点的时候进行。但是，那时候他还会允许我做现在正在做的事情吗？我很怀疑。我回复道：

您再一次允诺要处理关于哈曼的文章，这当然令我非常欣喜……我非常非常期待其最终结果。我也很高兴得知您考虑写一本关于霍夫曼的书。这似乎证明了，您关于自己"摇曳无定"的思维的悲观评论站不住脚：如果我相信您就此所说的话，那么我或许就会鼓励您不如将精力投入已经以打字稿存在的那些文本的修改工作中，比如说我给您寄去的那些。不过，我无法否认，自己也并非是完全无动于衷，而我确实明白，以客观的"幸福计算"（felicific calculus）标准来判断，我更希望是一本新书。不过，您感觉通读一遍比如说《自由及其背叛》会涉及大量工作，我想这种感觉并不正确。我并非自夸，但我确实已编辑加工出一个读起来相当通顺的文本，文中几乎不存在什么大的问题；因此，既然您认为大规模的修改或更新并不明智，那么剩下的事情，就仅仅是通读一遍，并改正那些我遗漏的愚蠢错误。毕竟，正如您所指出的，若是有人在前言中说已出版的文本仅仅是对所发表的讲演进行了最小限度改动的版本，则我们就不再需要尝试任何更为认真彻底的修改……

最后，我想要给您一副您自己的药。是谁说过下面这段关于谁的话呢？"在我一生中，对于我与你的交往，比其他任何事情都更令我感到骄傲自豪和道德满足，更不用说它在此前提供的，以及一直提供的个人的快乐，以及认为自己的生存合理正当的感觉。"关于我在沃尔夫森学院的新生活，我一直在考虑对您说一些类似于这样的话，但是我克制了自己的这一想法，因为害怕您会觉得它太过分。然而，既然现在我在您于1948年写给魏茨曼（Weizmann）的一封信中发现了这段话，我就能援引自己最中意的原则之一——"以其人之道，还治其人之身"——来表达我自己的感受。我不知该用什么样的方式告诉您，逃离牛津大学出版社并进入我目前工作的这一阳光普照的领域，对我来说是怎样的解放。我知道，即使是往低了说，现在的工作也具有永恒的价值，而那些任务性质的"政治科学"学术作品是肯定不具备这种价值的。这便是我最后要说的话！

1992年5月21日，我给伯林寄去一份我整理出的文本，它最终以《哲学与政府压制》为题出版，[10] 我写道：

我……将其随信附上，让您看到《哲学家自我表达的权利》（The Right of the Philosopher to Self-Expression）是我最

近发现的文章之一。我之前向您提起它时，您的反应是全然遗忘。看见这个文本是否勾起了任何回忆？我想知道，您是否仍然如此强烈地持有这一观点，即哲学就像艺术一样，完全是非进步性质的：即使是在该文章当中……您也提到"那些伟大而空洞的抽象……以及其他口号，批判哲学最伟大的辉煌时刻之一便是将其暴露出来并予以摧毁"（《现实感》，第74页），这在我看来毫无疑问是一种进步。

即使伯林曾经写过回信，我也无法找到它了。一个月之后，我又寄送给他一份已经编辑过的文本，是他于1965年在华盛顿举办的关于浪漫主义的梅隆讲座的讲稿。这是我整理的最后一部书籍长度的伯林未出版作品：

您告诉我，您在依稀考虑可能写一本关于霍夫曼的书，并将梅隆讲座内容浓缩精炼后作为一篇长篇导论并入书中。当我听到这个的时候，就决定应该优先处理这些讲座，因为一篇编辑过的文本可能会对您有用……我现在已经将它们过了一遍，成果随此信附上。英国广播公司的文字记录在一些地方非常混乱不清，别的且不论，这篇新文本的可读性至少大大地提高了。即使您自己无法亲自去阅读它，或许艾琳愿意浏览一遍？我知道她对于这些讲座特别感兴趣。

去信再次石沉大海。在1993年7月5日的一封信中，伯林对埃德蒙·威尔逊（Edmund Wilson）日记的最后一卷有所评论。这

第8章 《现实感》

卷书是我从其编辑刘易斯·达布尼（Lewis Dabney）那里收到并转给伯林的，因为我注意到书中包含了对伯林略带轻蔑之意的评价：

> 你提到"一只微末的锐器"——这是他对我的评论。我认为这是有意的、出于礼貌的轻描淡写说法。当然，我确实十分介意这些段落。我喜欢他、敬佩他，认为他称得上是一个伟大的人，肯定是我所遇到过的最好的评论家。不过，我当然对一些话也感到气愤，比如，他说有人告诉他，我的举止表现像是皇室成员（我并不认为我最大的敌人此前曾经这样说过我，但是谁知道呢？）；或者是我因马克斯·海沃德（Max Hayward）卑微的社会出身而指责他（不可思议！在我看来，即便是误解，也绝不可能朝着那个方向去误解我——因此，这尤为不合情理和可鄙）；另外还有大量其他段落。我想，这部分是源于恐英症以及反对牛津大学的情绪，并认为我躲在像蚕茧一般极度舒适惬意的小世界里。用他的话来说，这个小世界由莫里斯·博拉、斯图尔特·汉普希尔、戴维·塞西尔等人组成。所有这些人其实大相径庭，而且彼此都并不特别喜欢。他所说的这一切中有些是实情，总起来看却十分荒谬；说我没完没了的冗长谈话令他精疲力竭，这同样不会令我感到高兴。不过，恐怕这一点很可能是事实。我是作为某种生气勃勃、相当令人愉悦的社会杂音出现的，——我怎么可能喜欢这种说法呢？不过，他这个人就是充满了各个方向上的偏见、各种综合征和怪癖，总是非理性

地四处出击。因此，如果他关于我说了这些话，那么就这样好了；我只能希望，那些阅读他日记的人会考虑到他是属于这样一类人的。

伯林试图否定曾经写过我所找到的一些文章。1993年7月26日，我寄送给他一份《威尔逊总统论教育》（President Wilson on Education）的文章，该文是受伍德罗·威尔逊基金会（Woodrow Wilson Foundation）的委托，为《服务于国家的教育：今日美国教育系列文集》（Education in the Nation's Service: A Series of Essays on American Education Today）（纽约，1960年）一书撰写，但并未收入该书中。我猜想，伯林的文章应该是到得过晚而没被收录。7月27日，伯林写道："这篇文章肯定不是我写的，我不记得其中的任何一个字。终我一生，我都未曾对威尔逊总统论教育这个问题产生过哪怕是最微小的兴趣。这真是非常奇妙。"8月24日，我寄给伯林他自己为写作该文所做的笔记，以及他写给威尔逊基金会的一封信，信中谈到了此文。8月30日，伯林屈服了：

> 之前，我能够像在法庭证人席上那般庄严发誓说，自己终其一生从来没有写过任何关于威尔逊总统教育观点的东西，但很明显我是写过的。从你好心为我送来的这些笔记上，我所能推断出的一切便是，我试着在自己的头脑中将他与19世纪德国的，以及在某种程度上还有法国的历史学家的影响加以对比。这些历史学家相当有意地寻求对其自己国

第8章 《现实感》

家的意识形态——政治方面的与社会方面的——施加强有力的影响；而除了麦考利（Macaulay）之外，情况在英格兰则完全不同，影响在这里无疑也是存在的，但是并未成为如此有意识去追求的目标。随后，我开始思考乔伊特（Jowett）与马克·帕蒂森（Mark Pattison）及其教育观点之间的比较——乔伊特为英格兰及大英帝国训练统治者，而帕蒂森则强调纯粹的学问和对真理的追求，并思考乔伊特的胜利；还思考了牛津大学与剑桥大学的比较，前者在世俗方面与政治方面变得影响重大深远，而后者则保持着更加致力于纯粹学术研究的倾向，特别是致力于科学方面的研究。但是，天哪，如果有一份关于威尔逊与教育的手稿被埋没……既然如此，那么就把一条熟睡的狗当成死狗来处理好了，悄悄地把它埋葬掉就行，而不是使其复活，从而用这种方式来令我尴尬。不过毫无疑问，你照旧是对的而我是错的。我将再也不会如此武断教条地固执己见了。

得到这样的回应之后，我便不敢再催促出版这篇文章了，直到11年之后，我才将其收入伯林的出版作品当中。[11]

1993年10月1日，我向伯林报告G. A.（"杰瑞"）·科恩[G. A. ('Jerry') Cohen]对他于1964年发表的讲演《马克思主义和十九世纪的国际工人协会》（Marxism and the International in the Nineteenth Century）所表达的赞赏意见（也有若干批评）。到了11月23日，我已积累并编辑了足够多的文章，可以形成坚实的一卷书，于是我致信伯林，正式就此向他提出建议：

在"哈曼"发布妥当之后，我一直在认真思考下一步要向您提议什么。我的指导标准是：（1）尽可能少地让您工作，以及尽可能少地引起您的焦虑或不快；（2）选择可能会为您带来最大赞誉的作品。幸运的是，这些考虑因素彼此互相强化，现在就让我来解释这一点。

在您从未出版过的文章中，存在大量已润色加工和修改的用打字机打出的稿件，它们并不是即席讲演的文字记录，非常值得出版。在它们付梓之前，几乎不需要或是完全就不需要您的注意，您甚至都不必去阅读它们！再加上一两篇曾经出版过然而到目前为止从未被收入任何集子的文章，就形成了一本令人印象深刻的书，我想以其中的第一篇文章为它命名，称这本书为《现实感》(*The Sense of Reality*)。这篇文章是您从未出版过的文章中最优秀的篇章之一（即使不是最优秀的那一篇），其精神主导着后面跟着的那些文章。以下是我试着列出的第一版目录表：

《现实感：观念及其历史研究》

1.《现实感》

2.《政治判断力》

3.《哲学家自我表达的权利》

4.《社会主义和社会主义理论》

5.《浪漫主义革命：现代思想史的一场危机》

6.《马克思主义和十九世纪的国际工人协会》

7.《艺术的责任：一份俄国遗产》

8.《罗宾德拉纳特·泰戈尔与民族意识》

副标题反映出前三篇文章基本上是直接给出了您的观点这一事实，而其他文章则主要是历史性的。不过，这卷文集确实是连贯一致的，我已经从这份目录中去除了许多同样值得出版的篇目。它们可能要被保留一段时间，等待其他伙伴。

目录中的大部分文章，我已经给您寄了经过编辑的文本，但是我想您可能只重读过第 2 篇（下文中我还会详述该文）。我也一直在与其他人讨论这些单篇文章，以及作为整体的一本书，主要是和我的老战友罗杰·H（豪舍尔）以及帕特里克·G（加迪纳）。他们两人都强烈地支持出一本书这个想法，尽管我仍然想修改目录表，作为对他们最后意见的回应，而他们已保证会在将这些文章作为一个整体重读之后给出意见（我突然想到，在书中对帕特里克致谢将非常合适：我们两人都应该感激他，而我感觉这样做很正确）[12]。

让我来告诉您关于每一篇文章的一些事情：

1.《现实感》

这是一篇关于历史现实主义的长文，我猜想其写作年代是在 20 世纪 50 年代中期（事实上是 1953 年）。[在一定程度上，您于 1954 年发表在《旁观者》(*Spectator*) 上的篇幅短得多的文章《政治中的现实主义》(Realism in Politics) 与此文基于同样的一些思想，因此，我并没有把那篇文章收入本卷，尽管也可以加上它。]帕特里克对该文尤其津津乐道，而且是有理由的。他将其形容为异乎寻常地内蕴丰富、睿智高明；我还认为，从写作角度讲，它也非常出色。您的出发点是，否定在我们的时代重新创造一个早先世纪之可能性，但是从这一点出发，您覆盖了远为更广阔的领域，且比在其他地方的覆盖更为充分，包括历史性不同于科学理解的独特本质。

2.《政治判断力》

这是您1957年在BBC第三套节目上发表的一次谈话。最近，为了亚瑟·施莱辛格的纪念文集，您修改并更新了该文，只是在得知编辑（们）可以接受以前曾出版过的文章后，您将该文撤回（这令我很遗憾），替换为关于埃德蒙·威尔逊的文章。在此文中，您将自己"现实的"洞见运用于政治学领域，取得了非常令人信服的效果。这是一篇真正的杰作。

3.《哲学家自我表达的权利》

这是一篇观点鲜明尖锐、表达生动有力的宣言，宣布哲学避开审查制度的独特主张，理由是，哲学本身具有批判性地检查占据主导形式之思想的前提预设这一任务。文中的一些论点与《政治理论还存在吗？》(Does Political Theory Still Exist?) 这篇文章有所关联，但是它绝非复制后者。我不知道该文的写作日期（您知道吗？），不过我猜想，它也是写于20世纪50年代的（事实上是1954年）。不久之前我曾为您寄去此文，但您对它没有任何反馈意见。

4.《社会主义和社会主义理论》

当然，这篇是您在《钱伯斯百科全书》(Chambers's Encyclopaedia)（1950年，修订于1966年）上的文章，我曾因其在基调上过于近似百科全书风格而将它从《反潮流》中排除出去，现在我怀疑自己是错误的。我又重新阅读了此文一遍，现在我无法说服自己相信，这篇文章比《反启蒙运动》(The Counter-Enlightenment) 一文被收录的理由更不充分，毕竟后者也是一篇百科全书上的文章。除此之外，正如我已告诉您的，我已经发现了您对该文1966年版本的修改稿，这一修改稿从未出版，现在正是一个以修订版重新出版此文的机会。我已经从中去除了所有体现其百科全书来源的表面特征，使其读起来感觉很好。

5.《浪漫主义革命：现代思想史的一场危机》

这是您允许史蒂文·卢克斯（Steven Lukes）以意大利文与德文出版的那篇文章。[13]因此，我自然想以英文来出版它！不过，我无论如何也是应该将其收入书中的，因为对于您关于浪漫主义的观点，它给出了独特的概要式叙述。用打字机打出的文稿上的标题是《罗马讲座》(Lecture for Rome)，但是史蒂文说，您告诉他讲座是在威尼斯举办的。我想知道事实到底是什么。（罗马是正确的。）我在去年曾经给您寄去过一份已对打印文稿进行过编辑的版本。

6.《马克思主义和十九世纪的国际工人协会》

这篇是您在1964年的斯坦福讲座，当时就经过您大量修改，很明显意在出版。如您所知，杰瑞·科恩已经读过这篇文章，并且宣称它非常优秀，值得出版。我看了他不多的几条评论，认为有一些不必理会，另一些可能值得用一两条简短的脚注来加以解释，脚注的内容我可能会斗胆向您建议。

7.《艺术的责任：一份俄国遗产》[14]

在我看来，这是藏于文件夹中、等待得到您注意的关于俄国的未出版文章中最优秀的一篇。我们曾达成共识，认为这些文章彼此有重合之处，所以可能不能放在一起出版；那么现在岂不是一个启动分别出版进程的机会？为什么不从最优秀的一篇开始呢？

8.《罗宾德拉纳特·泰戈尔与民族意识》

您一定记得您曾于1970年在印度进行了这次经过精心准备的讲演。是罗杰建议将本文收入这卷书中的。他感到，您在此文中以一种特别清晰明白和晓畅易懂的方式展现了自己关于民族主义的观点，而且印度这一维度也为其增加了相当大的趣味。对此我并不反对。

正如我此前所说，我还排除了其他也值得收录的候选文章。[15] 在此我列出其中一些，因为您可能会希望我将其中某篇加入目录：

《综合先验命题》（Synthetic A Priori Propositions）[对塞勒斯（Sellars）的答复]

《主观伦理学对客观伦理学》（Subjective versus Objective Ethics）（自成一类的伦理学）

《政治中的现实主义》（见上述第1条下面的说明）

《人为的辩证法：最高统帅斯大林与治国术》（The Artificial Dialectic: Generalissimo Stalin and the Art of Government）（放在另一本书的语境中效果最佳）

《犹太奴隶制与解放》（Jewish Slavery and Emancipation）（您坚决拒绝重新出版该文）

《民族自由观念的一个哲学源头》（A Philosophical Source of the Idea of National Freedom）（可以代替关于泰戈尔的那篇文章？）

如往常一样，我对于这封信过长感到很抱歉，但是您知道它为何如此长。您希望我继续进行下去吗？我是否该换一种方式还是不必换？

伯林于 11 月 29 日回复：

你的态度非常和善与慷慨，除了我无法忍受另一本书很快即出这一想法之外，我还能再说些什么呢？尽管亲爱的"老哈曼"获得了出乎意料的成功。

不过，如果你把这 8 篇文章给我寄来的话——不是现在，而是在 1 月底我们从葡萄牙返回之后。尽管勉为其难，但我还是会腾出两天时间来阅读这整部令人生畏的集子，然后向你报告我的想法。

我无法否认，你对我实在是太好了。

这个通信回合（以及后来的通信）又一次简要地概括了我们之间

的关系模式：我做出提议，他加以反对，后来他屈服，评论家们表示赞赏，他高兴满意，我们再一次重复这一过程。到了这个时候，我自然同意等到他从葡萄牙回来再说。

大约就在这个时候，我寄给伯林一份用打字机打出的《历史的教训》（The Lessons of History）文稿，这篇文章明显可能就是他写的。原标题是《以赛亚·伯林爵士评论摘要》（Summary of Remarks of Sir Isaiah Berlin），这说明，它是基于笔记或录音而作的，尽管该文一路飞驰的速度节奏要快于伯林的许多讲演，但是读起来像是由他写的。或许有人问他要一份摘要，于是他便自己提供了一个。不仅如此，伯林还亲自对该文进行了认真仔细的手写修订。伯林一直拖延着未读这篇文章，声称对其毫无印象，并且再一次怀疑它是否真的出于己手。我再也没有听到关于此文的消息，似乎是失去了它的踪迹。总体来说，这篇文章涵盖了熟悉的领域，但它同时也是生动鲜明而尖锐犀利的，我将其发布于"以赛亚·伯林虚拟图书馆"，并在《以赛亚·伯林剑桥指南》（The Cambridge Companion to Isaiah Berlin）中加以出版。

细心的读者一定已经注意到，我们关于一卷收入伯林未出版文章之文集的最初通信发生于该文集于 1996 年问世的三年之前。对于伯林来说，这段耽搁并不是漫长到非同寻常，不过，它的确比预期的时间有所延迟，而这耽搁是由伯林的一个决定造成的。他在写于 1993 年 12 月 28 日的一封信中向我报告了这一决定：

第 8 章 《现实感》

　　我已经做了一个关乎命运的决定：我计划在 1 月份，或许再加上 2 月份，将自己锁在楼上的房间里，尽我所能地口授我在阅读自己收集来的那一大堆关于浪漫主义的所有笔记之后所产生的无论什么想法，以使其能够被整合进英国广播公司的基础文本之中。至于是不是由我自己来做这件事尚不可知（你知道我是什么意思）。因此，在这项工作完成之前，我将不会去处理你好心提供的其他文本中的任何一篇。我想你不会过于强烈地不赞成我这么做。

在"海丁顿屋"背面的一层，有一间小卧室，里面放着一张写字台，伯林让帕特·乌特钦在此处存放了许多文件夹，里面保存着他关于浪漫主义的笔记。自从伯林于 1965 年在华盛顿举办关于浪漫主义的系列讲座以来，人们一直在逼他把讲稿写出来，形成一本书，而他头脑中构思着这本书，自此之后一直在持续广泛阅读，并做了大量笔记。然而，伯林与这些笔记的关系，就如同乔治·艾略特（George Eliot）《米德尔马契》（*Middlemarch*）一书中的人物爱德华·卡索邦（Edward Casaubon）与其计划中的作品《解开一切神话之钥》（*The Key to All Mythologies*）的关系，他从来就未曾写下过关于浪漫主义研究的一个句子。伯林所做的一切，就是根据自己的笔记进行口授，将口授内容录在了三盒磁带上，并将他匆匆记下的引文与评论分别编入一系列标题之下，为日后可能用到提供方便。听这些磁带是一段令人遗憾的经历，因为尽管伯林希望自己能够亲自写这本书，但是听者知道，从他以这种方式花费的时间中没能产出任何成果。实际上，在我看来，这不可能产出什么东西，因为他把这件事留到太晚的时候才去做。下面是他录下的开场白：

开始。浪漫主义。有许多文件夹，或是文件合集。我将其分为8个主题，分别以字母来表示——

A. 浪漫主义的定义
B. 早期德国浪漫主义，卷1
C. 德国浪漫主义，卷2
D. 赫尔德及其他
E. 法国浪漫主义
F. 英国浪漫主义
G. 普遍浪漫主义
H. 杂项

我要做的是口授零碎的片段，也就是我从自己的笔记中费力搜集到的各种各样奇奇怪怪的评论，并且试着将它们归入以上主题中的某一个。

伯林开始着手进行关于浪漫主义的工作，这一决定对我来说是个打击，因为对于他在84岁高龄还能够取得任何可以出版的成果，我并没有什么信心。因此，他的决定只会耽搁我建议他进行的那些更具操作性的项目之进程。然而，我别无选择，只能表示支持，因为我知道这是伯林在自己离世之前真正想要写的一本书。

第 8 章 《现实感》

所以，我一咬牙，在 1994 年新年那一天给他回信，写道：

> 感谢您……的来信……信中包含着激动人心的消息，说您计划努力向浪漫主义这一主题发起冲击。我想知道，是什么在这个特定的时间节点上加速了这一明显突然出现的情况？当然，用您的话来说，我不会"不赞成"。我怎么可能不赞成呢？如果您那部备受期待的关于浪漫主义的作品终于能够面世，我将会是第一个鼓掌叫好的人，自然地，我也准备好提供您可能要求的任何帮助。我不否认，由此造成您推迟考虑我所提议的下一卷文集确实是一件令人遗憾的事，但是，在任何一种衡量优先级的合理系统中，浪漫主义这本书都必须居于首位。我会将自己编好的新文集暂时保存起来，这样一来，无论何时您感觉可以腾出手处理它，它都已预备停当，可供您阅览。

在写于 1 月 18 日的回信中，伯林似乎对自己的意图表示否认：

> 你提到我"努力向浪漫主义这一主题发起冲击"，这（仅仅）部分属实。我从来也没有为自己设定写作这本书的任务，只是要口授笔记，并尽我所能使其连贯一致，其基础是我从各处收集起来的堆积如山的笔记，不过主要是在国会图书馆（Library of Congress）中做的笔记。

这令我感到迷惑不解，因为如果笔记不用来写书的话，那口授笔记的目的还能是什么呢？在1月20日的一封信中，我写道：

> 如果您心中现在所想的仅仅是"口授笔记"，那么您是否设想以后将这些笔记转化成具有连续性的文章？或许我在理解您所说的"口授笔记"时，过于拘泥于字面而缺乏想象力了？

我没有找到这封信的回信，不过伯林于1994年2月8日致罗杰·豪舍尔的一封信表明，他想到了让人将其笔记整合进英国广播公司文稿的可能性，正如他在1993年12月28日写给我的那封信中所暗示的。伯林在给豪舍尔的信中写道：

> 现在，我正在试着通读为关于浪漫主义的那本书而做的笔记，其数量巨大，堆积如山；我并不期待自己再去写这本书了，但是我想，如果我仅仅口授这些笔记中呈现出的一些较为出众的引文与想法的话，至少可能形成材料，供我自己或是其他什么人将其整合进我在英国广播公司的讲演中。我关于浪漫主义的论著最终将建基于其上。

我当时认为，现在依然认为，这个计划完全不现实；事实上，这几乎就是张冠李戴。不过，看起来它解释了伯林之前给我的妙答。

就在这个时候，我又一次偶然间冒犯了伯林。我向牛津大学出版社提供了一幅在我看来非常可爱的伯林漫画，将以其作为

第 8 章 《现实感》

克劳德·加利波（Claude Galipeau）撰写的《以赛亚·伯林的自由主义》(*Isaiah Berlin's Liberalism*) 一书护封上的图案。这幅画是理查德·威尔森（Richard Willson）在 1989 年 7 月为我绘制的，以取代他在那一年早些时候所画的另一幅类似的画像，即为《泰晤士报》上祝贺伯林八十大寿那篇文章而绘制的伯林像（TK）。我搜集伯林的画像，当我问起那幅画时，威尔森告诉我，当时《泰晤士报》的编辑查尔斯·威尔逊（Charles Wilson）已经获得了它。[16] 不过，威尔森极其慷慨地为了我又重新绘制了一幅伯林画像，而加利波的书看起来是对这幅新画进行公开展示的一个好机会。大错特错。1994 年 2 月 1 日，伯林口授给帕特·乌特钦一条信息：

关于加利波书上的漫画，我不会为此感谢亨利。我知道他和你都喜欢这幅画，但是我极其讨厌它。一本严肃的著作上面出现这么个糟糕透顶的玩意儿，这个主意在我看来极度唐突无礼。因此，尽管迄今为止我对亨利的评分一直是 "A+"，恐怕现在我得把分数降到 "A" 了。这些话你想什么时候告诉他，就什么时候告诉他吧。

我想，他的这一反应对我所造成的痛苦，比我的判断/品位失误对他所造成的痛苦更为巨大。不过，尽管威尔森绘制的伯林并非我最喜欢的画像，在我看来，它仍然是毫无冒犯之意的。于是在伯林写于 1994 年 3 月 29 日的一封信中重提此事的时候，我可能是很不明智地试图为自己的行为辩护，但是伯林不为所动，他在

4月11日写道：

> 让我来告诉你，我在高街遇到了帕特里克·加迪纳。他对我说，自己原本正要买加利波的书，结果被该书封面惊退（你一定知道，他是个拥有非常出色的视觉感受力的人，关注图画甚于关注世界上任何其他事物），以至于他都无法去碰那本书。我还收到了来自斯图尔特·汉普希尔与戴维·皮尔斯的主动自发的安慰。不，这位漫画家可能确实是个值得尊敬的家伙，是你的一位好朋友，是我深邃智慧的仰慕者，但是，这些事实并不意味着，他的漫画就不是令人厌恶的拙劣歪曲。至少，我不需要责怪加利波。我确实认为，尽管这本书并不是我写的，在出版之前可能也应该先让我过目一下吧。

很明显，我允许牛津大学出版社做的事令伯林大为光火。我此前应该想到，这幅画可能会伤害他，而且应该在许可使用前先向他确认。我的猜测是，自己当时没有这样做，是因为我知道他很有可能不批准，于是希望在将一个既成事实呈现给他时，他可能会有所转圜。结果证明我错得太厉害了！

在我的建议下，这幅画，以及其他可亲可爱的漫画在2013年和2014年被用在由普林斯顿大学出版社（Princeton University Press）出版的伯林作品修订版的封面上，因为该出版社要求有所创新，所以用这些漫画取代之前经常使用的照片。或许这样做又加重了我的错误，但是我相信，这些图画会使书籍变得独一无二，令人印象深刻，而且也有助于提高销量。我也非常喜欢其中的许多画。出于某种原因，普林斯顿并未使用威尔森较早时候绘制的一幅伯林像（那幅画也不在他手里）。当菲利普·汤因比（Philip Toynbee）于1969年在《观察家报》上发表关于《自由四论》的评论时，那幅画被用作插图。[17]在我看来，此画像似乎是根据伯林摄于1964年的一张照片所作。

理查德·威尔森绘制的伯林像，请将其与前插第8图加以比较

1994年3月27日，我致信伯林。这封信现在找不到了，但是从他写于4月11日的有趣回复（关于威尔森漫画的那一段话也是出自同一封信）中，可以在某种程度上推断出信的内容。我的评论的主旨，一定是对他经常重复的、前文中也已提到过的一个说法表示怀疑，即在18世纪之前，诚挚与真实并不是受到普遍认可的美德。当然，关于这个问题，他所知道的远比我多，他的回复也既有趣又有力，然而在我看来，该回复并非完全令人信服。正如我在5月10日的回信中写道："我仍然无法说服自己完全相信，在1750年之前，人们无法在不考虑其目的的情况下去

欣赏一个人的坚韧或忠诚。"以下是伯林所写的话:

> 我不否认自己喜欢夸张,但是这次绝没有夸张。恐怕你针对我的论题所举的反例都并不是十分相关。当然,高贵的敌人这一思想相当古老——撰写十字军东征事迹的人也非常欣赏撒拉丁(Saladin)的勇气、高贵、大度、慷慨,等等。但是,这些都与真挚诚实无关。将会见到上帝的"心灵纯洁"的人是具有良知的人,即他们的天性中就具有某种东西,使其能够或多或少地凭本能知晓善与恶、是与非之间的差别,并且遵从这种良知的指引。"一生无可非议的正直之人"(Integer vitae)的意思仅仅是,这样的人不会屈从于不值当的诱惑或动机,而是依照正确的原则生活,此处并不仅仅指任何古老的原则——这当然就是这个词如何在古代世界中使用的。你还提到蒙田(Montaigne)与(纪尧姆·)波斯特尔([Guillaume]Postel),他们的情况也是如此。我和(迈克尔·)斯克里奇([Michael]Screech)[①]一起查了这个,恐怕他的意见与我一致。不信仰上帝的人固然也具有许多美德,而基督徒也应效仿他们——公正、仁爱、善良(蒙田);穆斯林的谦逊、沉默、敬畏,不同于"强盗洞穴"中的一些基督徒那些令人厌恶的行为。当然,伊拉斯谟(Erasmus)曾说过,他想称呼苏格拉底为圣人,而我敢说,这使他在罗马

---

① 迈克尔·斯克里奇是《蒙田随笔全集》的英译者,研究文艺复兴及拉伯雷、伊拉斯谟和蒙田等课题的著名学者。——译者注

教廷那里给自己惹了麻烦（在他去世之后），不过，这句话所有的意思不过是，在伊拉斯谟看来，苏格拉底所说的话看起来是真实的、重要的、新颖的和有价值的，而并不是说苏格拉底真挚诚实，话语出自心底所想，也不是因为他遵从理性的支配。因此，"高贵的野蛮人"也是如此，我想他出现于16世纪末的某个时候，在17世纪十分频繁地冒出，特别是由于来自充满异国情调国家的旅行者故事数量大增，并不仅仅是来自美洲这个高贵的野蛮人的主要家园。人们赞赏高贵的野蛮人，尽管他并不享有被示以基督教真理的特权，然而他的生命及其习惯都是德行高尚的，未经过观察者、旅行者所来自的那个邪恶世界的污染腐蚀。他距离（比如）利奥十世（Leo X）那腐朽的教廷十分遥远。上帝将这些印第安人创造为勇敢、正直、单纯、善良的人类，总体来说几近完美，基督徒理所应当去模仿他们（如你所知，德·迈斯特十分激烈地否定这一观点）。但是，这些都不关乎他们信仰的品质，不关乎动机的纯洁性；心地纯良根本就不是那个。如果你在《牛津词典》中查"真诚的"（sincere）这个词，就会发现，词典几乎就没有给出该词的现代意义。斯克里奇与我午饭后在万灵学院严肃地查了词典，他说他认为这是一个19世纪的概念。我则更为"大度"地将时间上溯至18世纪。

我不知道你提及的阿奎那（Aquinas）的那段话，不过我猜想他的意思是，会犯错的良知约束人，因为那是良知，但是如果它将你约束于离经叛道之说或是异教信仰之中的话，其结果却更为极其不幸。

在我看来仍然是，真诚的价值依赖于这一信念：存在可以选择的不同信仰、行为、存在方式，它们可能互不兼容，但是，即便一个人不赞成这些，还是有各种各样的生活方式，就算他反对，却是他可以理解且甚至在某种程度上同情的，因为，鉴于存在不同的文化境况、各异的信仰系统或是无论什么，一个人可以理解，在被赋予错误的信仰之类的情况下，或是处于某种特定历史语境的压力之下，人们——或许是在本质上并不比他自己更差的人——可能会如何开始相信、践行上述信仰、行为，等等。据我所知，直到这种信念产生之前，真诚并不是常常为人所提及。同样的情形确实也适用于赞同——我们对社会多元化的赞同（我的意思是自由主义者的赞同），即允许社会中的人们持有众多互不相容的观点。

宽容是这个新体制当中必不可少的重要组成部分。如果我是正确的话，它始于18世纪，在此之前，这并不是一个表示赞赏的术语：它的意思曾经是避免打击邪恶，容忍错误、虚假等——真正的基督徒不会允许自己如此行事。当然，基督教传播之前的民族，如美洲印第安人（Red Indians）等被允许拥有美德、勇气、智慧，但基督教流传之后的犹太人就不被允许拥有这些了，因为他们是邪恶的教师，对于新教教徒来说，天主教教徒也不许他们有美德、勇气、智慧，等等。这也就是为什么莱辛（Lessing）的戏剧《智者纳坦》（*Nathan the Wise*）曾经引发如此之大的震惊，因为在剧中，相较于撒拉丁统治范围内的基督教牧首，犹太人不仅仅被表现为更加睿智，而且还在道德上更胜一筹。

第 8 章 《现实感》

因此，我对于该问题不会踌躇，而且博学多闻的斯克里奇也站在我这一边。这就是我最后的结论。我几乎都不需要再赘言，说阿奎那就像迈蒙尼提斯（Maimonides）一样，认为亚里士多德绝无错误，基督教的柏拉图主义者（Christian Platonists）也认为柏拉图全然无错——但是这与亚里士多德的真诚毫无关涉！

……假如（尽管这在你看来可能会很荒谬）我没能将自己的观点阐释得绝对清楚，让我继续解释。在我看来，即便是那些怀有错误或危险观点的人，特别是宗教上的错误或危险观点，也可以拥有每一种美德，并在几乎每一方面令人钦佩，然而，在那些可归于他们的美德中，并不包括真诚，因为使他们罪孽深重或是充满危险的原因，当然是其错误且会将人引入歧途的信仰，——而真诚正是附属于这些信仰及其表达方式的某种东西。这就是为什么在19世纪之前（如果你查一下《牛津词典》，就会明白我的意思是什么，——没有一个词语来概括它，而且早期的作者们也从不讨论它），没有一个词语来表示这一品质，至少在我们今天使用它的这个意义上没有。应该承认，在诸如波斯特尔这等研究东方习俗的专家的思想中，或者是像蒙田等持普遍怀疑论且宽容的思想家那里，异端与无信仰者的邪恶与危险不太可能被置于突出位置；但是，这些作家也从未对新教教徒的任何可能的美德说过一个字，你也找不到他们对于如16世纪晚期或17世纪新教教徒中的耶稣会（Jesuit Order）创始人的热情、冷静、禁欲表达过任何的赞赏之词，

249

或甚至是欣赏之意，对于腓利二世（Philip II）的狂热同样不予认可。没有一位新教教徒会说："他要烧死我们就让他烧，因为他是全然真诚的。"毫无疑问，他的确是。直到相当晚近的时候，不会有人为自己所反对的人寻找这样的借口。这就是我的全部观点。

我无法评价伯林这种强烈的主张到底如何，尽管他没有提到洛克（Locke）出版于17世纪的《论宗教宽容》(*A Letter concerning Toleratio*n)；与伯林所说的不同，《牛津英语词典》中确实存在可以追溯到16世纪中期的例子，用以解释"真诚"一词的必备含义；而在16世纪与17世纪之交，莎士比亚笔下的人物波洛尼厄斯（Polonius）说："这一点最重要：做真实的自己。"[18] 不过，在我看来，伯林确实在此信中比在其已出版的作品中更好也更充分地解释了自己的观点。

1994年5月24日，我又回到关于以伯林的未出版材料编一卷书的主意上：

请允许我重提在我看来是您下一本书这一话题。我的意思是，那8篇未出版的文章，去年年底时我曾建议您以（对我来说）极具吸引力的书名《现实感》为题结集出版。您可能记得，我选择了这些文章，是因为它们是我所找到的业已经过最大程度修改润色的文章，完全达到了您的最高标准，同时也由于您这方面只需要做一点点工作，或是什么也不用做，便可以将这些备好的文章拿去出版了。

第 8 章 《现实感》

关于这些文章，罗杰已经给您写过一封篇幅非常长的信（11页纸，单倍行距打印），既从总体上加以肯定和支持，又列出许许多多有待商榷的小点，现在我正在处理它们。这一项目也得到了帕特里克·加迪纳的热情支持，他已经阅读过用打字机打出的文稿。除此之外，在我最后一次向您提起这本书之后，布里斯托大学（Bristol University）的德里克·奥福德博士（Dr Derek Offord）进行了真正艰苦卓绝的工作，处理了《论艺术的责任》那篇文章中别林斯基以及其他人的相关引文，特雷尔·卡弗（Terrell Carver）就斯坦福讲座中关于马克思的引文，也做了同样辛苦而伟大的工作。因此，现在一切已经处于相当好的状态。

您最初很好心地说，当您从葡萄牙回来之后，便会浏览一遍打印文稿，但是之后，您又决定要先做有关浪漫主义的工作。不过，随后您又告诉我，浪漫主义可能会占用您一两年的时间，而不是您在开始时所说的几个月，因此，我想问问您是否愿意在某个阶段拿出一两个星期出来看一眼我已经准备好的文稿。我希望自己提出这样的要求并不是过于缺乏耐心。我祈祷您能够同意。

结果并不好。伯林于 1994 年 5 月 31 日回信，以典型的伯林风格争辩，说在《北方的巫师》与下一卷书问世之间，应当有一段较长的间隔期：

> 过于频繁地出版过多的书籍，会令书籍对潜在读者的

吸引力消失，对于这一点我敢肯定。请勒住你的（以及我的）马缰。尽管罗杰与帕特里克表示支持，但我想我们应当等待。对于奥福德博士和卡弗所进行的"真正艰苦卓绝的工作"，我万分感激，然而真的必须等待。我现在肯定不会去看文稿的；如果你必须要这么做，那么请把这些东西装到一个篮子里，明年再寄给我。如果要那些潜在读者的胃口不被败坏或彻底毁掉，那么今年的确是太早了。请原谅我！

我于1994年6月3日回信：

感谢您对我有关您"下一本书"去信的回复。您让我原谅您，也许我也应该请求原谅。请相信我，我一点也不喜欢请求您去做我知道您十分希望避免做的事。事实上，如果我知道在任何阶段可能令您产生任何形式的不快，我都会停下来的，尽管我所有努力的存在理由，当然就是让您的更多作品最终得以出版。不过我希望，自己的如下想法是正确的，即，一旦您的书面世，并一如既往地得到批评界的赞誉，出书的过程就不会是全然痛苦的经历，而且可以至少在某种程度上补偿您此前必须为其花费的时间。

我并不是特别尽己所能地去劝说您改变主意，尽管在需要一个更长的间隔期这一点上，我无法苟同。我意识到劝说很可能是徒劳无果的。相反，我会听从您的建议，明年再回来办这件事。如果我建议，每次只给您寄去一篇，我想您并不会感到有什么不同？比如，鲍勃·西尔弗斯可能会在《纽

第8章 《现实感》

约书评》上发表《现实感》一文（或许是其中最杰出精彩的一篇文章），或者我们可以将《艺术的责任》提供给《斯拉夫评论》(Slavonic Review)或是诸如此类的刊物？即使是在写这封信的时候，我已经听见您在说"不行"了。

伯林的回信已经佚失，但是他坚持己见，这在我写于1994年6月14日的信中表现得很明显："我绝对接受您对于过早出版另一本书的保留意见。我也知道，从阅读自己过去的作品这件事中，您是多么难以获得乐趣。"随后，我又一次提出在上文所引片段最后一段中的意见，并且还加上了另一篇可能在《纽约书评》上单独发表的文章——《政治判断力》，[19]"它确实不需要您做任何工作，因为您已经修改过该文了"。我得出结论："您怎么说？请不要生气：如果必须说'不'的话就请直说吧。但是在最终将自己的计划搁置起来之前，我需要明确知道是否每一条道路都确实是封死了。"再一次，我没有找到回信。

在下一个月里，我改变了通信的主题，并寄给伯林一份作品目录单，包括一些篇幅较短且更受大众欢迎的文章，长久以来我就认为它们值得被收入同一本文集中，而我最终在伯林去世之后于2000年将其结集出版，书名是《观念的力量》(The Power of Ideas)。我的这个建议引出了伯林如下这段话，是录在一盘交给帕特的录音带上的：

关于亨利：不用回答他——我怀着沮丧无望的心情说，我想我必须去读这些文章。你可以告诉他，他弄出的这个小

253

品的单子令我深感尴尬，不过在将来的某个时候，我会亲自标记出我认为还有些价值的文章，它们将与那些在我看来一文不名的文章形成对比。

帕特于1994年7月11日将这盘带子交给我，并附了一张便笺，上面写着："毫无疑问，这将令你感到深深的沮丧——不过我已经开始着手布置（你的）性格锤炼课程了，所以，请拒绝接受这样的事！"尽管我同意，到1995年之前不会再询问伯林未出版文章的相关事宜，但情况似乎是，帕特·乌特钦向我告密，说伯林有可能会动恻隐之心，于1994年夏天在意大利度假期间无论如何至少会读其中的一些文章。我于当年8月19日致信伯林：

在今夏的早些时候，我曾从帕特那里得到消息，说您非常善意地同意在意大利期间会鼓起气力，至少去阅读我建议构成您新书的那些文章中的几篇。这本书是我所搜集到的您未出版文章中最优秀以及最大程度成形的篇目，以其中的第一篇同时也是最引人注目的一篇来为全书命名，即《现实感》。如果您读过那几篇之后感觉喜欢，我们就可以分别出版这些文章，或者是继续推进，考虑接下来读剩下的文章。

我寄给您的就是打印文稿。我已标示出我建议您首先阅读的两篇文章——《现实感》及《艺术的责任》，不过我还是把所有文章都寄给您，以备您更愿意先看其他的文章，或者是（尽管这实际上并不可能）想要奋力往前赶完全部工作！

第 8 章 《现实感》

我想要强调的一点是：请不要将这看作是哈曼一事的重现，我知道那对您来说太过艰难。不同于关于哈曼的书，这些文章真的已经编辑加工妥当，只待付梓了：只要您能够克制住大修大改的欲望，则只用做一些文字上的小小勘正。不需要您去做什么准备工作，也没有新的文字要写。因此，这并不是一场太可怕的煎熬。

在文件夹的最前面，我附上了罗杰关于这些文章的长信（他提出的所有问题点，都已经得到处理，或是已纳入脚注中），还有我去年写的关于这本书最开始的那封信。我还放入了您在《艺术的责任》一文中征引的所有俄文段落的原文复印件，以备您查对翻译（其中有一些可能确实需要修订）。

我把这件事留给您去做，同时也一如既往地由于两种互不相容的情感的撕扯而备受折磨：因侵扰了您的其他活动而产生的负罪感，以及希望见到您的作品出版并受到应得之赞誉的强烈欲望，而后者是建立在确信作品是杰出卓越这一基础之上的。

伯林于 1994 年 8 月 26 日回信：

如果明年有任何我写的东西出现在面前，我会极度心烦意乱，如果非要让我看，那么最早是 1996 年。结果就是，我要允许自己违背承诺，直到明年年初之前，不会去看任何东西，无论它们已准备得多么完善。

我仍旧感到很羞愧，但是态度坚决。正如莱昂·布鲁姆

（Léon Blum）关于慕尼黑（Munich）①所说的话，这句话也得到了我父亲的赞同："我感到羞耻，但同时也感到宽慰。"[20]

大约就是在这个时候，我受邀参加了某自由基金会在牛津大学举办的会议，讨论主题是詹姆斯·菲兹詹姆斯·史蒂芬（James Fitzjames Stephen）的《自由，平等，博爱》（Liberty, Equality, Fraternity）一书，那是他于1873年针对穆勒（Mill）的《论自由》（On Liberty）所做的回应。我是第一次阅读这本书，十分震惊地发现其中的许多段落都提出某种多元主义的理论，不由得令人联想到伯林的相关理论。[21]那些参加会议的人对于我的发现并不是太感兴趣，但是我致信伯林，问他是否意识到自己观点的这一先声。我或许还（这封信已经佚失）利用这次机会询问过伯林关于韦伯（Weber）曾写过的某些同样引人注目的段落之事，而这些段落我早已知晓。[22]伯林的回信写于1994年10月5日：

> 我万分感激你挖掘出J. F.史蒂芬的书，赫伯特·哈特（Herbert Hart）在写到它时，曾称其为"那本阴郁的书"。我知道他与穆勒的观点针锋相对，事实上也与其兄莱斯利（Leslie）的看法完全相左，但事实上我从未读过他的书，尽管我应该读。我觉得你所说的一切肯定都非常真实，但是请相信我，我完全不知道他的书中写了些什么；韦伯的情况也

---

① 此处指法国政治家莱昂·布鲁姆就绥靖法西斯德国的《慕尼黑协定》发表的评论。——译者注

第 8 章 《现实感》

是如此,我虽然读过韦伯的书,但并未正式认真地阅读——他的先声对于我是全新的,尽管我在这里或那里会零星提及他的先见。这大概就是"伟大的头脑所见略同",然而,我甚至都无法自称达到了 J. F. 史蒂芬的伟大程度,更不要说韦伯了。

一到 1995 年的第一天,我便毫不留情地回到了未出版文章这一主题,因为伯林自己曾说过我可以在这一年这么做。在祝贺他新年快乐之后,我继续写道:

> 然而接下来,我马上就要开始令"新年快乐"的愿望不那么可能实现了,因为我要以自己不屈不挠的方式提醒您,关于我所提供的作为您新书的文稿,根据您最近的"判决",您会在 1995 年年初阅读它们。文稿在帕特办公室中一个棕色的文件夹里……
>
> 让我再说一遍,不需要做任何修订——这正是我选择这些相关文章的原因之一。脚注中仍存在几个具体的疑问,但是除此之外,您仅仅需要浏览一遍并给予(或是不给)许可就可以了。您已经知道,这本书得到了罗杰与帕特里克热情洋溢的支持;现在,叶礼庭也已阅读了其中的许多内容,并且也表示强烈支持。这一点他可能已经告诉您了。关于修订的问题,迈克尔的看法更为极端。事实上他说,试图修改这些文章确定无疑将是个错误,它们绝对已经很好了。我赞同他的意见。

257

即使伯林曾对这封纠缠不休的信写过回信，我也无法找到它了。

到1995年6月之前，我都与罗杰·豪舍尔共同编辑伯林的一卷本文选，其中囊括了他最为优秀的文章。文集出版于1997年2月，书名为《对人类的恰当研究：论文集》(*The Proper Study of Mankind: An Anthology of Essays*)。据我回忆，这卷文集的想法来自出版商，肯定不是出于我，事实上，编辑该文集的工作令我几近崩溃，因为它突然"加塞儿"到我正在进行的所有其他工作之上，而且要迅速完成它的压力巨大。我向豪舍尔寻求帮助，如果没有他，我根本无法完成。豪舍尔在选择文章方面起主导作用，并起草了一篇篇幅过长的导读。我对导读进行了编辑，将其缩减至合适的长度；他还帮助我查找《赫尔德与启蒙运动》(Herder and the Enlightenment) 中许多引文的来源。这篇文章是收录于该书中的我之前从未编辑过的三篇文章之一。《维柯与赫尔德》一书中文章的脚注较之通常的脚注更为不精确，我记得自己与豪舍尔一起在牛津大学的泰勒学院图书馆 (Taylorian Library) 中花费数小时查阅了伯恩哈德·苏邦 (Bernhard Suphan) 的不朽编著《赫尔德全集》(*Herders sämmtliche Werke*)。我们找到了大部分引文，但绝不是全部，而且许多参考文献（以及相应的引号）都必须绝望地予以放弃。将伯林原本的脚注与我们编辑的这个版本中的脚注相比较，将打开一扇窗户，从中能很好地窥见要使其作品达到标准，需要进行什么样的工作。

伯林对于出版这样一卷文集之建议的接受与他准许《现实感》出版的勉强态度形成了鲜明对比。书籍不应该过于频繁地

第 8 章 《现实感》

面世这一论点不再被提起。应该承认，一本之前已出版过的材料的选集不同于一卷由从未出版过的文章构成的书。但是，新书就是新书，而我还记得自己为伯林前后矛盾的态度感到挫败泄气。[23]特别是因为当我正试图在别的地方有所进展的时候，它制造出了那么多额外的工作。不仅如此，几年之前，我曾经向伯林提出一个与此别无二致的建议，希望以《伯林读本》(*Berlin Reader*)为题出版他最优秀文章的选集，然而遭到他坚决拒绝。我相信他拒绝的理由在于，这样一个项目会传达如下信息：他在文学与/或学术的苍穹中占有一席之地。而他自己并不渴望这一地位，或者是，如果看起来像是在追求这一地位会令他备感尴尬（一个附带的困难可能是，这项工作原本计划要从伯林的文章中摘取某些部分，而不是将其全篇重印，豪舍尔与我曾经考虑《对人类的恰当研究》要这么做，抛弃了这个计划仅仅是因为它会破坏伯林文本的完整性）。尽管如此，作为我努力让伯林作品更加广为人知的"战役"的一部分，我自然还是很欢迎这样一个出版一卷"伯林最佳作品"的机会，而且由于伯林就在该书出版当年的晚些时候与世长辞，我更庆幸我们在当时出版了这本书。

在写于 1995 年 6 月 30 日的一封信中，我建议将《对人类的恰当研究》作为文集的名称。我写道："在我看来，这一题目完美地提炼了您在所有作品中所做的事情，而且您还是以一种既非无趣又不浮夸的方式来做这件事。"伯林于 7 月 3 日回复道：

> 哦，天哪：你真的认为《对人类的恰当研究》是一个好

259

书名吗？好吧，既然你引用蒲柏（Pope）的话作为题记，既然很明显选择权不在我——我指的并不是书名，而是说你和罗杰完全负责文集内容的选择！

我不想认为自己将书名或是文集的内容选择强加于伯林：至少可以说，这两件事在我看来都仍然是合情合理的，而且他后来再也没有表示过异议。

1995年7月4日，我又一次尝试向伯林提起《现实感》，而且还不忘加大了压力：

> 我以自己一贯的不屈不挠的方式写这封信来提醒您，您之前很好心地同意，在您留居伦敦期间，将投入一些时间用来浏览那些我想结集成为一本书的未出版文章。我知道您一听到这个可能就打不起精神来，但是我请求您这一次不要再推迟这场考验了：文章早已备好，装在棕色文件夹里，在帕特的房间中已经待了整整18个月。我渴望看到它们印刷出版，也渴望与您分享它们必然会引来的赞誉为我们带来的喜悦之情。
>
> 如我之前所说，这些文章处于良好的状态，只需要对其做很少的工作，或是什么都不用做（这与关于哈曼的那本书形成对比）即可。而且，您之前已经校订了其中的两篇文章……这样剩下的就只有6篇，而且您又可以基于先验的理由划去1篇，或甚至是2篇：简而言之，工作已几近完成！

第 8 章 《现实感》

我已不仅仅是手指交叉了，简直已把手指打成了结。[①]

看起来伯林似乎是没有直接回复，至少是没有用信件回复。不过他确实在那个夏天阅读了（大部分）文章，而且在他于 8 月份短暂拜访过牛津大学之后，一条口传给帕特的信息转给了我：

> 亨利：来自以赛亚的初步说明
>
> 我已经读了《现实感》《政治判断力》和《哲学家自我表达的权利》，后两篇文章在我看来差不多是可以的，卢克斯版本的《浪漫主义革命》也是（他想必有我经过修改的英文原稿，你可能也有）。
>
> 唯一真正难办的是《现实感》。麻烦在于，我一生中产生过三四种观念，我经常以不同的形式反复表达它们：不同价值的互不相容、科学方法对于人文研究或政治学研究的不适用性、不可避免的必然性、两种自由，等等。我知道自己是不断重复的，因此内容亟须删减，否则，评论家们就会经常而且是正当地以此作为话柄。
>
> 《现实感》一文的麻烦在于，此文第二部分中有大量内容与我论述《历史与理论》（History and Theory）的文章几乎是一致的，即使不是在风格上同一，也是在思想上相同，[24]而且文中有些部分又呼应了《政治判断力》一文。你非常善意地将其称作一篇"小杰作"（伯林对帕特·乌特钦说为什

[①] 在西方国家，食指与中指交叉为祈祷的手势，作者此处说手指已打成结，用来表示自己深切的祈祷之意。——译者注

么不是一篇"大杰作"呢?),然而,如果让它以其目前的面目呈现,那些知晓我作品的评论家们就会被它厌烦到要死(我读这篇文章时就是这个感觉)。

(以下是对标题文章的一些订正。)

在此之后,我感到厌烦至极,无法继续阅读。在我看来,《政治判断力》这篇文章也在很多方面重复着所有这些。

帕特又加上了下面的话:

在他把这些内容口授给我之后,当他们下去(去牛津大学)"野营"[25]两天之时,他在录音电话机上给我(从伦敦来)留了一条信息,他说:

你说得很对,亨利留给我至少另外 6 篇篇幅巨大的文章。我对于浏览自己作品这件事感到如此深深的厌倦,以至于无法忍受再多读一"……"(帕特·乌特钦:他说的是"一天"。你认为他的意思是否应该是"一个星期"?),所以,在我动身去意大利之前,可能是读不完这些文章了,我也不能容忍将它们带到意大利去。因此,大概到 11 月初之前,他应该是无法拿回全部文章了。[26] 不过他会拿回它们的。请提醒他,不到 1997 年都绝对不要出版任何东西。

我于 1994 年 8 月 19 日写给伯林的那封信也终于在距离其落款日

第8章 《现实感》

期大约一年的时候退还给我,并附了如下亲笔评注:

> 非常棒!极其感谢!请一定要看我匆匆写下的文字。除了关于泰戈尔那一篇之外,我已经阅读了所有文章——那篇当然没有必要读?还有关于浪漫主义的文章也没读。你猜得很对,我把它交给史蒂文·卢克斯了。到了秋天,我们可以讨论所有这些。
>
> I. B.

1995年10月30日,我请伯林读一下关于泰戈尔的文章,但我想他是连看都没看一眼就宣称其"没有必要去读"。"罗杰极力争辩,支持此文,"我写道,"如果我不得不让他失望的话,我宁愿能够对他说,您是在读过文章之后才做出此决定的,而不是先入为主地决定的。"假装是豪舍尔而不是(也有)我自己感到失望,这或许显得我不够真诚坦率,但是,我无比迫切地需要一套新装来包裹起自己再三的纠缠不休。到了11月9日,那篇文章终于免于"死刑",但是问号还高悬于集子中的另一篇文章之上,我必须相应地为之争取。就在当天,我致信伯林:

> 我很高兴关于泰戈尔的那篇文章免于"死刑"。非常感谢您。我想,现在悬于未出版文章文集内容目录之上的唯一主要问题,就是您在评论今夏的阅读经历时提出的问题,即您担心《现实感》与其他已出版作品中的重合之处。我不想否认这种重合的存在,因为非常明显,它的确存在,

每一个读过"新"文章的人都会意识到这一点。但是，我确实想极力争辩：这并不能成为不出版该文的理由，主要原因如下：

我自己、罗杰、迈克（即叶礼庭）和帕特里克（帕特里克·加迪纳）都读过这篇文章。我们一致认为，它是您最优秀的文章之一。尽管在此文中，您覆盖了之前在其他地方已涉及的领域（但表述方式不同），但这仍然是您关于该题目最为综合详尽、焦点最为集中、最为洋洋洒洒的论述，而且它的中心思想（重新创造一个业已逝去的年代之不可能）是独一无二的。我斗胆预测，一经出版，这篇文章就会迅速成为您最为著名的文章之一。文章的重合部分并不比您已出版的其他文章之间的重合范围更广（事实上是更少一些），而且之前的重合也并未遭到一点点批评。比如，在您的《选集》中，存在三篇关于赫尔岑的文章；在《反潮流》与《扭曲的人性之材》中，分别有一篇关于民族主义的文章（您曾经极其不愿意将《被压弯的树枝》收入后一本书，但是我坚持己见，结果，该文成为这本书中受到最广泛重视及得到最多评论的文章之一）。

所有读过这篇文章的人……都不会被如下焦虑感所支配，即看到任何有损您名誉的东西出版的焦虑。他们一致认为，这篇出色佳作（帕特里克形容它"非常精彩"）的出版绝不会带来这种结果；恰恰相反，它会为

第8章 《现实感》

您的名字增光添彩。

最后，我特别重视帕特里克的"出版许可"（imprimatur）（"让它出版"），事实上是"出版必须"（imprimandum）（"必须出版它"）。如您所知，他这个人从不会挥洒过度的热情；他是一位谨慎、小心而公正的批评家，所以当他对某篇文章给予赞赏的时候，人们就可以特别有信心地认为该文当之无愧。

"案情"陈述完毕。我敢肯定，这篇文章将成为计划中的这本书里的优中之选（pièce de resistance），我希望您会同意我将其收入书中。

伯林同意了。帕特在信上写下了伯林的话："好的，前提是要在文章某处加上一个脚注，说我在《历史与理论》中已经论述了其中的某些问题。"在1995年11月16日的信中，我写道：

非常感谢您撤销了《现实感》一文的"死刑判决狀"。我当然会提到它与《科学历史学的概念》一文的重合之处；或许我还应该提及《刺猬与狐狸》，其增补的部分在某种程度上也与本篇的某些部分接近。[27]

现在，出版这卷书的前路看起来终于畅通无阻，我无法告诉您对于这件事我感到多么高兴与欣慰——这些是您此前从未出版过的文章中的精华。这本书不能获得巨大成功是绝不可能的。

我还建议请帕特里克·加迪纳撰写一篇导读，伯林同意了，尽管他在早些时候曾经坚称自己已经被过度导读。对于在适当时候于《纽约书评》上发表其中一篇文章的建议，伯林也表示同意。[28] 1995年12月4日，我成功获准在书中加入伯林于1972年在新德里"胡马云·卡比尔纪念讲座"（Humayun Kabir Memorial Lecture）上发表的演说讲稿，内容是关于康德与民族主义的，原题目是《民族自由观念的一个哲学源头》（A Philosophical Source of the Idea of National Freedom）；12月19日，我建议将标题改为《康德与民族主义》（Kant and Nationalism）；伯林在我的信上留言，说他想以《康德：一个鲜为人知的民族主义源头》（Kant as an Unfamiliar Source of Nationalism）作为文章题目。这本书出版于1996年10月24日，也是在伯林有生之年面世的最后一本以新材料组成的文集。

III

贯穿上文写到的这些岁月，对于经济问题的担忧从来就未曾远离此身。大部分供给我以使我能够全职整理伯林作品的资助项目差不多都是短期的，而我也曾向伯林表达过自己对于前途的焦虑。1995年12月，伯林决定将自己的所有版税收入转交给沃尔夫森，以支持我的工作。这就向着第二年设立以赛亚·伯林著作托管会迈出了第一步。他的版税本身不足以支付我的薪酬，但将会带来很大的不同，我被他的慷慨大方所深深打动。从那一天开始直至现在，他的版税被转交给沃尔夫森学院基金会，后者为我的工作支付薪酬，直至我退休，在那之后则为我的继任者马克·波特尔（Mark Pottle）（至2018年6月）以及尼古拉斯·霍尔（Nicholas Hall）支付报酬，以报偿他们对于包括伯林著作及其他方面的遗产所做的工作。

1996年4月4日，伯林写信给我，提到了否定将他认作是阿赫玛托娃"来自未来的客人"的又一次尝试，之前已经有过多次类似的否定意见了。[29] 伯林的信显示出他是多么在意这一聚讼纷纭的问题：

> 随信附上1995年6月号《文学问题》（*Voprosy literatury*）。V. 埃西波夫（V. Esipov）在本期中试图指出［第57—85页，《在韦斯巴芗的时代……》（*In the Days of Vespasian ...*）][30]，将阿赫玛托娃的一些诗篇认作是致我，以及认为我就是《没有主人公的叙事诗》（*Poem Without a Hero*）中"来自未来的客人"这一角色等看法都是错误的；基于日期、意义、环境等理由，他提出了其他形形色色的作品致予对象。
>
> 我无意回应，陈述我所知道的真相（这位作者还犯了各种各样事实性错误，我也不打算予以纠正），以及自称这些诗作就是致我的，等等。基于众多理由，我知道它们确实是致我的，其中最重要的依据就是阿赫玛托娃在1964年（伯林说的是1965年）亲口对我所说的话。[31]
>
> 不过，鉴于你搜集与我有关的各种事物的热情，我不知道你是否想看看这东西，并将其粗略地大致翻译一下……
>
> 当然，如果其他人写一篇雷霆万钧的反驳文章，比如如

果安纳托利·奈曼[32]……愿意写这么一篇，我不会感到不悦。但是我并不想亲自建议他这样做，而另一方面，你或许可以建议。

对于我在阿赫玛托娃作品中身份的另一次"攻击"，来自一个名叫克拉林（Kralin）的人。[33]他就此写了大量文章，但是大多数声誉良好的批评家都认为这个人有点疯狂，不值得理会，除了他是这篇文章的作者……天哪！布罗德斯基（Brodsky）会怎样抛弃了可敬的议会措辞来进行抗议啊。

1996年9月5日，我将《现实感》的新书样书寄给伯林，并且写道：

> 我没有忘记您讨厌浏览打印版文章，但是我非常希望收到作为其成果的这本书，能够在一定程度上补偿这种痛苦。也许我不需要说下面的话：在经历此书面世过程中的种种沉浮变迁之后见到它最终完成，这给予我巨大的满足感。

伯林于1996年9月23日回复道："这本书看起来很棒，对我来说它引不起任何阅读兴趣，但是我期望善良的人们会有其他感觉。我认为它非常沉。"两天之后，我表达了不同意见：

> 我认为，对于新书的内容，您当然是过于苛刻了，但是您一贯如此！我在等待着评论家及其他人支持我，我敢肯定他们一定会的。事实上，一些收到样书的人已经开始热情洋

溢地撰写书评了。

1997年1月6日，我又加上如下的话：

> 我非常高兴地向您报告，《现实感》的销售情况如此之好，到目前已经重印一次，而且随时都很有可能再次重印。我猜您会一如既往地断言，说这不过是反映出您的读者令人遗憾地缺乏品位与判断力，而我也要如以往一样反驳您的谦逊。

这本书的大部分内容都是我在伯林位于牛津大学家中那堆积如山的废弃文件中进行"考古发掘"的成果。每当想起这一点，我就会觉得该书的问世像是一个小奇迹，而它也得到了我特别的钟爱。

探索思想

第 9 章
非天使亦非疯子：伯林的人性观

> 我并不擅长……分离出人类的永恒特质。
> ——以赛亚·伯林 1969 年 10 月 20 日致 E. V.（"彼得"）加塔克［E. V.（'Peter'）Gatacre］的信

> 那么，我所说的人并不拥有一种共同的本性是什么意思呢？嗯，我认为，如果人类这个概念根本上具有某种意义的话，人与人之间一定存在着共同之处。我认为，下述说法是真实的，即存在某些基本需求，比如说，对食物、居所、安全的需求，以及如果我们接受赫尔德的说法的话，还有对归属感的需求。任何符合关于人类描述的人都必定具有这些需求。
> ——以赛亚·伯林 1986 年 2 月 24 日致贝阿塔·波兰诺夫斯卡-塞古尔斯卡（Beata Polanowska-Sygulska）的信（《未完的对话》，第 40 页；《确定不移：1975—1997 年书信》，第 280 页）

伯林与我之间的许多通信都探讨了基本的人类问题。在过深地蹚入这片有时略显浑浊的水域之前，先行建立一个讨论的框架或许是有用的。如果我能够以如此装腔作势的术语对其加以表述的话，框架的形式是概括总结伯林关于人类困境的观点。

I

> 社会学与政治学术语必然是含混模糊的。试图令政治学词汇精确化的努力可能反倒会使其变得无用无效。但是，超过必要限度地松散运用这些词汇，对于真理也全无裨益。（《自由论》，第204页）

一开始就出现了一个亟待解决的紧迫问题。伯林所说的话有时候缺乏精确性或是含糊其辞，他对自己观点的不同表述会彼此矛盾、反复无常，甚至表述内部也存在不连贯性。他所说的话、他的意思以及为其整体观点服务而应该说的话并不总是相同的。因此，我们需要进行某种赞同式重构，更加青睐于他看起来更为忠于生活的表述，或是与在其他时候更好或更加充分加以表达的说法更为紧密符合的那些表述。这样的重构（也是他自己在论述他人时所采取的策略）比挑错找碴儿更为有效，尽管伯林思想中确实有些成分即使暂无定论也是有问题的。我们还得查缺补漏。无论是重构还是查缺补漏的工作，都必须尽可能地以体察其总体一般方法的方式来进行。但是也存在这样的时候，即我们无法确定伯林说了什么，抑或确实知道他说了什么或是要说什么，却认为他的看法是错误的。

阐释与补充不应混淆，但是我相信，在伯林说过的所有话语之下，存在关于人类本性及生命的某种连贯一致的卓识，我们可以在不违背他自己话语之精神的同时将其厘清出来。不过，因

第9章 非天使亦非疯子：伯林的人性观

为伯林并不总是以始终如一的方式来运用术语，或是给予术语足够明晰的定义，于是如果我们要使自己不会被各种语义争论转移注意力，就需要精简他的概念工具箱。伯林将语义争论称为"关于话语的话语"，相对于"关于事情的话语"（《添砖加瓦：1960—1975年书信》，第147页；《自由论》，第95页；《启蒙运动的三个批评者》第2版，第398—399页），认为这是哲学家们应该进行的最重要区分之一。因此，在本章以及下一章中，我将使用若干新术语（不会超过必要性地大量使用），以说明某些遭到忽视的区分。

伯林为什么没有提供有关自己对于生命的更为认真、完整、明晰的叙述？部分原因在于该主题自身的性质，正如伯林所强调的，对这个问题无法给予确定不移、2+2=4式的叙述。人性之材是扭曲的，所罗门（Solomon）在康德之前就知道这一点："你要察看上帝的作为；因上帝使为曲的，谁能变为直呢？"［《传道书》（Ecclesiastes）7：13］伯林也论及"在任何层次上构成生命的那些转瞬即逝的、破碎零散的、无限多样的丝丝缕缕与残缺碎片"，"变化无常、色彩缤纷、倏忽消逝、永远彼此交织的材料所组成的巨大混合物，过于繁多、过于迅疾、过于混杂，以至于无法如同单只蝴蝶那般被捕捉、被固定以及被贴上标签"（《现实感》第2版，第57、59页，请比较同书第24页）。尽管原料是这般难以捉摸，看起来很难从中有所产出，但伯林有时候还是比其通常的状态远为更加清晰，特别是考虑到如下事实：他自称自己在牛津大学学习古典哲学时的导师弗兰克·哈迪（Frank Hardie）曾经毫不留情地要求他避免模糊和含混，以至于清晰明白成为他最主要的优点之一。[1] 伯林早期的哲学论文十分明晰与精确，令人满意。是什么使他后来变得含混模糊了呢？

我有一个初步假设。随着伯林从纯粹哲学转向观念史学，同时也愈来愈承担了公共道德学者的角色，他所进入的这个领域在其周边学术环境中是"人口"稀少的，而且即使有人在此"居住"，也是不会特别倾向于或是能够将他的评论置于弗兰克·哈迪式精确化挑战的那些人。简而言之，伯林变得在学术上不够精确，是因为没有人反对他。后来，人们开始这样做，但是到那个时候，伯林已然失去了此前的精确性，同时又已经获得了显赫的地位，所以他不需要努力完全理解他的批评家们所使用的术语。也许我的这一见解有失厚道，但我相信它是公正的，也部分地解释了我们在其成熟作品中所遭遇的困难。一次又一次的遭遇让我遗憾伯林没有早一点受到更为严苛的挑战。如果他曾经受这样的挑战，我们今天可能就不会对其观点感到这般迷惑不解了。

为公平起见，还应该补充一点，伯林从未计划去建构关于人类领域的系统叙述。在大多数情况下，他聚焦于一个个具体的思想家，或者是观念史的特定方面，他对于人生的观点隐于水面之下，仅仅是以顺便评论的形式偶然浮现，而并非直接正面地加以充分的和明确的展开式表达。相同或相似的洞见就像是撒在菜肴上的胡椒面一般散落于其作品当中，总是以略有不同的话语进行表述，通常是引人联想的、约略大概的以及主观印象式的，而不是精心慎重的、明晰无疑的和准确无误的。也有一些可贵的例外不符合如上的概括，特别是在《自由论》与《现实感》当中，不过关于自己的基本信念，伯林并没有给予我们任何单独的、经

第9章 非天使亦非疯子：伯林的人性观

典式的叙述，以使我们在疑惑不解的时候可以向其求助。事实上，如果他尝试这样做，则有违他的性格气质，而且也与他对于这一主题流动不居的观点不相符合。伯林既喜爱凌乱不齐，又相信这就是现实不可消除的特征。

将心中的这些话语一吐为快之后，让我试着来重新建构伯林关于人性概念的大致轮廓，而这一概念影响着他的作品。

II

每一位哲学家对于人类事务的观念，最终都建基于他有关人是什么以及人可以是什么的概念之上。为理解这类思想家，更为重要的是要抓住这一中心概念或形象（它可能是内隐的，但是决定着思想家心中的世界图景），这甚至比他们在维护自己的观点并驳斥实际的与可能的反对意见时所进行的最为强有力的论辩更为重要。（《反潮流》第2版，第376页）

伯林基本的指示灯之一是他的经验主义思维模式。他就是哲学中"多疑的多马"（doubting Thomas）[①]，信赖自己的感官（包括他本人丰富的意识流，这可以被当作是一种内在感官），而不是形而上学者们的凭空臆造。我怀疑这在某种程度上是某种出于基因的天性特点，但是也由于他在性格形成期与不说废话、

[①] 多马是耶稣的十二门徒之一，对耶稣复活采取非见不信的态度，直到亲眼看到并亲手触摸耶稣双手和肋旁的伤口才相信耶稣已复活。——译者注

讲求实际的英国脾性以及牛津大学哲学的"干光"①相遭遇而得到了加强。伯林怀疑一切形而上学的建构，从诸如黑格尔的"绝对精神"（Absolute Spirit）等泛滥的想象到神学家及其他宗教人物那未经事实验证的创造。这就使他成为启蒙运动的一位天然盟友，一致拒斥迷信和偏见，反对"诉诸神秘、黑暗与权威来赋予任意妄为的行为以合法性"（《启蒙时代》，第29页；《观念的力量》第2版，第62页；请比较《自由论》，第277页）。伯林的思维是基于常识的、实事求是的和现实的。他告诉贝阿塔·波兰诺夫斯卡-塞古尔斯卡：

> 对于我来说，所有事物最终都是经验性的。[2] 经验就是我们所拥有的一切。如果你不是基督徒，如果你不相信上帝之语，如果你不直觉地认为某些事物是绝对的（我就不是这样），那么除了经验之外你还能求助于什么呢？这就是作为一位经验主义者意味着什么。这也是为什么人们攻击我，我指的是那些真正相信关于特定事物的某种先验概念的人。（《未完的对话》，第222—223页）

他还告诉雷敏·亚罕拜格鲁（Ramin Jahanbegloo）：

> 我认为，世界上所有的一切就是人、事物以及人们头

---

① "干光"（dry light）一词来源于古希腊哲学家赫拉克利特所说的"干光最佳"一语，弗朗西斯·培根用这一概念来表示不受本人意志、情感和习惯等影响的见解、看法、知识或理解力。——译者注

第 9 章 非天使亦非疯子：伯林的人性观

脑中的观念——目标、情感、希望、恐惧、选择、想象的幻象，[3]以及所有其他人类经验形式。这就是我所认识到的一切。但是，我无法自称无所不知。或许，存在一个具有永恒真理与价值的世界，拥有魔力之眼的真正思想家可以洞察这一世界。当然，这些人只能是人中龙凤，而恐怕我从来也未曾被接纳进这样的精英中成为他们当中的一员。(《以赛亚·伯林对话录》，第 32 页)

当然，伯林并不是真的相信存在这样的精英群体或是这样一个形而上学的世界，而正是这种不相信深深地吸引着我。从我个人角度讲，他的经验主义以及他的文化多元主义将我从令人窒息的宗教教育中解放出来。这本身或许是个了无意趣的自传事实，然而它指向更为广阔的关于伯林的信息。伯林那清醒明白的现实感，又因其对于人类目标与文化不可约减的多元性的认知和笃信得以加强，使他成为任何自称已找到关于所有最深层人类问题的单一、确定与终极答案之人的一个固定对手。这些问题包括人是什么，做什么，要为什么去奋斗，要接受或采取什么价值，以及如何生活。这亦使他成为如下这种人的同样坚定的对手，即那些相信自己已经找到了这样的一个答案，从而试图将其强加于他人之人，而最重要的强加手段就是暴力。如果我们接受伯林对于僵化不变、放之四海而皆准的万能灵丹妙药的拒斥，就像我全力拒斥的那样，如果我们对此再进一步补充，认识到主要的世界宗教以及极权主义的政治意识形态所提供给我们的正是这种万能妙药，那么，我们就拥有了反对妙药兜售者所需的工具。在下一章中，

279

我将回到这一话题，并加以更为详细的讨论。

伯林关于人性的观点，关于"人类世界更为恒久的方面"（TK）的观点，植根于他的这一坚定信念，即人类最重要也是最独一无二的特性在于自由意志，因为正是自由意志使我们能够在彼此冲突的意图之间做出出于主观故意的、有意识的必要选择，并以此来塑造出我们自己的身份［伯林有时候称其为"基本自由"（basic freedom），以区别于作为具体政治概念的消极自由和积极自由］。这一信念中有两个主要方面值得立即予以注意。首先，他没有声称可以证明自由意志确实存在，而是主要在《历史的不可避免性》一文中论证，我们的整个概念库都不可分割地有赖于自由意志的存在，因此，在该概念库中，就不会内发地存在抛弃我们对自由意志的信念这一选项。也许这是一种错觉，然而如果是这样，那也是一种必要的错觉，除非我们要放弃现在的人类语言交流，以及这种交流所表现的关于世界的观点。但是鉴于我们作为人的构造方式，这样做对于我们来说并不是一种选择。我们无法停止思考。如果否认自由意志的话，那么我们观念体系中很大的部分将会崩塌。伯林特别关注赞赏、责备、责任与舍弃等概念，这些概念正是以选择的自由为其前提，但是它还不止于此：理性的同意这个概念本身依赖于接受自由意志，没有自由意志，我们就完全不能进行理论和推理，除了在某种弱化了的意义上说机器人能够做这些。[4]这就意味着，除了其他事情之外，我们还无法评估赞成或反对自由意志存在的论点到底哪一个是正确的，也不能合乎理智地判断哪一方的论辩更为有力。如果没有自由意志的话，那么关于自由意志存在或不存在的陈述便只不过是空洞的噪声,或者充其量是出于偶然而正确:决定论即便是正确的,但由于缺乏稳定性,它也毫无意义。

其次,对于其自由意志是人性最基本的方面这一信念,伯林也并没有提供任何证据。我怀疑提供这样的证据亦是不可能的。关于人类的区分标准到底是什么,人们还提出了许多其他选项,比如理性、运用语言、甚至体毛稀少,等等。如上断言似乎具有某种任意性。事实上,为什么区分人类的基本标准就只能存在唯一一条呢?如果就应该仅仅存在一条的话,那么它或许是我们这个物种不断增强的大脑演化,正是这一点使得我们其他许多与众不同的特点成为可能。同样,关于这种演化为什么发生(以及为什么仅仅发生过一次)存在相互冲突的理论,而且还没有一种理论是可以证实的。也许更为稳妥的做法是,将伯林对于自由意志的强调理解为,他所表达的是他个人所发现的人类最基本的东西。不过,尽管难以得到证据支持,他的论断看起来也是富于吸引力的,与其任何对手的论断一样自有道理,而且与他那举世无双的现实感保持一致。这一论断当然在相当程度上解释了他建基于其上的许多关于人性更为详尽的论述。

伯林的自由主义思想来源于他关于自由意志居于中心地位的信念。他认为,当人们未曾被对于其行为与意见自由的限制包围起来的时候,他们能够最充分地做自己以及成为自己。这便是伯林强调"消极"自由的根源,即不受他人干涉的自由,尽管他同时也接受"积极"自由的价值,即做自己的主人,这是"主动去……"的自由而非"被动不……"的自由,是依照自身愿望以及对生活的愿景来建构自己的生命和身份的自由,这一过程中没有任何外在的指示或压力。

伯林的自由主义思想也与他的道德个人主义联系在一起，并且因后者而得以强化。他认为个人的道德意识是价值的唯一源泉：

> 最终有价值的一切，是特定人物的特定目的；对其加以践踏始终是一种犯罪，因为没有任何一种原则或价值高于个人的意图，因此，不能以任何一种原则的名义对个人实施暴力、加以侮辱或是进行毁灭，而个人就是所有原则与一切价值唯一的创造者。除非留有最小面积的一块区域，保证所有人都能在其中随心所欲地行为，否则，仅剩的原则和价值将仅仅是那些神学或形而上学或科学体系的原则与价值，它们声称知晓关于人类在宇宙中的位置，以及人之功能与目标的终极真理。（《俄国思想家》第2版，第128页）

为了避免这显得过于赤裸裸地反社群主义，还应该补充一点，即伯林同时也强调文化归属。它作为一项基本的人类需求，强烈地影响着个人的道德价值。不过，群体的价值是源于个体价值的建构，而非相反，而且也不会取代或压倒个人的价值。

伯林之道德意义上的个人主义的自由主义思想引导着他为康德的如下说法"背书"。康德坚持说，对待他人时应当始终怀着尊敬，人本身就是目的，而不是作为达到自己目的或是集体目的的手段，特别是由权威所规定的目的。对于伯林来说，个人的自由与尊严是最高的价值之一，对于任何一个公正合宜的社会都至关重要。

第9章 非天使亦非疯子：伯林的人性观

对伯林来说同样重要的，以及与自由紧密相连的，是多样性与多元性，特别是人类生活中的多样性与多元性。他完全没有将人们组织起来或编队组团的愿望，没有压制人们天生之蓬勃活力与特征癖好的愿望。恰恰相反，伯林为人类的丰富多样性备感自豪。将某种僵化严格的范式强加于人类并且抑制其差异性的任何企图都为他所深深痛恨。事实上，他对于人们之间不受限制的差异是如此看重，以至于他相信，哪怕走向邪恶——如果这是出于我们自由选择的结果——也比全体遵守某种关于所有人都必须是什么和做什么的外在（或者，就这个问题而论是内在的）概念更为重要。一些人或许会认为，将自由置于谨慎与纪律之上的这种选择倾向是有些过了，然而，这正是伯林时常宣称的一种选择倾向。

伯林对于人类多样性的感知以及热烈拥护是由他关于价值多元性之信念所支撑的。他认为，终极的人类价值——我们以其本身为目的而追求的价值，而不是将其作为达到某种更高目的的手段[5]——是多元的。这一论点现在通常以价值多元主义作为术语而为人所知（而不是以伯林自己的话语为人所知，伯林只是称其为多元主义）。它不仅仅意味着存在诸多价值，还意味着，这些价值彼此截然不同，而这种差别是不可约减的。也就是说，它们不能被阐释为一组较小价值的集合，尽管有不同的表述，却仍然可以理解为是对某一个主宰价值的表达，例如实用有效或是幸福快乐。每一种意图或是价值都对我们提出其独一无二、与众不同的要求（他有时候会说成是绝对的要求，但是为什么呢？），而当这些价值彼此冲突的时候——它们经常相互矛盾——我们并

283

不是总能够依据通常是有正当理由的某种抽象准则来在其间做出仲裁，从而评判在冲突中孰是孰非。有时候，我们不能为了解困境而在一个共同的尺度上去衡量，将一种价值与另一种相比较（即不可通约性）。我们更倾向于选择自由还是平等？幸福还是知识？自发性还是组织化？公正还是怜悯？而在这每一种价值之中，也存在着矛盾冲突，比如，言论自由与不受辱骂的自由便是相互对立的。我们必须在自己所处的具体境况下尽力而为："具体实在的情境几乎就是一切。"（《扭曲的人性之材》第2版，第19页；请比较《概念与范畴》第2版，第126页）在特定情况下某种价值按照优先顺序被指定给一个较低的位置，从这个角度讲，无论如何决定，我们都会遭受损失，而这种损失可能是悲剧性的。[6]另一方面，这一困境又是现实结构的组成部分，正是从该结构中产生出广泛而数量庞大的人际差别，这亦是人类生命辉煌荣光的一部分。

我们或许会追问，伯林所谓"价值"（values）的含义是什么，以及我们是否应该将"价值"认作多元冲突的主要场域。伯林在不同时候论及意图、目标、益处、价值、理想、原则、需求等，并且几乎没有对其提供任何定义。特别是，他有时候似乎将价值等同于意图，而这两个概念肯定并非是不言而喻地毫无差别的；对于以上列出的其他词语，情况可能也一样（或许除了意图与目标之外）。衷心希望会出现关于终极人类价值的更为系统、更加明晰的叙述，无论是在伯林的哲学中还是在公共领域内。《牛津英语词典》里对"价值"的定义是"基于尊重而认为是有价值"，这是个毫无帮助的自我循环式定义。

第 9 章 非天使亦非疯子：伯林的人性观

政治家们对价值夸夸其谈，然而，媒体几乎没有考察过价值到底是什么。"我们的价值"是个暗含贬义的说法，用来宣扬国家的利益。这样说的基础大概是因为比起纯粹的自私自利来，价值是一把更为高尚的标尺。未经言明的假设似乎是，"我们的"价值不同于与我们的文化为敌的无论什么人，而且比他们的好。当前，恐怖分子就是这种典型的敌人。

关于价值的本质及其起源，哲学家们已经写过大量作品，只有鲁莽的傻瓜才会再闯入这个连天使都不愿踏足的领地，但是，还是要说，伯林关于另一个棘手（且并非不相关）问题的论述暗示了关于价值问题的一些初步的常谈之论。这另一个问题就是人权。伯林并未在其已出版的作品中正式讨论人权问题，但是他的观点在其访谈与信件中显现出来，而且非常尖锐，毫不设防地直来直去。下面这段话是伯林在1986年对贝阿塔·波兰诺夫斯卡-塞古尔斯卡所说：

> 对于我来说，权利不过就是根据某种准则所做的正确的事，同时又正好是我想要做的事，与我的利益相一致……权利总是意味着我想要的某种事物，因此，权利仅仅是人们欠我的东西，因为法律是这样说的，或者统治者是这样说的，或者"十诫"（Ten Commandments）是这样说的，或者上帝是这样说的，或者王子是这样说的，又或者我自己是这样说的，谁说的无关宏旨——而这又恰恰是我需要或想要的东西，或者是符合我的利益的东西。我从来就不理解有什么绝对意义上的权利。只有从规则的角度才能解释权利，而规则

仅是简单地说：这是正确的，那是错误的。(《未完的对话》，第158页；请比较《未完的对话》，第174页，《自由论》第4版，第445—446页，《自由论》，第210—211页)

换句话说，权利仅仅就是利益——"令普通个人的生活变得能够忍受的东西"(《自由论》第4版，第453页)，是"人的永恒利益"(《自由论》，第210页)，只是被规则化，特别是法典化了而已。

我认为，关于价值，也可以说一些与之十分类似的话。事实上，在解释他人的观点时，伯林本人便多多少少对此有所表达，而我们有理由怀疑，他一如既往地在某种程度上同意自己正在详解的这些观点。比如，论到休谟时，伯林写道：

> 价值是人们所追求的东西：他们追求对其需求的满足。经验心理学学科能够告诉你人们需要什么，赞成与反对什么，而社会学或社会人类学则会告诉你，不同民族、集团、阶层、文明所拥有的（以及其内部的）需求以及道德和政治价值之差异与相似之处。(《现实感》，第172页)

有一次在分析康德的时候，伯林又写道：

> 目标或是价值，就是某人致力于此、意在如此的东西，它并不是会偶然间撞见的某个独立实体。价值并不是某个学科如心理学或社会学所能够研究的天然存在物，而是由人制

造出来的，是自由行为或自由创造的形式。(《现实感》，第178页）

正如权利是被载入法律的利益，价值也是被载入道德规范的利益、目的和意图，也就是说，它们受到某种道德准则的认可，将这些所论及的利益认定为对于正常的人类有益，因此，在道德上是赞同与提倡的正当对象。那么，关于价值的意见分歧就代表了关于我们普遍人性的意见分歧，或者是代表了文化上的不同优先级（将分歧的这两个不同源头分开非常重要）。当然，关于价值还有更多可探讨的，特别是它们在我们的生命中运行的现象学以及欲望的精神生理学机制。不过，价值之逻辑的这一基本图景似乎给了我们一个安全的起始点。我们具有大量的天然需求，而且自然地去追寻一系列目的，而价值便伴随着这些需求与目的而生。我们自然而然地会赋予我们所需要或渴望的事物以价值，而被赋予了价值的目的变得充满了某种同意或赞成的本能情感，这些情感加强了我们对于被赋予价值之目的的依恋与追求。这超越了我们与其他动物所共有的本能驱动力，或许是因为它与语言的使用有所关联。我们可以说，价值就是具有自我意识的本能。道德规范是从我们的价值中建构起来的，基本的道德原则反映着我们的共同需求。人们在心理上十分认同这些原则，公然无视它们则会引起强烈的反感厌恶。

如果我是正确的，那么价值多元主义的首要源头就不是多元的价值本身，而是它们所促成的多元的目的。价值的多元性寄生于目的的多元性。事实上，尽管我并没有做过系统的统计，但是我有这样一个印象，即伯林更多地写到不同目的或是不同益处之间的碰撞，而不是不同价值之间的冲突。"某些至善（Great Goods）不能共处"（《扭曲的人性之材》第 2 版，第 14 页）；"并非所有的好东西都能彼此兼容"（《自由论》，第 213 页）。我们并不能同时拥有自己想要的所有东西，至少不能完整地拥有它们，那些符合我们最为珍视之目的的价值便反映了这一点。不同目的、不同价值彼此碰撞，因为它们是多元的，且其多元性不可约减。

这种多元性反过来又引向由此多元的原材料建构起来的生活与文化的多元性（文化多元主义）。不同的目的或价值可以被赋予不同的优先性，可以组成互不相同的组合体，具备各异的加权值和不同的交互作用原则，可以被排除出或是包括进不同的人物或文化综合体，即"价值的星座"（constellations of values）（《概念与范畴》第 2 版，第 280 页）当中。这样一来，就出现了巨大的个人差异与文化差异，然而并不是无穷无尽的差异。人类的天性设定了特定的界限，这一界限来自人类境况的基本需求与欲望。[7]我们都至少需要（或是想要）食物、饮品、居所、伙伴关系，以及我们感觉对其有归属感的某个社会单位的成员资格；当然毫无疑问还有不可尽数的其他许多东西。认为人是白板一块，是可以无限锻造的器具，其先天构造对其能够做什么和是什么未曾施加任何限制，这种看法不言而喻是非常荒谬的，尽管有一些哲学家曾经试图如此断言；然而，在哲学史上，那些号称是智者的人否认人人都知道的基本真理的例子俯拾皆是，即便这

第9章 非天使亦非疯子：伯林的人性观

些哲学家在其"非哲学"时刻也承认这些真理。

伯林将人性中的共有原则称为"'自然法'的一个经验主义版本……即为所有人所接受的最低限度的道德价值。没有它们，人类社会就会解体，出于准生物学的原因，人们离了它们就会毁灭"(《自由论》第4版，第206页)。[8] 他从未试图提供人类基本需求的完整清单，尽管他经常举的例子有：食物、衣物、居所、安全、归属感、整体性、文化、教育、自我认识、责任、和谐、秩序、和平、幸福、尽职、智慧、公正、荣誉、尊严、权力、行动、仁慈、知识、自由、平等、效率、独立、理性、自我发展、（理智的）自治、真理、美德、自我牺牲、道德完善、人道、自我表达、创造、爱、崇拜、交流、自我描述、美、善良、自发性、独创性、天才、精神能量、（道德上的）勇气以及在追求共同目标过程中的合作。如果追问什么应当出现在该清单上，我们可以求助于亚伯拉罕·马斯洛（Abraham Maslow）的需求层次理论。[9] 该理论常常图形化为一个金字塔形，以生理需求作为基座，而"自我实现"位于顶端。如果我们更愿意从人的潜能而不是需求的角度来思考，则可以求助于玛莎·娜斯鲍姆（Martha Nussbaum）的作品[10]。你可以追问哪一种方法更好以及为什么，但是我将不会在此继续沿着这些探究的线索继续探讨下去，因为要理解或评价伯林的潜在观点，并不需要完全列出这些价值来。

各种文化所展示的不同"价值星座"继承了作为其组成成分的诸价值的不可通约性：价值的不可通约性引出文化的不可通约性。对于以不同建筑风格修建的房屋，无法以其与某个独一的理想型结构的接近程度来进行客观的排序，因为根本就不存在这样独一的理想型。一座特定的房屋可能会具有清晰可辨的缺陷，使其在这一方面逊于其他房屋；但是这样的缺陷是可以加以矫正的，没有一座房屋作为一个整体可以被判定为优越于其他所有房屋。与之相似，大多数文化作为整体无法被客观地加以排序，即使是它们在某项特定价值方面得分更高。

如果说多元性与自由之间存在任何联系的话，那么这种联系的性质也是个受到广泛与深刻争论的问题。关于这一话题，现在已经出现了数量无法控制地膨胀的二次文献。一些人认为自由主义符合逻辑地蕴含于多元主义之中，一些人则认为只有某种心理上的联系——分别为自由主义与多元主义所吸引的那些感情之间的联系——还有各种各样介于上述两种意见中间的观点。在这里，我们姑且这样说就足够了：尽管伯林在不同地方对于这一话题的具体评论并不是前后一致的，但是他将这二者视为是自然而然的——即使不是不可避免的——同床共枕的伙伴。其间的联系在"基本自由"（basic freedom），或者说自由意志这一层面最为密切。如果对这一能力的拥有与操练是人类的一种决定性性质，那么在任何值得称其为人的人类生命中就需要有某种最低程度的"消极"自由。正如伯林所说，"在某种意义上自由是基本的，人之生命中的其他所有价值都以这一条价值为前提，没有它就没有选择，没有行动，（没有）道德思想的主体或客体；依我的意思，就没有人性"（《确定不移：1975—1997年书信》，第345页）。这已经足以作为针对诸种极端形式的反自由主义的回答了，特别是对极权主义压制与思想控制。这将我们安全地引入了自由主义大厦的底层。

第9章 非天使亦非疯子：伯林的人性观

我们还能在积极论证从多元主义到自由主义这条路上走多远，关于这个问题的争论十分热烈。为什么一个多元主义者就不能出于理性去选择一个反自由主义的选项呢？伯林并没有争辩说自由总是优越于其他诸种价值：在某些情况下，为了实现一个更为紧迫的目标，必须牺牲自由。不过，认可或者甚至是颂扬价值多元性的人总体说来很有可能为选择的自由"背书"，因为选择的自由使我们能够依照自己的意愿去追求这种多元性，而不是出于对某种指使或强制的服从。珍视选择自由并将其作为自我控制或自我创造之工具的人很有可能会接受这样的观点，即在我们面前打开了许多扇门，其中的一些在我们走进其他门之后就会关闭，而没有一扇门能提供站得住脚的压倒性观点，从而召唤我们不可避免地进入其中。但是，上述一般性概括均有例外，而且无论怎样，它们也不足以站在多元主义的立场上去证明全面彻底的自由主义的合理性。

伯林将人性对我们能够重视的东西所设定的限制称为"人类视域"（the human horizon）。被这道藩篱圈起来的，不仅仅是我们基本的共同价值，可能还有种类繁多的显然是人类的价值，但后者并没有得到全体一致的赞成。对于伯林来说，"人类视域"还划定了共情所能够及达的范围界限，因为我们能够对任何非病理性的人类渴望产生同感，对任何"多多少少属于心智健全之人类的，而不是天使或疯子的"（《自由论》第4版，第208页）意图产生共鸣，即使这些并不是我们自己所追求的志向和目标。人类共同的人性使我们不仅能够想象自己处于我们的亲属、朋友、邻居、同时代人以及同胞（他们可能与我们迥然不同）的位置

291

上，也能够想象自己处于来自不同时代、地域及文化的人们的位置上，看到如若我们这样换位，我们可能也会具有与他们一样的价值。这种共情对于伯林来说极其关键，因为它将其价值多元主义与相对主义或是主观主义区分开来，后者认为，在拥护某些价值的社会甚或是个人之外，这些价值没有存在的位置。而对于伯林，在如下意义上讲价值是"客观"的，即，它们或者是被全人类所共同拥有，抑或是可以为全人类所理解，"相互交流所需要的最小限度的价值是……一种客观的而非主观的需求：它是我们共同居于其中的客观世界的一部分，没有它我们简直无法生存"（《自由论》第4版，第207页）。它们从人性中产生，而且并不仅仅是关于个人口味的问题[11]，就像是选择咖啡而非香槟（《扭曲的人性之材》第2版，第11页），或者是选择仁慈守善而不是集中营（《观念的力量》第2版，第14页）。我们并不是生存在密封的气泡之中，只追求对他人来说完全没有意义的自己的价值，并且对于正当体面的人类行为之基本原则应该是什么意见分歧严重，或者事实上根本无法对是否存在这样的原则达成一致看法。如果我们确实是生活在这样的社会里——更不用说密封气泡中，则社会生活——更不用说国际合作或对历史的理解，都将成为不可能，因为我们将无法就如下价值进行交流，即那些对每个人都具有意义的价值，而有意义仅仅是因为他是人类群体中的一员。显而易见，上述这种困境并未出现：关于价值的交流以及某些共识确实存在。我们分享着"共同的前提假设，足以进行一些交流……在某种程度上的理解他人以及为他人所理解"（《自由论》，第152页）。

第9章 非天使亦非疯子：伯林的人性观

如果上述图景是正确的，那么所有可以接受的价值体系，无论是个人的还是集体的，都共同拥有来源于人性的某些基本特征，但是，在保持开放的共同原则的周边地带，价值也显示出差异和变化。对于伯林来说，"价值与态度存在有限的变化，其中的一些是由某一个社会，一些则是由另一个社会做出的自己的变化"（《扭曲的人性之材》第2版，第82页）。不清楚为什么能够获得的价值数量是有限的，特别是鉴于伯林相信新的价值在历史中出现（例如真诚、真实性与多样性）。我们无法预测，在将来还可能出现多少新的价值。价值也不是像物种那样可以在生物学上予以定义的自然种类，这就意味着，我们在价值领域的精微细分从逻辑上讲是任意的，不过是由各个可能的概念系统将价值无限切割为更小的价值，就像因纽特人将雪的概念加以细分一样。或者，价值也可以聚合在更为宽泛的标签之下，最终全都成为"善"的例子。看来最好是将伯林的说法看作是用一种生动的方式来表示，人性为我们有可能追求的价值种类设定了范围限制。在这里，这样理解已经足够了。关于对伯林的阐述我们需要理解的所有东西，就是在人性这片共享的土壤之上生长着丰富多样的价值植物群。

然而，到现在为止还有一个成分是缺失的。关于这部分，伯林说过的话也没有如我们所希望的那般多。我指的是人天生、内在的恶的倾向，在人性之中它的占比至少与善的倾向一样多。这就是神学家们所谓的原罪，它就如同贫穷一样，总是如影随形地与我们同在。当伯林论及挑战正常人类价值的行为时，他所举的例子往往是出于精神疾病的，而非出于恶的。在第11章中，我将引用他最爱举的例子之一，即一个人将尖针扎入其他人的身体，因为看到尖锐物品刺入有弹性的表面令他感到愉悦，而丝毫不会在意自己会引起怎样的痛苦（TK）。伯林还提到过某人收集绿色物品，仅仅因为它们是绿色的（《自由论》第 4 版，第 204 页；请比较《自由论》第 4 版第 207 页提到的收集火柴盒），尽管这一点并不是那么明显地位于人类视域之外，鉴于某人独独钟情于某种颜色是个完全常见的现象。第三个例子是某个人崇拜木制品，仅仅由于它们是木头的，而无法以更加能够为人理解的理由来使这一行为合理化（《扭曲的人性之材》第 2 版，第 12 页）。

恶（malign）并不属于这一类，但是我们知道恶是存在的，有时候我们称其为"邪恶"（evil）。或许由于伯林对于观念的力量特别感兴趣，尤其是那些将我们引向错误行为的观念的力量，他往往强调那些我们受到了误导的例子，而不是有意去做自己知道是错误事情或者至少被普遍认为是错误事情的例子。这扭曲了他关于人类行为领域的图式，并且制造出某些有违于原本预期的结果。例如，伯林将纳粹的行为解释为建立在关于犹太人以及被标记为应予以毁灭的其他人类群体之本质的经验主义认识错误之上。这可能包含了部分事实真相，然而大多数人感觉，这里还有某种强烈的恶或邪恶的因素在作祟。伯林并不是未能系统地认识到邪恶，恰恰相反，他明白地认清了邪恶是什么。然而，伯林坚持认为，我们在谴责之前应该先予以理解，这就导致他对于做出罪恶行径的逞凶者的态度过于宽容放纵，而这些人并不配接受这份宽容，这也导致伯林在其关于人类动机的讨论中未能充分展现恶所扮演的角色。尽管如此，正如我们将看到的，当被一再追问

第 9 章 非天使亦非疯子：伯林的人性观

时，伯林承认他确实接受恶这一范畴，并且相信（世俗意义上的）原罪的存在。因此，在阐释伯林所说的话时，将这一范畴加入我们的工具箱将是安全的。事实上，我认为没有这一范畴我们就无法理解人类行为，亦无法理解伯林关于人性的观点。

关于伯林论人性还有许多东西可说，事实上，他写的一切都可以被纳入这个标题之下。但是，我们现在已经阐述了其叙述中的最基本内容，这已然可以作为充分的背景，来讨论伯林与我在 20 世纪 90 年代通信中所争论的具体问题点。下面，我将转而叙述这方面的内容了。

第 10 章
多元主义与宗教

　　Croyez ceux qui cherchent la vérité, doutez de ceux qui la trouvent.

　　（Believe those who seek the truth, doubt those who find it.）

　　相信那些寻求真理的人，怀疑那些找到了真理的人。

　　——安德烈·纪德（André Gide）[1]

Tantum religio potuit suadere malorum.

（So great is the evil that religion could induce.）

宗教所能诱发的邪恶如此巨大。

——提图斯·卢克莱修·卡鲁斯（Titus Lucretius Carus）[2]

　　在接下来的两章中，我将连续叙述伯林与我关于多元主义与宗教，以及"道德核心"和"人类视域"等主题的通信。这两章并不是截然分开的，因为无论是从时间线角度讲还是从其本质讲，我们关于这两个主题的讨论都是交叉重叠的。不过，在这两章中，我的确将分别侧重探讨其章节标题所示的主题。

第10章 多元主义与宗教

I

我向伯林所提出的文化多元主义与宗教信仰之间的关系问题，对于任何希望明智地思考人类困境的人来说，都是一个中心问题，我在当时是如此认为的，现在仍然这样想。对于我来说，文化多元主义对于不同人生观的承认与颂扬——其中的许多仅仅在其自身的体系内才是合理有效的——至少与世界上的主要宗教处于一种致命的紧张关系中，后者坚持认为，存在适用于全人类的唯一真正道路，这就使得多元主义与宗教相互抵触。伯林似乎从来就没有完全接受这一看法，而且，尽管我们曾经长篇累牍地对此进行讨论，但是他的理由在我看来仍然不是完全清晰明白的。我希望我们之间的通信交流能够使读者理解的观点，比我迄今为止努力理解的更加到位。

无论我们是关注宗教还是社会制度，都存在一个内嵌于其本质之中的永恒潜在可能性，即过度狂热的拥护者会被他们自以为知晓真理的确信完全控制头脑，笃信他们已经掌握了最终解决一切人类弊病的方案，这就为他们提供了正当理由，认为可以做几乎任何事去说服或强迫非信仰者，使他们与自己保持一致。在过去，这就是宗教裁判所（Inquisition）与十字军东征的一个理论基础。在我们自己的时代，这种倾向最极端的形式则体现于大多数极端主义"圣战"狂热分子的恐怖主义中，以及某些国家所实行的极权主义政治体系中；[3]伯林的思想为我们提供了重要的思想弹药，用以对抗引向这些方向的诸种信念。

探索思想

伯林本人不太愿意得出我所主张的这种关于宗教信仰的一般性结论。他的生活经历使他更为直接地关注政治极权主义，而非宗教极权主义，尽管这二者紧密相关。而且，他并未曾遭受过过度的、纠缠不休的宗教确定性所带来的痛苦，因此，伯林为什么不直截了当地探讨这一问题，这从个人作传角度讲是有原因的。从他散落各处的评论中——其中有一些我已引用，有一些即将引用——可以合情合理地推断出，他对此与我的观点一致。事实上，伯林有一次确实告诉我他正是如此，当时我自己出版了关于这一主题的作品。我马上就会写到这些。

伯林本人是无宗教信仰者，这特别体现在我下面引用的这段伯林的解释话语中。他也是反宗教信仰者。在1984年致友人欧文·辛格（Irving Singer）的一封信中，伯林写道：

> 至于人生的意义，我并不认为人生有任何意义：我根本就不去追问人生的意义是什么，因为我怀疑人生就没有意义，而这对我来说是一个巨大安慰的来源——我们在人生中尽力而为，这就是有关人生的一切。请相信我，那些寻求某些蕴意深邃的、关于宇宙的、统摄一切的并在目的论意义上可以论证的固定"剧本"或是神祇的人，都可悲地大错特错了。（《自由论》第4版，第246页）

但同时，伯林也认识到，宗教信仰在某种意义上说为人性所固有。尽管伯林声称自己对上帝"充耳不闻"，但他还是在信中给我写了如下的话：

第10章 多元主义与宗教

> 我发现这些人，比如弗雷迪·艾耶尔或是休·特雷弗-罗珀（Hugh Trevor-Roper），都是丝毫不掺水分的无神论者，对这一切全盘否定与谴责……他们并未理解人们依靠什么生活，我则自称可以理解，因为我相信自己拥有这种理解，理解宗教情感及其对于人们性格和生命的作用与影响。（写于1992年2月10日）

诚然，宗教情感并不等同于宗教信仰，不过，前者通常源于后者，或者是引向后者。此处存在一个伯林思想中的悖论，我不是很肯定该如何去解决它。他所说的话似乎是暗含着这样的意思：人类注定要依靠某种幻象生存。或许人们确实如此，又或者，这只是我们不愿或是不能摆脱掉的许多幻象之一。其他幻象也可能是，我们拥有自由意志（见前一章），或者是我们不会死掉。就信仰神祇这一点来说，也许当延伸到具体现象之外并且需要适用于作为整体的现实的时候，理解与解释的人类天然欲望就会哑火失效；就仿佛我们要问的是，整个拼图玩具应该填到哪里，而不是其中的某个拼图碎片应该填到哪里去。不必相信，在我们身体中进化的精神禀赋就是完美无缺的，特别是当它应用于推动其进化的语境之外的时候。可能会发现，我们的本能创造出一些期待，理智则告诉我们要对其打些折扣（另一个更为极端的论点是，在进化压力下创造出的信念断不能声称自己拥有真理）。

对文化多元主义的接受会如何影响我们对宗教信徒的态度呢？他们坚持认为唯一的普遍信条对于全人类都真实无疑。诚然，文化多元主义者不应该主动去审查宗教信徒，除非当他们变得咄咄逼人,但是,文化多元主义者是否应当与其理论,证明他们是错误的呢?文化多元主义者断言,没有一种关于人们应该是什么和应该做什么的独一无二的、包罗万象的说法可以自称是唯一真理。在我看来,从这一点出发,接踵而至的是如下结论——事实上几乎是对它的重申——文化多元主义者注定会拒绝接受一切普遍主义的信条与意识形态,因为它们自称唯我独尊。

伯林正是出于此而强烈地反对政治普遍主义,以及随之而来的不宽容,而同样的论辩也适用于宗教领域。他为什么不愿意接受这一点?部分原因可能是由于,无法将宽容与基于理性的赞同这两个问题截然分开;不过我怀疑,他的勉强态度还有某种更深层的原因,而我发现很难将其辨别,不过它可能与伯林自己将植根于犹太传统的强烈感觉有关。并不是说这就是维护宗教的正当理由,正如我在2008年的一次采访中所说:

> (伯林)对于宗教实践的态度似乎是,这是文化身份的一个有价值的载体。对于他来说,犹太教的仪式与习俗令犹太人的集体身份认同得以延续。在此基础上,他完全是高兴地,甚至是急不可耐地加入其中,但同时并不赞同犹太教所涉及的任何教义上形而上学的论断。在我看来,无论在思想上还是在道德上,这似乎都是难以被接受的观点结合……这实际上意味着,希望保留一种宗教传统,但是你并不与其信徒共同拥有作为该传统基础的信仰,而这些信仰对于许多人都具有塑造其生命的影响,程度如此之深,以至于你所看重的某个副作用会一

第10章 多元主义与宗教

直起作用。我记得玛丽·沃诺克（Mary Warnock）有一次曾在广播上说过些什么，大概意思是，她并不相信"祈祷书"上的任何神学命题，然而仍然希望英国国教会（Church of England）继续存在，因为圣公会晚祷之美可以由此得以保存。然而更为严肃认真地说，如果你像我一样相信宗教信仰至少有着变得具有压迫性和破坏性的倾向，那么任何鼓励宗教存在并繁荣发展的事物在我看来都是令人遗憾的。

伯林曾经写道，当纳粹将人们装入"驶向毒气室的火车，并且告诉他们将要移民到某个更为幸福的地方"（《自由论》，第339页）的时候，恐怖的一个新维度便由此打开。嗯，在我看来，这一情境的逻辑可以与伯林对于宗教的态度相提并论。获得慰藉这一说法与马克思所概括的宗教是人民的鸦片这一定性太相近了，而鸦片是奴役者，并非解放者。（《以赛亚的书》，第142页）

有时候，伯林确实在事实上承认我的观点。比如，他赞同宗教的必要责任就是使其普世化这一说法，也认为多元主义者对普遍主义者的挑战是合情合理的。"当然，一个人有权成为一个为了抛弃普遍主义信念而奋斗的'传道士'（evangelist），而且我认为这样做非常可取。"[4] 但是，在另外一些时候，他拒绝接受我的观点。我怀疑，他的观点比我所认为的更为复杂，同时也不如我所认为的那般思考透彻。

现在，我将转而叙述我们关于这一话题的通信，按照讨论的时间顺序来一一呈现相关问题。

II

我在写于1991年3月25日的信中发射了自己的第一发炮弹:

我想转变一下话题,求问您关于几个问题的观点。叶礼庭给《新共和》(New Republic)刊物撰写了一篇论述《扭曲的人性之材》的非常有趣的文章,并请我为该文提意见,当此时,这些……一直潜伏在我思想深处的问题变得明晰起来。

第一个问题关于您对于人类共同的道德核心[5](姑且这样称之)的视野范围是什么——这也是抵御相对主义的堡垒所在。我一直认定,尽管您研究的事例自然大多数来自西方,但是您的整张画布(至少潜在地)是全体人类。事实上,如果您说自己的观察不适用于西方的界限之外,或者说您对此界限以外的一切一无所知,那么我会深感失望。您的学说最具吸引力的特征之一,就是对于应该如何理解一些集团和人的行为及精神层面的主张,它提供了某种指导意见,比如对于伊斯兰教或在苏丹掌权的那些人如今的行为——更不用说还有社会人类学家们所研究的那些更具异域情调的文化表现形式。佩里·安德森(Perry Anderson)[6](如果我没记错的话),可能还有叶礼庭受到(我希望是)《扭曲的人性之材》中相关评论的误导,想知道您是否希望将自己限制在西方传统之内。然而如果是那样的话,别的且不论,关于共同人性核心的本质与程度的探讨,以及关于宽容与可接受的多样性之相关限定范围的探讨,不都

第10章 多元主义与宗教

至少会变得远不那么有趣了吗？

第二个问题与其有所关联。我常常疑惑，作为您的多元主义的结果之一，对于不同优先级的宽容态度可以在多大程度上扩展到某种普遍主义类型上——比如，泛伊斯兰主义，以及形形色色的宗教（包括基督教？），等等。这是否就是类似于"除了不宽容之外，我会宽容一切"这样的问题？您对极权主义的一再拒斥肯定会使人们认为如此。如果多元主义是真的，那么就没有任何一种形式的一元论会是真的了？

另一方面，您难道不会接受他人的宗教信仰吗？同时并不限制他们认为自己支持或是接受多元主义的信念？如果去除掉其中的普遍主义理想之后，许多信仰的性质疑会发生变化。这对信仰来说很糟糕，但是，如果一位多元主义者坚持说普遍主义理想是人性多样性的可以接受的表现形式，这是不是真的在观点上连贯一致呢？"毫不妥协地主张（自己的确信）"可以是一种文明的行为，但是当然仅仅是在此人同时也意识到其确信之"相对有效性"[7]的情况下？（顺便说一句，我为那个"相对"而备受困扰，特别是当人们开始指责多元主义陷入相对主义泥沼的时候。我们不应该称其为"可选择的有效性"或是其他类似说法吗？）

普遍主义并不是极权主义，尽管它常常是后者最为庞大的基石之一。然而，它确实与多元主义彼此抵牾，不是吗？因此，假如基督教的基本成分之一是其教诲对于所有人都永远是真理，那么这难道不是自我毁灭的吗？我猜想，只要它是无害的，人们可以继续容忍其存在，但是，是否应该将其

303

作为那些希望自己的信念与现实保持一致之人的合法选项之一来加以接受？

我的"第二点"并没有如其应该的那样清楚区分如下问题（我很快就意识到了这一点）：

1. 文化多元主义者是否应该宽容普遍主义的信条（这是个政治问题）？
2. 文化多元主义者是否应该将普遍主义的信条纳入其认为是合理的多元生活方式之中（这是个逻辑问题）？
3. 某个普遍主义信条是否可以与文化多元主义信奉的真理兼容（这是上述问题2的另一种问法）？

我认为，第1个问题的答案是"是"，第2个和第3个问题的答案是"否"。我将在下文中回到这些区分与问题上来。

伯林于1991年4月2日写了一封长长的回信，正如我在写于4月11日的信中所告诉他的，这封信"精彩至极，对我的问题做出了蕴含丰富信息的回答"，尽管他对于在我看来是长期以来存在于其思想之中的中心悖论——即我们可以既理解他人的观点与行为，同时又对其进行谴责——的处理并非完全令人满意。我稍后也将再次回到这个难题上来。我在下文中抄录这封重要信件的大部分内容，在看起来必要之处插入评论，作为对伯林的叙述中那些我认为是难点的地方的连续点评。安东尼·昆顿（Anthony Quinton）曾经将伯林的文章形容为一列晃晃荡荡、快要散架的火车，行李摇摇欲坠地捆在车厢顶部，火车飞速行驶在凹凸不平的轨道上，一路向前一路向下掉落行李箱。[8] 我试图在行李箱掉落的时候将其抓起。另一种选择是，也可以开车紧紧跟随在火车后面，将一路丢弃的行李都装进拖车里，稍后再一并加以关注。但是按照后一种做法，我就得在回顾过程中不断重复那些有问题的段落，故看起来最好的方式是以局部为基础进行阐释。

如你一贯的做法，你问了一些重要的、既中心又困难的问题，对于它们我并没有什么确定的答案。我将竭尽所能回答你，但是如你将看到的，这种回答的犹豫踌躇程度令人痛苦……

上帝啊，我将如何回答关于"人类共同的道德核心"这个问题？关于这类事情，我发表的所有一般命题在某种意义上都是业余的评论，仅仅是泛泛的反思，并非建立在涉及历史学、社会学、心理学等学科的精确知识之上，而这些学科在理论上是需要的，以赋予其任何一种客观的或是具有科学性的体面。若只是说"大多数人，在大多数时候，在大部分地方，当然会……"，则其论建立在什么之上呢？这是关于人类像是什么样的大致感觉，它不仅仅是遍体漏洞，而且可能在一些地方还产生严重错误，然而说这样的话于事无益：一切此类宽泛的概括都既不可避免，又不能加以论证。

"当然会……"后面所省略的是什么具有一定的重要性。伯林经常使用"大多数人"的句式，而在其他地方，他很明显是在讨论对建立于共同信仰之上的道德原则的普遍接受情况。比如："我认为存在某些共同原则，几乎为大多数地方以及大多数时代的人类所普遍接受。"（TK）对于核心的这种叙述的难点在于它过于保守。有一些原则曾经得到广泛接受，但是后来被舍弃，例如妇女应当对男人恭顺服从这一原则。为了给道德进步提供空间，看来最好将核心看作是由需求或者是利益所组成，我们才能够更好地理解这些事物，并依据它们来修改我们的原则。假设所有时代、所有地域和所有文化的人们仅仅由于其属于人类这一物种，便全都拥有特定的共同需求与利益。这是完全合情合理的。我们可以设想，这些共享的需求与利益生发出最小限度的共同价值与原则，它们适用于世界上任何地方，正如伯林此处所确认的：

> 你问它们是否适用于非西方世界，依我看来，它们适用。比如说，日本文化在我看来比我曾经遭遇过的任何文化都更为遥远，其价值观与我们自己的价值观大相径庭，然而，这种文化仍然属于人类，即 nos semblables（如同我们一样的人类同胞）。我的意思非常简单：除非存在共同价值，无论其在细节上多么不同，尽管被各种情境、基因或者是别的什么因素朝着这个方向或是那个方向加以扭曲——除非存在它们，否则的话交流将变得不可能；但是这并非不可能。传教士们认为他们能够试着使特罗布里恩群岛上的原住民（Trobriand Islanders）皈依基督教，或者是（据我所知）令非洲的俾格米人（pygmies）转信上帝，

尽管在其生活方式上存在着巨大的鸿沟。他们只能运用诉诸其他人最终能够理解的某样事物这一方式来达到此目标——一些人被说服，一些人未被说服，但是这两种情况在某种程度上都是可以理解的。

在这里，伯林断言，世界上任何地方的人类之间都可以产生交流。在别的地方，他做出了另一个相似的论断，即理解生活于不同时代的人是可能的，尽管可能需要付出巨大的努力，才能进入处于遥远时代的人们的语境之中。他也许是正确的，但是需要问一个问题。提出如下设想并不荒谬，即这种交流与理解可能有其限制因素。共同的生物种属成员身份并不会必然引出相互理解的可能性，而且正如伯林所说，文化可能彼此"大相径庭"。人们当然还必须看到历史的进步：史前石器时代穴居人与我们当前的需求和利益判然有别。不过为了简化问题起见，我们此处的探讨不考虑历史因素。让我们假定，对于交流与理解，不存在历史或文化上的限制因素，但是要注意，对这一假设也应该进一步检验。

下一个问题涉及共同核心的范围，它包括了多少条原则？

问题在于，它有多广泛？你可能知道，赫伯特·哈特有一次试图发展出一套关于自然法则的经验主义理论。[9]他说存在一些所有人都接受的特定原则，因为若其不存在的话，社会便会崩溃，而且人类还有一种几乎是生物学意义上的需要，即生活在一起的需要：例如，不相互杀戮，否则社会将无法维持；不相互欺骗，否则没有人能够相信其他任何人（因此便没有交流）；想必还要有饮食、居所，等等，没有它们人就无法生存。但是，尽管这些最终都是正确的，对于我们愿意将其定义为人权的东西，基于以上原则所形成的基础过于薄弱，人权很有可能是建立在某种普遍的道德接受之上。

伯林这里的意思似乎是，甚至是自然法则最低限度内容（我们称其为"核心"的东西）的全部也不足以产生出我们现在希望明确肯定的一份关于人权条目的完整清单。没有具体例子，就很难去评估这一断言。正如我在前一章中所说，对于伯林来说，人权只不过是被载入法律的人之利益（亦可参见《确定不移：1975—1997年书信》，第445—446页；《未完的对话》，第43、91页），这使得人权听起来与核心紧密关联。另一个似乎更为合理的论断，也是伯林肯定会接受的（"基础过于薄弱"），是核心本身并非由某种文化所塑造。完全成熟的文化囊括了超越于最低限度人类需求之外的原则与价值，而不同文化则展示出各异的附加元素。不过伯林相信，它们之间有着足够多的共同之处以保证跨文化的理解，正如他接下来所加以确认的：

> 那么我还能说什么呢？我能说的仅仅是，依我之见——仅仅是依我之见，不同民族、文化、时代之间人类生活的差异被夸大了。尽管我们不知道雅典是什么样的［它与贝鲁

特（Beirut）相像，还是与非洲的栅栏村庄（kraal）更为类似？］，但仍然不会完全误解柏拉图，尽管昆廷·斯金纳想要我们相信，除非我们确实知晓这些事情，否则就不会真正理解思想家们的意思到底是什么。[10]如果情况如此，那么人之间就存在一块相当广阔的共同区域，在其上可以进行"建筑"。从他们与布道者共同拥有某些价值的角度来说，向他们布道宣教一定是可能的——他们可能会拒绝，会争论，他们也可能杀掉或去折磨布道者，然而为了说明布道者是错误的，他们必须建立起特定的假设，并且解释其错误的原因或根源，这就使某种程度的共同理解成为必要。当然，在有些时候，布道者是成功的，如果未能驳倒，至少也削弱了他们所持有的激烈观点。我坚定地相信这一点，而且它适用于全人类。如果叶礼庭不这样想，请一定要纠正他。

现在讨论关于多元主义与宽容的问题。天哪，这又是另一个可怕的问题。你所表达的老生常谈是众所周知的——依我看来也是正确的，即民主制度应当宽容所有信条，那些具有颠覆民主之威胁的信条除外；自由主义应当宽容一切，但不包括那些将终结自由思想与自由行为的事，等等。所有这些说法都是正确的，我确实接受这一点。但是，它们不够深入。我并不想说自己宽容，也不想说自己不希望去压制那些人的观点，比如认为折磨孩子以取悦自己之行为无伤大雅的人，宣扬或是践行其他极大罪恶的人，甚至是种族或民族仇恨——即使是我那假定是宽容的社会并未受到他们严重的威胁。你问我是否希望戴维·欧文（David Irving）或是民族阵线党（National Front）[①]被囚禁起来？也许不是囚禁，因为不需要。我丝毫也不介意一定程度上的审查制度，即不允许某些东西公开出版，就像是种族关系法规所做的一样。不过社会并没有因此而处于严重的危险之中：这种不宽容并不会颠覆我们自由社会的根基。

另一方面，从严格意义上说，我也不能说我希望压制所有的不宽容。所有相信普遍价值的人在某些时候大概都会对他们认为是错误或反常的事物不宽容，但是我绝对不认为应该对伊斯兰教、基督教、佛教或是任何传教、信教行为加以审查。我相信犹太教也信仰普遍真理，认为那些脱离该教的人须自担风险，而且如果可能的话，要阻止他们这样做。不过，一些犹太人坚持认为，犹太教仅仅是犹太人的宗教，他们对其他人丝毫不感兴趣——关于这一点存在一些争论。我不能说自己希望宽容一切，但不宽容本身除外，即，仅仅是要么（a）你所说的情况威胁到多元主义、宽容等的不宽容，要么（b）我认为是邪恶的东西（其他人可能并不如此认为），因为我确实有我自己的信条，确实相信存在相互交织在一起的一组特定价值观的集合——它们所形成的视域处于生活的形式之下。依我之见，没有它们，我的生活（以及与我以相同方式思考之人的生活，即我自己的生活、思想及情感之一部分处于其中的社会交流与生活）将会成为不可能。

[①] 这里指反对移民的英国小政党民族阵线党。——译者注

出现在最后一段开头的"普遍价值"这个短语的含义难以捉摸。它可以用来指普遍的核心价值，但是在此处，伯林将其用在宗教信徒身上，他们坚持认为自己特定的教义在任何地方与任何时代以及对于任何人来说都是真实的，而且那些拒绝接受这些教义的人就犯下了"错误或反常"之罪行。让我们把这些人称为"宗教普遍主义者"，以将其与仅仅接受核心原则的人区分开来。

这一段中更为重要的问题来自伯林在上述（b）点中所说的话，他似乎是将核心与文化特性混为一谈。这很重要，不仅仅因其本身，还由于同样的混淆反复出现在伯林的作品中。此处，伯林谈到"我认为是邪恶的东西"时，指的是具有文化特性的东西，仿佛属于其他文化的成员可能对于什么算作是邪恶持有另一种观点。在我看来这是错误的。如果我强烈地认为某事是邪恶的，那么似乎更自然而然的看法是它触犯了核心的原则，而不仅仅是有违于我们自己生活的特殊原则。事实上，这就是"邪恶"含义的一部分，是个强有力的、普遍有效的标签，因为存在普遍的人类考虑因素，基于这些因素，某些特定行为在任何社会中都会被认为是应当予以深刻谴责的。然而，伯林在这封信中的叙述将邪恶置于核心之外，放到了文化多样性的领域之中，从而使邪恶成为对"相互交织在一起的一组特定价值观的集合"的冒犯，而不是对任何一组正常价值集合的触犯——严格意义上说是对人性的违背。

伯林可能将对于人性的触犯与另一种情况混为了一谈，即我们确实是在捍卫某种文化的特殊标准以对抗来自另一种文化与

第10章 多元主义与宗教

311

之相竞争的标准的情况。在这种情况下,可能的情形是,没有一种标准能够公然无视核心价值,于是我们就无法诉诸核心,将其作为基础来为自己的方式辩护并攻击竞争者。在这里,辩护的基础将是,当我们自身文化的方式与(比如)外来者或者移民的方式发生冲突时,我们有权利去为自己的方式辩护。这是在某个特定国家或地域占据主导地位的文化所采取的典型立场,如我们将看到的,伯林也维护这一立场。以一位多元主义者的观点看来,两种文化对于该情境的意见都合理有效,因为双方都以与核心保持一致的原则来支持自己;然而其方式却彼此抵牾,而且必须在二者之间做出选择。选择是通过赞同占据优势地位的主流文化而做出的,在这一问题中并不牵涉邪恶。

下面,伯林转向我的关键问题,即人们如何能够将理解与拒斥结合起来:

> 你会问,那么多元主义是什么情况?在那些砍掉盗贼四肢或是任意折磨、屠戮人的社会中生活,情况又是什么样的呢?我坚持认定一个有些令人不舒服,然而在我看来无论如何是相当清晰的概念,即,在多元主义必然使我能够理解其他文化(因为它们也是人的文化,而且因为在具备足够程度的共情能力的情况下,我有时可以进入这些文化——至少我认为自己可以,尽管这也许不过是个幻象)的同时,我保持着对自己文化的忠贞不渝,而且准备好去为之战斗,极端情况下甚至还会去消灭那些我尽管理解却憎恶的生活方式。多元主义是针对相对主义的补救措施,而不是要纠正对我认为

是邪恶事物的不容忍。

这又一次看起来过于谨慎。要是我的话，就会去掉"邪恶事物"前面的"我认为是"这几个字。否则，"那些砍掉盗贼四肢或是任意折磨、屠戮人的社会"便仅仅是在与我自身文化的比较下才是邪恶的，而不是因为与人性的比较而邪恶。当然存在这样的例子，即我出于自己的原因或是为了我的文化而拒斥特定的价值，同时并没有宣称这种拒斥是或者应该是普遍的；不过伯林所描述的情况并不是这样的。邪恶就是邪恶，没有什么限定条件。

这里又出现了另一个反复出现的难点。伯林写道："多元主义必然使我能够理解其他文化。"这意味着什么？伯林的图景是，多种多样所赞同的价值在"人类视域"的界限之内形成不同的组合，而"人类视域"限定了那些对于正常人来说可以理解的价值。因此，多元主义定义的一部分就是，多元的价值跨越了文化边界也是可以得到理解的。这就意味着，伯林此处所说的"必然使我"在分析的意义上微不足道，它并不是以某种方式从多元主义出发推断得出的进一步主张。如果这样说——"多元主义声称我能够理解其他文化的价值"，意思会更为清楚明白。我为这一主张拟定的名称是"多元主义的共情"（pluralist empathy），以使其区别于价值多元主义（value pluralism），后者宣称人类的终极价值是不可约减地多元的，等等。伯林在二者之间摇摆不定，有时候似乎是将多元主义的共情放在首要位置，于是"多元主义"就意味着对于并非共同拥有的价值加以共情式的理解，而不是价值的多元存在这个意思。这两种主张不应混淆，尽管它们是彼此存在关联的。多元主义在此能够提供些什么呢？如果伯林理解生活中的邪恶形式，那么这肯定不是因为它们是在多元主义意义上可以接受的如自助餐一般的文化选择，而是由于伯林知道人类可以是而且常常就是满怀报复之心地邪恶的。多元主义与这种情况毫不相干。

类似的难点也困扰着伯林关于纳粹主义的叙述：

> 换句话说，我并不像汉普希尔那样相信客观存在"绝对邪恶"（absolute evil）。我不知道这个词的意思是什么：价值的客观性是个古老的谜题，而我并不是太理解那些相信它的人所相信的是什么；我只知道他们相信它，或许关于这一点，我的共情能力还不够。[11] 但是，我宣称自己理解纳粹为什么相信他们所相信的事（至少，其中那些诚实的人），即犹太人或是吉卜赛人是低人一等的劣等民族，是白蚁，损害着唯一值得保留的社会——也就是他们自己的社会——因此必须被彻底灭绝。这归根结底是一个经验主义的错误（尽管这样说听起来平淡乏味）：没有什么劣等民族，没有什么虫豸，犹太人并不损害社会，其他民族也不损害社会，诸如此类。然而若是你真的相信他们就是如此，那么你当然就会去做纳粹做过的事，而这并非精神失常（人们太过轻易地说他们疯了，即不可理喻）：这是神志正常之人所做的事，只不过是建立在巨大的妄想错觉之上，这种谬见必须被根除，很有可能是以暴力方式加以消灭——实际上它差不多确实就

是被暴力消除的。不过,"理解"并不妨碍某种暴力方式的"与其作战"。我抵抗敌人以捍卫我的——我们的——生活方式。我理解敌人这一事实并不会使我对其更为宽容——不过,在我确实理解敌人这一点上排除了相对主义。

这似乎又重复了此前的混淆。用以下两种方式之一或者是兼用两种方式,我能够去理解"敌人":(1)如伯林所述,他犯了经验主义意义上的错误;以及/或是(2)他是邪恶的。这两种理解的形式是判然有别的,因此,它们之于多元主义/相对主义的关系也不能被当作同一个问题加以处理。在这两种情形下,多元主义又一次似乎是毫不相关。出于经验主义的错误就是出于经验主义的错误,而并不是坚持与我不同的那些价值;邪恶就是邪恶,对邪恶的拒斥与多元主义无关,而与关于核心的普遍价值相关。两种情形中,理解都不牵涉多元主义的理解。

下面,伯林转向普遍主义宗教教义的问题:

> 你问到关于普遍主义教义的问题,比如基督教。当然,我并未准备好要去消灭它,甚至未准备对其加以反驳,特别是激烈地反驳。多元主义并不必然引出对非多元主义的不宽容,而是如你自己所言,仅仅是不宽容造成了太大损害的那类东西——对我认为是最低限度的价值集合造成损害,而正是这些价值令我的生活值得去过,也令我所拥有的那些东西值得存在,即我存在于其中的文化,我作为其中一员的民族、社会,等等。

这里，我应当将"令我的生活值得去过，也令我所拥有的那些东西值得存在"替换为"令任何可以被识别为人类之人的生活值得去过"；我还应该争辩，要反对"造成太大损害"的教义，是因为它触犯了核心价值，而不是因为它有害于某一个特定的地方文化。

我的下一个问题关于伯林对熊彼特（Schumpeter）之语的著名引述：

> 现在谈谈关于"相对"的问题。我想那是一段引自熊彼特的引文——我无法更改它。不过我认为它并不是我会说的话，我也不会说"选择的有效性"。我想我会说的话是类似这样的："即使它不是永恒的或普遍的。"我认为熊彼特的全部意思就是如此——并不是说它与我相关，而是说它也可能会过时，二百年之后，它可能并不值得以死捍卫，就像我们认为某些形式的殉道牺牲不值得一样，尽管我们尊重他们，然而可能会拒斥他们——比如自焚的俄国旧礼仪派（Old Believers），或者是在我们这个时代到处存在的恐怖主义——我会在多大程度上尊重世界上一些国家和地区的恐怖主义者呢？我痛恨所有这些，然而我又不能否认，如果他们冒了生命危险，则人们就欠他们一份在某种程度上的尊重，尽管这份尊重是极端勉强的，因为这样的人珍视诚实正直，无论是基于何种程度之误判上的诚实正直。

此处，伯林看起来再一次对于其原则的持久性有些过于怀疑了。

第 10 章 多元主义与宗教

我们心甘情愿为其献身的信念并不是我们认为在未来可能被抛弃的信念，也不是即便是在当前也未被认作是普遍有效的信念。它们是我们相信为人类本性所保障的那些信念，是普遍的（尽管其普遍性取决于具体情况）。作为一种经验现象，人性不能保证永不变化；然而，若是人性从根本上发生变化，则一切都会分崩离析，而我们所关注的就不再是调整自己基本信念的清单，而是要关心整个全新的观念与道德世界。

在引用熊彼特的话之前不久，伯林写道："原则并不因其持续时间得不到保证而减损神圣性。"在《自由及其背叛》第 2 版的第 264—267 页，我用了一定篇幅来探讨这一令人困惑的说法。我的意见是，缺乏对原则持久存在的保证这一点其实是说，即便是我们最为基本的价值也是经验世界的一部分，而并不属于柏拉图式的理念世界：

> 世界可能有所不同（《概念与范畴》第 2 版，第 157 页），可能世界上的人并不是如我们所知的那样的人，然而事实是，世界就是这样的，一直是这样的，而人们也一直拥有与他们出现时便潜在的本性一样的人性[12]……我们的价值是经验意义上的，并不是先验的，并没有形而上学地保证不会发生变化，在人类历史的发展进程中确实也曾发生过许多变化。然而，这仍然不会阻止我们毫不畏缩地坚守自己的承诺，或者至少是其中被我们认作人道行为之基本要求的那些承诺：（伯林）相信，我们并不需要我们所支持的那些价值成为永恒结构的一部分；[13] 它们也的确并不是。（《自由及其背

317

版》第2版，第264—265页）

伯林如此结束他的信："我回答了你的问题吗？我想并没有，但是我已经尽力了——如果叶礼庭误解了我的意思，请务必纠正他。"

伯林匆匆煞尾。我于1991年4月11日回信，试图澄清依然困扰着我的一些问题。我当时明显没有搞清楚我以上讨论的关于核心价值的问题（或许直到现在我仍然没有搞清楚），尽管我不明所以地对于伯林就其所说的话感到拿不准。相反，我盯住了关于宗教普遍主义的问题，它对于我具有特别的个人重要性：

我之前没能足够清楚地区分4个彼此独立的问题：

1. 如果基督教以及其他普遍主义的宗教放弃其普遍主义，则在何种程度上可以说它们保持了完整？（可以将其与某些犹太人进行比较，如您告诉我的，有些犹太人坚持认为犹太教仅仅是犹太人的宗教。）

我认为答案是毫无妥协希望，即，一个非普遍主义的基督教（以其为例）在提法上就是自相矛盾的，无论某些现代基督教辩护者如何鼓励它向着这个相反的方向发展。这反过来也意味着，多元主义者不会选择赞同普遍主义宗教（见下列问题2）。乔纳森·萨克斯（Jonathan Sacks）在其最近于里思讲座上发表的讲演中说了一些话，大意是今天诸种世界宗教所面临的主要问题是，它们还没有做出让步，接受自己作

第 10 章 多元主义与宗教

为一个多元的世界之一部分这一点。[14] 如果我理解无误的话,这就相当于说,它们还没有接受自己已经变得难以捍卫自身这一事实——而这并不令人感到惊讶。

2. 既做一个多元主义者,同时又皈依某个普遍主义的宗教,这是不是自洽的呢?对此,我的答案(大概也是您的答案)必须是否定的。

3. 鉴于普遍宗教也是对那些不愿公然无视关于人性真理之人开放的诸多不同的意见/优先性/文化/价值体系之一,多元主义者是否有可能承认自己是某个普遍宗教信徒中的一员呢?

这里的答案看起来也必须是否定的。您正确地指出,"多元主义并不必然引出对非多元主义的不宽容",但是它大概必然引向从理智上拒斥非多元主义。

4. 无论多元主义的意见是什么,人们的确还是会赞同普遍主义宗教。这一点应当得到宽容吗(宽容其给他人造成痛苦的一面)?

这个问题我提得最直白,而且您也已经给出了一个充分展开的回答。如果我还有什么不很明白的地方,那就是关于在多大程度上成为鼓吹放弃普遍主义信仰的人是合理的或是可取的,因为普遍主义信仰总是存在造成不宽容与痛苦的潜在可能性。

伯林回信答复的日期是 1991 年 4 月 17 日。以下是他对我第一个问题的回答:

如果基督教与其他普遍主义宗教放弃其普遍主义，它们还能够保持其完整性吗？肯定不能。你是完全正确的。一个非普遍主义的基督教和一个非普遍主义的犹太教同样荒谬。关于像萨克斯这样的人以及其话语的意思（除了其中包含的他们所采用的一定程度的政治手腕之外）我认为是这样的：所有宗教的诉求基本上都是普遍主义的，而不是关于种族的*，它们宣扬适用于所有时代、所有地方和所有人的真理与对未来的指望。不过，有一些宗教教派相信，所有人都追求真理（真理只有一个，而不是有许多），但追求的道路各不相同，所以强迫人们违背其信念而遵从别人青睐的路线去追求真理是错误的；他们认为，必须尽一切努力去理解并且对自己与他人解释，为什么他们所追求的不同目标之间存在共同之处，（这些目标）其实是通向同一个真正目标的不同道路，等等。我认为，这就是真正的信仰者所应拥有的宗教宽容背后的理念。

对于我来说，此处的难点在于，有一些宗教似乎宣称，只有它们的道路才是通往唯一真理的有效之路："我就是道路，真理，生命：若不借着我，没有人能到父那里去。"（《约翰福音》14：6）正如一位早期评论者所说："宗教伦理常常倾向于给所有其他道德准则都贴上不道德以及来自魔鬼的标签，而这些准则不过是不同于那被认为是给予所有时代的唯一绝对准则而已。"[15] 综观历

---

* 犹太教是非种族的吗？——原注

第10章 多元主义与宗教

史,这样的态度对于一切宗教权威来说当然都是典型的——可以再一次想想宗教裁判所与十字军东征——在我们自己的时代也很熟悉,特别是呼应着旧时基督教极端主义者的伊斯兰极端主义者。不太清楚的是,坚持独一无二的一条真正道路是否仍然应当被看作是对于所有当代主流普遍主义宗教来说必不可少,不过,培育着普遍主义宗教信仰的一元论秉性制造出永恒的绝对主义风险,而冲突与暴力能够随之而至。

伯林接着回答第二个问题,他写道:

> 多元主义者能够皈依某种普遍主义宗教吗?是的(这与你的答案不同),可以。这仅仅意味着,他信仰属于自己的普遍主义宗教(也就是他自己的普遍主义宗教?),但同时也允许其他宗教、观点或是任何什么去表达自己,除非它们触犯了被广泛接受为某种最小限度的共同道德核心的东西,至少在西方世界是如此,但超越此范围可能也是这样——不过我对东方或非洲了解得不多。[16] 总之我认为,不管是不是多元主义者,一个人都有资格去压制(这里使用了我所能够想到的最为严厉的词语),或是在某些可能的情况下去劝阻人们,劝其勿要犯罪,勿要过于颠覆或搅扰某个既定的社会,无论其代理人的宗教信仰是什么。英国人在印度压制寡妇殉夫(suttee)以及其他形式的身体干涉是正确的,他们压制劫财害命者(即暴徒恶棍)也是正确的。我很高兴地说,无论一个社会是多么多元,它也有资格去反抗任何形式的恐怖主义,去宣布其不合法——诸如爱尔

321

兰共和军（IRA）、沙米尔（Shamir）①或其他恐怖组织。换句话说，我认为，存在特定的共同原则，在大多数时代为大多数地方的人类几乎普遍接受。它们必须作为防范过度多元主义自由的藩篱。不过，我相信在每个社会中，也存在某种占主导地位的文化，而且该社会有权去保存占主导地位的文化，并阻止它被与其不相适应的宗教或民族信仰过度侵蚀。这是互不相容的价值观之间的典型碰撞，但是我只能说我自己相信的东西，即每个社会都有充分资格去享有一定程度的团结一致与和平安宁；无论从道德、政治还是社会的角度说，它都有权享有；因此，正如我在给我的另一位通信者的回信中所说，在一个多元主义的自由社会中，可以合理合法地去抗拒那些违背已被接受道德准则的宗教行为（纵容杀戮，或者以各种各样的形式来压迫人类的某个群体——异教徒、妇女、黑人、白人，等等）。事实上，一个自由主义（多元主义）的社会就应当是摒弃了这些行为的社会。但是，并未对占据主导地位之文化的道德根基形成威胁的多种多样的习俗当然应该被允许自由存在，尽管不应积极鼓励它们发展。

我不能完全理解这段话。它看起来混淆了政治宽容——如果这个术语正确的话——与宗教多元主义（我头脑里想的是后者）：理

---

① 指以色列政治家伊扎克·沙米尔（1915—2012），曾主张以极端暴力事件促成以色列建国，并参与制造多次恐怖事件。——译者注

智同意之下的宽容。当然，相信宽容的人是不会去寻求压制自己宗教信仰的对立者，即便这些信仰被认为是对全人类来说唯一真正的信仰。然而，如果这是个宗教多元主义者，即承认没有哪种信条具有对真理的垄断权，那么拥护某种普遍主义的信条便造成了术语上的自相矛盾（关于这一点，上文中伯林前两条回答的开头之处并不一致）。

伯林在回复中详细阐述的方式似乎显示出，我们在此处略有分歧。伯林所谈论的是核心，是为全人类所接受同时也适用于全人类的共同的道德共识，以及这一共识为合理容忍所设置的界限；与之相对的，我说的是对文化多元主义的接受为某一类宗教信仰设定了怎样的逻辑界限，且这类宗教信仰可以为文化多元主义者并非自相矛盾地持有。我所追问的是，文化多元主义者成为普遍主义者是否合乎理性，这一立场看起来至少是近乎一种形式上的自相矛盾。当然，需要明确，我们正在考虑的是哪一种普遍主义。文化多元主义者也很有可能，事实上是应该成为笃信某一原则或是普遍价值的普遍主义者，比如禁止无缘无故的残忍行径。然而，对于某种文化或宗教内在固有的整个价值体系，普遍主义与文化多元主义就是彼此对立的。

不管怎样，伯林回答了另一个不同的问题，即文化多元主义者是否应当宽容普遍主义信仰（这当然与他自己的信条相冲突）。他的答案是肯定的。因此，我们可能不由得会注意到，此处"多元主义"采用的是另一个意义。不过，这种宽容并非为多元主义所独有：所有人都有可能宽容，无论其自身关于价值本质的观点是什么。当然，若是宽容被如下信念所强化，即与己相对立的观念可能与自己的观念同样为真，那么，多元主义在其中便有所作用，而多元主义的宽容这一标签也可能就是合适的——这种宽容是不把被宽容的观点视为错误的。但是这种宽容的形式并不能被多元主义者扩展到普遍主义的信仰中去。

伯林在这段中还引入了占据主导地位的文化这一概念及其蕴含的意义，不过这是另一个单独的问题。事实上，他几乎是立刻回到了前一个问题，列举了那些不仅仅会被占据主导地位的文化排除，而且也会为人性共有的道德共识所排除的习俗与行为。诚然，他是在即兴发表评论，期待其在逻辑上滴水不漏是有失公允的；尽管如此，我还是认为，即便是设身处地地看，还是无法否认此处显示出某种混乱。

伯林接下去回答第三个问题，这个问题与前一个非常接近：

是的，这是可能的，基于我之前已经陈述过的那些条件，其中必然是这样的情况，比方说，在教育实践中，需要一种在各个不同的宗教、民族等群体间寻求重合之处的课程表，要保证不会扭曲——或者是占据主导地位的文化认为其有可能会扭曲——孩童的教育；于是，民族或宗教学校要是禁止使用占据主要地位的语言，则必须不予许可，同样也不能允许它们不教授由来自占据主导地位之社会群体的公正法官鉴定过的所谓通史或者数学——以及被我们认为是对于一个受过充分教育的人来说一般需要的无论什么课程。如果你明白我的意思，多元主义肯定并不在这方面要求自由，或是

第 10 章　多元主义与宗教

其他类似的方面。

你提到"公然无视关于人性的真理",但是情况比此更为狭窄,——是公然无视最小限度被共同接受的道德与政治思想。所以,我对你第三个问题的回答如下:"一个多元主义的社会有权利去反对某个特定个人或群体的观点,但是不能 [去反对] 他们持有这些观点的权利,除非他们触犯了上述给定的条件。"

如同在前面那段中一样,此段中似乎也出现了同样的混淆。我所追问的是相信价值多元主义真理的逻辑后果("关于人性的真理"之一部分),其中一个后果必然是某种普遍主义宗教由于拒绝接受人类可能的价值体系的多元性(不过这一多元性也受到我们共同人性之普遍需求的限制),从而使任何认识到这一真理的人便无法在不自相矛盾的情况下接受它。又一次,伯林探讨的是我们的共同人性对我们所容忍或允许的行为和习俗所设定的限制。这是两个完全不同的问题。

这里应该澄清另一个可能混淆之处。宗教普遍主义者为什么就不能是价值多元主义者呢?从如下意义上讲,在原则上我看不出什么否定的理由,即相信他所认识到的价值是不可约减地多元的,而且有时候当它们彼此冲突时也是不可通约的(内部的多元主义)。《登山宝训》(Sermon on the Mount)中罗列的所有美德可以同时得到最大程度的发展吗?据我所知,各种宗教都并不经常强调这种困难,也许是因为它们更愿意鼓吹如下概念,即每个道德问题都有一个独特的解决方式。(《古兰经》和/或《妥

325

拉》①是否也持这一观点？）不过，面对两难道德困境时祈祷获得指引这一观念天然地与价值多元主义相符，只不过在这种情况下，在相互冲突的价值之间的选择决定据说是由应答祈祷的神灵所做出的，而不是由祈请者做出的。下文在追问基督是否可能是多元主义者的时候，我还将回到这一问题。而另一方面，普遍主义者无法对与之相左的其他普遍主义（外部多元主义）抱有一种多元主义的态度。

现在，我们来看看伯林对我的第四个，也是最后一个问题的回答：

> 正如你所说，他们给别人带来痛苦的这一方面当然应当得到宽容。如果它导致了过度的痛苦——或许非常少量的一点点烦扰并不要紧——则不应当宽容他们。当然，一个人有权成为鼓吹放弃普遍主义信仰的"传道士"。这肯定是合法合理的，而且依我看来还很可取，但这仅仅是我的意见——我认识到有必要去宽容那些拒绝承认这一点可取的人，如果……
>
> 这样回答让你满意吗？我真心希望如此。如果没能令你满意，请一定要继续逼问我，我一点也不介意，我的回答造成的可怕负担只会落到帕特的肩上。

这在我看来更加明了易懂，我予以接受（无可否认还是带

---

① 又称《律法书》或《摩西五经》，指《旧约》的前五卷。——译者注

着一些疑惑），尽管它并没有澄清我在伯林对我的第二个和第三个问题的回答中所发现的混淆。我想，这也体现出伯林本能地比我宽容，他这点值得赞赏。

我于1991年4月25日回复伯林，专门提到他对我第二个问题的回答（"既做一个多元主义者，同时又皈依于某个普遍主义的宗教，这是否是自洽的呢？"），我写道：

> 我请求您确认，依您之见多元主义者无法自洽地同时皈依某种普遍主义宗教，而您只是简单回答说他可以，然而具体是如何可以呢？多元主义者坚持认为，对于诸如"我们应该如何生活？"这样的终极问题并不存在具有唯一的、客观的、可以证明的等特征的答案；但是普遍主义宗教却恰恰给出这样的答案，在做出必要的小修改之后则对于所有人正确，在所有地方都正确，永远正确。因此，宣称皈依这样一种宗教的多元主义者便难免自相矛盾之失。我的这一逻辑有何漏洞吗？
>
> 或许我们的意见根本就没什么分歧，只不过是在不同的意义上使用"多元主义"一词？您如此解释您的意思："这仅仅意味着，他宣信属于他自己的（一种？）[*]普遍主义宗教，但同时也允许其他宗教……有所体现。"这使我认为，您是在如下意义上探讨多元主义，即，这是关于一个人应当如何对待与其持有不同道德观点之人的一种态度；

---

[*] 我在自己的信中加上了"一种"。——原注

而我是在这一意义上（我认为您通常的意思也是如此）使用该词，即，一个人应当如何评价其他观点的有效性。在后一种意义上，您的多元主义非常大度与宽容，仅仅受您所指明的那些限制之约束——但是作为其中心思想，它不会为任何一元主义"背书"，而所有普遍主义宗教正属于这一类别。如果我在这一点上搞错了，那么我会比自己原本以为的还要错得离谱。

这就是说，我所追问的是相信宗教多元主义的逻辑结果，而伯林是在谈论多元主义宽容的边界——宗教多元主义者对于与他自己所赞同的价值体系有所不同的价值体系的宽容。同时请注意，当我说普遍主义的宗教是一元主义的宗教时，我所谓"一元主义"的意思并不是该术语在"功利主义者是一元主义的"这句话中的含义——后者指价值一元主义，据我所知这种一元主义也并不（必须）为那些宗教所认同；我的意思是宗教一元主义，这种观点认为仅仅只有一种真正的宗教，因此它是普遍的。

伯林于1991年5月6日回信：

关于多元主义与普遍主义，让我来解释。多元主义者并不需要坚称对于终极问题没有单一的、客观的答案。

这一说法令人震惊，鉴于伯林思想中最为恒常的负担之一，恰恰就是对他上述观点的否认。我猜想，在写下这句话时，他心中所想的可能是对于某些具体问题的回答，而不是广义上的回答。因此，比方说，相信残忍是错误的，就可能被认为是此处所指涉的情况，而马克思主义不能被认为属于该情况。伯林继续写道：

> 多元主义者要说的一切，就是他坚持认为，某些信念对于他来说是他相信为真实的普遍世界观（Weltanschauung）之一部分，哪怕不是全部。我说"相信为"，意思是除非被驳倒，否则不论经历何种艰难，他都会坚持自己的观点，甚至或许为了捍卫该普遍世界观的中心价值或原则而牺牲性命。与此同时，他又必须说，有一天奉为真理的世界观也有可能被修正、被改变——在这个经验世界上，没有什么能保证任何事是绝对的。总之，就他而言，这就是他最终相信的，而且这还不止于此。同时，他也意识到其他人对于某种不同类型的世界观怀有同样强烈的信念。他相信他们是错误的，但是使他成为多元主义者的，是他能够去理解，通过某种想象式的共情力理解，出于其他人所生活的环境，或是出于他们在成长过程中所接受的培养方式，或是出于其性格或思想，他们是如何去相信其他一些东西的；在多元主义者看来，他们肯定是错误的，但是相信那些东西也并非不值得——必须去宽容他们，除非他们威胁到了他自身及其文化的存在根基。普遍主义者肯定不会是多元主义者；[17] 但是，一个人可以既是多元主义者，同时又相信自己观点的普遍有效性，并相信其他观点是错误的——然而却并不相信他不被允许持有这些观点。而且，他必须能够去理解持有这类观点

的人，并理解他们生活在什么样的世界里，他们有着什么样的世界观——或许还能在其中找到一些有价值的东西。多元主义者一定不能做的是，以某种先验的、全然无可改造的方式来宣称自己的观点在所有时代以及每一个宇宙中都是绝对的。在这个意义上，多元主义者当然就不能是普遍主义者。这不仅仅是事关宽容的问题，而且更进一步——普遍主义否认不同于自己意见的观点的有效性，同时也否认可以理解这些犯了错误的人是如何相信他们所信的东西，并且依靠对其的信念活下去的。我这样说正确吗？

这段话在我看来有些混乱（尽管当然有可能是我自己思维混乱），而且将各种不同的问题点混为一谈：

1. 在经验世界中，没有什么可以保证永恒不变。我认为这一点既适用于科学理论（以及"事实"？），也适用于道德信念——事实上，道德信念发生变化的一个原因就是科学观念发生了变化。不过，既然我们在这里关注的仅仅是道德方面，那么就让我们称其为"道德经验主义"，而非道德绝对主义。

2. 人可以既是道德经验主义者，同时也可以准备好为其最深的（道德的、伦理的、宗教的）信念战斗到死。这种对自己基本信念的态度在熊彼特看来是文明的，我们已对其加以考察。我认为，熊彼特的名言并不等于是说，一个人对自己最深信念的态度就一定是讽刺的，如某些哲学家所认为的，尽管一点点讽刺或许并不是一件坏事，如果一个人想要免疫于野蛮人的道德绝对主义。对于野蛮人来说，存在某种绝对保障（无论这种保障是经书还是传统），确保其信仰为普遍真理和永恒真理。让我们将此称为"文明的信念"，而非"野蛮的信念"。不过，与之前一样，伯林在此处肯定是将其对核心价值的坚持呈现为等同于他对具有文化特殊性的价值的坚持。我们愿意以死捍卫的价值是我们相信适用于全人类的价值。多元主义者可能会极力维护具有文化特殊性的价值（以及保持这些价值的权利），但是其维护的方式并不是说"这就是他最终相信的，就是其最高目的"，或者说"一个人可以既是多元主义者，同时又相信自己观点的普遍有效性"。

3. 多元主义者是（被定义为？）能够对信念和价值与自己不同之人产生共情的人，"使他成为多元主义者的，是他能够去理解"……我们在前文中已将其称为"多元主义的共情"。我们能够理解并不与自己共有的价值观，即那些包括在伯林的"人类视域"范围之内却并非我们自己价值星座一部分的价值。多元主义的共情与价值多元主义相关联，因为如果价值不是多元的，则关于价值共情的问题便不会出现；相反，我们的所有价值就会归结为同一种东西（一元主义），在这种情况下，我们之间有所分歧的将仅仅是手段，而不是目的；或者我们将生活在一个私人化的价值宇宙当中，外人完全无法理解它（相对主义）。

如我之前已经提出的，将多元主义的共情简单地称为"多元主义"是令人困惑的，而伯林在此处以及在别的地方都正是这样做的，因为多元主义这个术语主要用在价值是多元的这一论题上，且为了清晰明白起见，它应该专用于此。不清楚的地方还包括，多元主义的共情应该适用于价值还是文化，或者二者兼可。

不过，由于价值通常是处于文化整体当中，而不是孤立存在，那么这一区别也许并没什么太大关系。

4. 多元主义者就是相信存在不止一种可以接受的道德或文化观念的人。让我们称其为"参与式的文化多元主义"（participatory cultural pluralism），或者简称为"文化多元主义"（cultural pluralism）[我们不应称其为"多元文化主义"（multiculturalism），因为后者要么是一个描述性术语，指向文化多样性的现实，无论是在同一个政治管辖区域之内还是处于不同的地理位置——对此我们或许可以命名为：描述性文化多元主义（descriptive cultural pluralism）；要么则是一个规范性术语，即对这种多样性的赞赏]。文化多元主义并不是认为所有文化都合理有效，或同等地合理有效。如果情况如此的话，那么我们就永远不可能去批评其他文化，而我们必须能够自由地去批评，而且有充分理由去做此事。我们可以将某种对其他文化不加批判的立场称为"文化相对主义"（cultural relativism）："自由派可以有自由主义，食人族可以有食人主义。"[18] 这种立场与道德核心彼此不容，后者提供了我们所需的"杠杆"，借助它来形成对那些以这种或那种方式无视道德核心的人的评判意见。

最后这两点截然不同，这是很重要的。文化多元主义是关于多元主义者相信什么，而多元主义的共情是关于多元主义所解释的是哪一类理解（不管那些理解的人是不是有意识的多元主义者）。除此之外，伯林似乎省略了以下二者之间的区别：（1）对于与我不同然而有效的观点的共情（多元主义的共情）；（2）对于错误观点的共情，其错误很可能是由于它们无视核心价值。一个人不需要成为文化多元主义者就能够理解，他人对某些他认为肯定是错误之观点的坚信不疑（他相信他们是错误的）：世界上充满了这一类熟悉的可能情况，甚至就连一元主义者也能理解它。因此，伯林在这里谈论我们对错误的信念产生共情，这就成问题了。我们知道人总是会犯错误，无论是在我们的文化之内还是之外，而且不管我们是不是多元主义者，我们常常也理解他们为什么如此作为。更确切地说，伯林溯源至我们共同人性的对于相异价值的那种特殊共情式理解适用于与我们不同的价值。

对于伯林来说，这样的理解显然是某种多元主义世界观的中心特征或者是结果，即使并非其定义的一部分。也许在他看来，它就是其定义的一部分。我当时应该问问他的。总之，这种多元主义的理解至少与相对主义形成对比，而且被后者排除在外，对于相对主义来说，其他人与自己不曾共同拥有的那些信仰便是完全无法理解的。

我于1991年5月9日回复道：

> 您的评论确实澄清了问题，但同时也令我那过度热衷条理的头脑有些失望，它想要多元主义径直将普遍主义排除在外，甚至排除您所形容的那种共情式普遍主义。我不知道自己能否解释清楚我的不满之处是什么。比如，如果您突然宣布您变成了一位虔诚的基督徒，我会感到极其意外和震惊，但是根据您的叙述，要是我说您背叛了自己的多元主义信仰则是错误的。我宁愿自己在这件事上不是错的。您说："普遍

主义者肯定不会是多元主义者；但是，一个人可以既是多元主义者，同时又相信自己观点的普遍有效性。"这一点是我不能完全接受的。事实上，它看起来相当于某种自相矛盾。它似乎也过度地削弱了"多元主义"的含义，使其仅仅意味着与自己所拒斥的观点产生共情的能力；但是，我不想放过其更强烈的含义（您在其他一些场合也支持该含义？），即所谓终极价值必定冲突；随之而来的是（或者，是这样吗？），任何普遍主义的信条，无论其如何被对于其他观点的共情所包裹，也是就连逻辑一致也做不到的，更不用说是真理了。或者，我是不是将普遍主义与一元主义混为一谈了？我理解，多元主义顾名思义就是要排除一元主义。不过，或许非一元主义的普遍主义是可以想象的。[19] 简而言之，我认为应当先验地排除掉所有普遍主义的信条。（这并不意味着排除掉个人的普遍主义原则——特别是那些我刚刚阐述过的第二级的原则；更确切地说，我所论述的是宣称对所有地方的所有人永远定下什么是正确的那种信仰体系。）但是，从您所说的话来看，似乎我迈出了不合规矩的一步，从而自您的多元主义概念中挤出了比其原本意欲给予的更多的东西。

唉，我怀疑，若要在此处更为清楚明晰，就需要对关键术语下一个双方均认可的更为明确的定义——如多元主义、普遍主义、一元主义、终极价值，等等。这项"工程"我日后再做……

又及：我承认，以上我关于多元主义等的观点未能充

第10章 多元主义与宗教

分表达我想说的东西。您的作品中反复拒斥各种形式的极权主义与独裁主义，理由便是它们与对多元主义真理的认识背道而驰，以及因此而需要消极自由。这就是为什么当我发现您现在说普遍主义宗教体系也并未被排除时，会感到如此惊异，[20]因为在我看来，它们必然内含一丝极权主义色彩。

我不得不承认，27年之后，我依旧在与该问题缠斗，而我也仍然不清楚，这种混乱到底是我自己的还是伯林的，或者是两者兼有。我记得伯林曾经引用哈曼的一句话："我啃食这髓骨，我将啃食我自己的髓骨直至死亡。"[21]即便是借助更为明晰的定义以及对术语更加一致的使用，我也不确定是否能理解得更为明白。但是这并不成为不进一步尝试的理由。首先我要指出，价值多元主义与文化多元主义的相似度比想象的高。价值多元主义是关于个体价值观之间关系的论题，而文化多元主义则是关于构成文化的价值星座之间的关系。如果文化仅仅只是由个体价值观组成的累加建构，那么通过谈论文化而不是价值观，则达不到任何具有独特性的结论。但是，如果文化具有格式塔的性质，也就是说整体大于不同于整体的各个部分的总和，那么在文化层面为真的东西可能模仿在个人价值观层面为真的东西，尽管并不能化简为在后一层面上的观点。比如说，在伯林的文章《现实感》中，便涉及了这一问题：

希腊人或者德国人讲话、吃饭、缔结条约、从事商业活动、跳舞、打手势、系鞋带、建造船只、解释过去、崇拜神灵等的方式中，渗透着某些共同特质，不能用一般法则或是能够发现原因的影响来解释，它们具有不断复现的一致性，这种重复使共同的因素从中被抽象出来，有时候也可以对其加以试验。(《现实感》，第 19 页）

在其他地方，伯林提出了一个略显古怪的假设，即，一种文化中各个不同组成部分之间的联系比每一部分与它在其他文化中相应部分的联系更为紧密，因为文化的每一部分都植根于一个整体的文化本质，或者是重心［即赫尔德所谓的"重心"（Schwerpunkt）］，[22] 它为其所有的组成部分注入某种特色，也可以说注入这些部分所参与的文化所具有的特殊风味，因此，"从其他世纪或是其他文化的角度来判断这些东西是毫无用处的"（《浪漫主义的根源》第 2 版，第 73 页）：

> 德国人用自己的方式吃喝、立法、坐下、起立、理发、写诗、跳舞，等等——所有这些形形色色的活动。尽管他们与其他也从事这些活动的人所做的事情相似，但仍然都具有某些难以把握、不可分析并且富于德国特色的共同之处。葡萄牙人吃喝、舞蹈的方式，他们制定法律、学习历史的方式，他们看东西的方式，他们起立与坐下的方式，他们所持有的道德与政治信仰的类型——这些东西之间的共同之处更多，而不是各自与其在德国人方面的对应行为更为相似。这就是说，葡萄牙人理发的方式更类似于葡萄牙人说话、行

动、思考或是感觉的方式，而不是更像德国人理发的方式。毫无疑问，在葡萄牙人与德国人吃饭或是走路的方式之间存在一些共同之处，但是其中也有不一样的地方。[23]

从字面意义上看，认为（比如）德国人走路的方式更类似于他们吃喝的方式，而不是葡萄牙人走路的方式令我感到近乎滑稽地夸张；然而接下来，正如伯林所观察到的，"除非夸大其词，否则的话很少有新的真理能够抵挡已成定论之思想"（《启蒙运动的三个批评者》第2版，第149页）。不过，我们在这里不需要一路紧跟伯林的思路也能够认识到，文化形成的是一个连贯一致的整体，不同于其各个组成部分。在这种情况下，我们也可以承认，文化是不可通约的，就像是个人的价值观一样。这并不意味着，我们就无法辨识一种文化中的某些特征与它在其他文化中的相应部分（如果有的话）比起来是更好还是更糟。甚至有可能出现这样的情况，即某种文化（比如说纳粹主义，如果它可以被称为一种文化的话）在其核心包括了如此之多不人道的做法与错误的信念，以至于我们无法认可它，哪怕是经过改良之后也无法将其视为一个整体：它已经腐烂到了核心，再也无法抢救。但是除了这种极端的例子之外，并且抛开合理比较与偏好的具体点不谈，我们不能在抽象意义上去给各种文化分级排序：不能说从总体上讲德国文化比葡萄牙文化要好，或是反之。

在这一点上，宗教信仰有时候被认为与文化相似，这也是宗教宽容的基础之一。如同德国人并不仅仅因为自己是德国人便比葡萄牙人更加高贵，基督徒也不会自动地比佛教徒更为优越。这一类比的问题在于，与文化不同的是，宗教在其核心通常都具有相当具体的事实或近似事实的主张或信念，与其他宗教的主张或信念彼此不容。从这方面讲，宗教更类似于科学理论，而不是更像文化。诚然，可以将所有的宗教信仰都当成神话来对待，即"部落的诗歌"，[24] 然而这与十字军骑士或伊斯兰圣战士的头脑中对宗教信仰的理解大相径庭，该看法也不能成为他们发动战事的正当理由。纵观历史，各大世界宗教都极力鼓吹自己的信仰，而其信仰本质上与其敌人的信仰互不相容。

出于这个原因，在我看来，对立的宗教信仰似乎是如同对立的科学理论那样运作，而不是像彼此相异的不同文化那般，至少是部分地如此。当然，根据波普对科学的界定，宗教信仰并非真正是科学的，因为它们不接受用所要求的方式进行的经验检验。但是宗教信仰模仿科学理论排除竞争对手，而文化不是这样，至少在未受到咄咄逼人的民族主义"感染"时不是这样。我怀疑伯林对于普遍主义宗教信仰（在我看来）过于宽容的态度，而正是对宗教的这一理解是我怀疑背后的原因。在我引用我们后来的通信时，这一点将变得更为清楚。在我看来，我们在这些信中继续自说自话，而现在，我为当时没能更好地澄清我们之间的分歧而自责。

我在上一段开头处说"至少是部分地如此"，因为宗教还有更类似于文化的另一方面，并因此也更易于以多元主义的方式持有。也就是说，宗教结合了对所主张事实的明确断言——"万物非主，唯有真主"以及"穆罕默德是真主的使者"（《古兰经》

3.62，37.35，38.65，47.19，48.29）；"耶稣是神的儿子"（《使徒行传》9：20，《约翰一书》4：15，《约翰一书》5：5）——与道德教诲（施舍；"你们愿意人怎样待你们，你们也要怎样待人"《路加福音》6：31）。宗教的一些道德教诲具有普遍特征，因此它们以某种形式存在于几乎所有主流的宗教道德准则中（或许上文中引用的"黄金准则"就是其中之一）；其他道德教诲则是特定宗教所独有的（如戴穆斯林头巾）。不同文化强调人性的不同方面（温顺、羞耻、服务、力量、军事荣耀、自我肯定），这对其宗教传统也同样适用。极端狂热分子也许会认为他自己宗教的每一方面都是无可商榷的，但是至少据我们所知，在宗教领域内也存在一块区域，其中可以将不同的道德道路都视为合理有效，且其有效性不可通约。在这些问题上，完全的确定性对我们来说是不可得的，或者对所有人来说都是不可得的，无论"真正的信徒"声称什么。

宗教的这一双重本质——近似事实的主张与道德戒律的混合（二者之间的界限也并不总是清晰的）——正是使关于多元主义与宗教之间关系的讨论复杂化的因素之一。一种宗教达到提出与科学共识相冲突的事实主张（神创论）的程度时，以多元主义的视角来看待它就是没有意义的。声称地球是平的并不仅仅是另一个无法与其对立观点加以对比的对事物的看法。但是在宗教作为道德指导的根源这方面，就很难或者是根本不可能为迥然不同的诸种生活方式分出高下。出于这个原因，我们应当尽力避免由于忽略宗教这两个方面之差别而造成的混乱。让我们分别称其为（关于信仰的）宗教规条（religious articles）与宗教戒律（religious precepts）。

下面，我将在头脑中带着这一区分回到我与伯林的讨论上来，以期它能够对澄清问题有所助益。

1991年6月3日，伯林重申了自己的立场，但是似乎并没有大大推进问题的进展：

> 我相信，一个人如果是多元主义者，他就能够相信自己的立场［按照石里克（Schlick）的话说，这通常紧密联系着他的"文化圈"（Kulturkreis）］是他可以追求自己完全相信的某种价值星座，但是并不认为其是客观的、先验的，等等；而且基于此，一个人可以去赞同、谴责、怀疑、质询其他人的价值星座。使一个人成为多元主义者的，是他能够通过共情式的想象把握其他人在其他情景之中所追求的东西，并且不会简单地以在客观上毫无价值为由而将其排除掉，至多仅仅是认为对于自己所相信而且愿意为之生或为之死的价值来说，他们是令人恶心、让人不快的而且非常危险，因此有时候要去与之作战，或许甚至到需要杀戮的地步。
>
> 举个例子，我并不认为纳粹分子是疯子。劣等民族的观念是明白易懂的，然而错到了荒谬离谱的地步。然而如果你接受了它，那么针对犹太人的恐怖行为便会随之而来，你或许就会去屠杀从自己信念的角度看来是完全邪恶与危险的人，并且将自己的行为建立在如下基础上以寻求屠杀行径的正当性，即大多数时代、大多数地方的大多数人都不加质疑

第 10 章 多元主义与宗教

地对此加以接受。然而，即便这样也无法令其价值成为永恒的、先验的，等等。多元主义与一元主义当然是完全无法彼此相容的。

以上回答可以接受吗？

此处看起来又一次混淆了由于其他人违反了我们共同的人性而拒绝接受其价值，以及仅仅由于它们并非我们自己文化的价值而对其加以拒绝。至于在每种情况下我们所追求的价值是经验的还是先验的，则似乎至多是一个边缘问题。如果其他人看起来确实是"对于自己所相信而且愿意为之生或为之死的价值来说是令人恶心、让人不快的而且非常危险，因此有时候要去与之作战，或许甚至到需要杀戮的地步"，那么他当然是运用了源于我们共同的人类需求与欲望的价值，它们不仅仅是属于我们自己文化却不属于我们憎恶其行为的那些人的文化？另外，愿意为了在文化上具有独特性的价值去献身，这在逻辑上也是可能的，但是我发现，几乎不可能去想象这样的一个例子，除非是持有该价值的人搞错了这些价值应处的位置。事实上，在我看来，是否愿意为某种价值献身，正是判断该价值是否是人类境况之核心要素的一个非常好的信仰之标准。

不管怎么说，我于 1991 年 6 月 11 日进行了又一次尝试：

> 我接受的教育具有强烈基督教色彩，正因为此，与其他许多人一样，在放弃那些被灌输的信仰这一缓慢过程中（在圣体学院），我经历了相当大的痛苦。最初，我这样做既出

341

于实用原因,又有着思想上的原因:当时活跃在牛津大学的福音传道士坚称,基督教如果是真实的,便需要一个人全心全意、坚定不移地衷心拥护,而我认为这是有道理的;我知道自己无法应对这一挑战,就如同一个富人被要求捐弃他的全部身家。

这就是为什么当我第一次遇到您的作品时,发现它们是如此激动人心。您的多元主义当时在我看来(现在看来仍然是)为放弃由父母与学校[蓝星学院(Lancing)]为我培养的血统纯正的宗教信仰提供了我一直在寻找的思想确据。如果多元主义意味着终极目的必定彼此冲突,那么任何一套另有规定的价值体系都不能得到多元主义者的支持(尽管在其他条件相同的情况下,多元主义者也当然会宽容其他人对该价值体系的支持——这又是另一个问题了)。

根据以上理由,您一再反对一切形式的一元主义,以及基于其上的极权主义。普遍主义宗教看起来就是一元主义明显的例子,而且我们当然知道,它们经常会转变为极权主义。所以,令我仍然感到迷惑的,是您不愿意毫无保留地同意以下见解,即多元主义者无法在保持逻辑一致性的情况下赞同这样一个宗教。您说我们最核心的价值在某种意义上是不客观的——是处于客观性与相对性之间的某种半程"驿站",尽管更接近于客观性那一端。然而多元主义的真理作为一个逻辑真理,至少肯定是客观的吗?(它当然是第二级真理,或许可以反驳如下悖论,即尽管排斥普遍主义,但其本身是普遍真实的。)如果确实如此,那么任何与它不一致

第10章 多元主义与宗教

的东西必然在客观上是错误的。

我不是很肯定自己当时在写最后一段话的时候头脑中想的是什么。伯林将他自己的观点表述为"客观的多元主义"（TK）。他有时候确实会将维柯、赫尔德以及其他人称为相对主义者，但是当有人向他指出这会令他陷入困境时，他便撤回了这一标签。

把那个抛在一边，在这一点上，我们需要运用上文中所介绍的区分，而我自己之前也没有对此思考得很清楚，正如在前引摘录第二段中所示。一种宗教（或是文化）如果允许它所包含的诸种规则、理想、价值以不可通约的方式彼此冲突，它就是内部多元的（internally pluralistic）；如果它允许与其对立的宗教（或文化）也拥有合法有效性分毫不差的权利，那么它就是外部多元的（externally pluralistic）。我记得有一次曾请教伯纳德·威廉姆斯，耶稣是否会接受多元主义。我在提出这个问题的时候，应该区分这两种不同的多元主义，因为我怀疑耶稣可能更倾向于赞同其中的一个，而非另一个。当然，我的问题因时代错置而荒唐无稽。威廉姆斯指出了我的错误，说耶稣不会接受（或是理解？）问题中的术语，更有可能的是，他会说类似这样的话："一个人有三把沙子……"回答得不差，然而我也想说，并没有理由表明耶稣为什么不能是内部多元主义者，特别是考虑到他与《旧约》中那种受规则束缚的道德体系保持了距离："你们听见有话说：'当爱你的邻舍，恨你的仇敌。'只是我告诉你们，要爱你们的仇敌，为那逼迫你们的祷告。"（《马太福音》5：43—44）但是，耶稣不可能是外部多元主义者，因为他相信只有唯一一条

343

救世之路。他说："我就是道路、真理、生命：若不借着我，没有人能到父那里去。"（TK）

伯林于 1991 年 6 月 18 日回复道：

> 我认为，一个人可以完全认同特定的一套观念、信仰、忠诚、观点，而同时又认识到其他观念、信仰、忠诚、观点的可能性。他拒绝接受后者，但是相信它们同样也是半客观的（你的话表达的差不多就是这个意思）——只不过不是客观的，因为除了真正的恒定性之外，除了我们不能从其中逃避的事物，如类别、时间、空间、物质实物等之外，它们与价值、真理、善良等不相容。除了这些之外，没有什么是客观的。因此，我同意你的看法：如果你希望成为一位完全的基督徒，就必须拒斥其他任何东西，将其视为虚妄；但是也可以在允许其他信仰可能性存在的情况下做一位基督徒，前提是你本人拒斥这些信仰，但是并不认为持有这些信仰的人是不人道的或甚至是低人一等的，而仅仅视其为不同的，并且在某种程度上无法与你自己充分交流。

这段话确实又补充了一些东西，通过与"恒定性"无法确保的其他一切进行对比，它澄清了"恒定性"是什么，而且这一段中也（非常重要地）包括了"恒定性"与价值的不相容性。不过，最后一个分句看起来并不令人满意，因为对于基督徒来说，其他信仰的追随者必定不仅仅是不同的和难以理解的，而且还是错误的，即便其错误是轻微而可以被原谅的——要么是因为缺少认识真理的机会而犯错，要么就是由于他们没有能力去认识真理。我在回信中（写于1991年6月21日）针对伯林的最后一句话写道：

> 您在上一封信分号之后说的话看起来几乎将您之前所说的话全部收回了。尽管基督徒能够理解其他人是如何持有其他信仰的，但他们不承认其他信仰为真理。在他们眼中，非基督徒的确并非不是人或者是低人一等，但他们仍然是犯了错的；并不是"仅仅是不同的"，而且也是错误的。简而言之，基督徒和普遍主义者一样，不可能是多元主义者，而且最不可能宽容那些一定与自己的信仰互不相容的其他普遍主义信仰。
>
> 不过，令我真正感兴趣的是其对立面，或许我可以称之为"赞同多元主义的限度"……总而言之，我想知道，您为最大限度的文化多样性鼓掌叫好，这种宽宏大量的天生倾向是否不超过从您的多元主义中可以获得的支持。让我试着更清楚地表述这一点。
>
> 不同的终极价值会发生碰撞这一点是普遍真实的。因此，任何涉及必然否认这一普遍真理的价值星座都是错误的。就像法西斯主义者在关于劣等民族的问题上持有源于经验的错误观点一样，（比如）某些宗教也是如此，因为其改宗运动建立在一种错误的一元主义设定之上，即唯一的一条道路对全人类来说是正确的。正如您所指出，共情作为多元主义者的一个重要特征，使我们能够从内部去理解法西斯主

义者是如何达成其观点的；但是如果这些观点中包含着虚假之处，我们便不能认为它们在逻辑上是合理合法的。理解并不等于赞同。

那么，尽管一个人当然想要允许最大限度的文化多样性，但是他一定不会在思想上赞同必然是一元主义的政治或宗教信条。宽容是另一个问题，但是在认可文化多样性方面，宽容很容易便会看起来像是赞同。这是个很好的区分，而且在我看来非常重要。我之所以强调这个，是因为有时候您所写的东西给我一种印象，似乎文化多样性并没有信条上的（相对于行为上的）限制。我认为您并不想否认任何观点的有效性，除非必须如此，这肯定是把提供证据的责任放在了正确的位置上；但是我希望您不会否认，有时候答案就是"不"。

我在倒数第二段中混淆了对价值多元主义的否定［终极价值（不）发生碰撞］与宗教普遍主义（唯一的一条道路对全人类来说是正确的），它们的独立性在逻辑上是可以论证的，尽管唯一正确的道路包括价值多元主义的冲突这种说法很奇怪。尽管如此，伯林的批评所指向的最常规的目标之一（这里的"批评"一词感情色彩过于薄弱，"深恶痛绝"一词更合适），确实就是对唯一正确道路的笃信。正因为如此，他在与我的这些通信中所采取的小心谨慎的方式令我感到迷惑不已。世界上的主要宗教当然拥有一个共同信念，即确实存在唯一正确的道路，因此，我期待伯林会毫无保留地（在思想上）拒绝它们。为什么不呢？

伯林的随后一封回信写于1991年7月1日：

> 我同意你的观点：如果你是基督徒或普遍主义者，你就会认为持有其他信仰的人是犯了错的，是不对的。但是，有可能去同情错误的或者是似乎不真实的信仰。如果我是生活在18世纪的基督教传教士，发现了一个富于同情心的印第安人，我当然会认为他信仰的东西就是一文不值的垃圾，但是，撇开使其皈依基督教的可能性不谈，我会相信他的一般精神态度、价值观念（假设他不热衷于杀戮、剥头皮，等等）是富于同情心的、令人感动的和有趣的，并且展现了我自己的信仰可能并未揭示的关于现实的某些东西。这与认为他的信仰从根本上是完全错误虚妄的看法毫不矛盾。这就是我所说的富于想象力的洞察力等概念的意思。
>
> 现在来谈谈你所说的"对立面"。理解当然并不是赞同，即便我理解法西斯主义者是如何形成其观点的，我也并不能肯定自己知道你所说的"逻辑上是合理合法的"是什么意思。你的意思是不是说，相信自己确实相信的东西，同时也认为他们的观点合理合法，在逻辑上是可能的？如果是这个意思的话，那么我同意。但是，不合理合法的观点也有可能展现出来，而且还具有吸引力。所以我不同意一元主义的观点。正如你所说，宽容是另一个问题，但是宽容并不必然引出赞同。决定宽容新教的天主教教徒不能被指为赞同新教。而且，我也同意，对文化多样性可能是存在信条上的限

制的——有一些信仰和态度被完全排除——可以理解但是绝对谴责，而且理想状态是希望将其彻底根除。我的回答还行吗？我希望如此：如果答得不够好，恐怕也只好将就如此了。

我于1991年7月4日写了这次讨论中的最后一封信：

> 现在我暂且放过您，既因为您含蓄地要我放手，也由于我俩可能都已经尽己所能了。您最近一封信中的评论又一次增益良多，而且也让我意识到您天性就比我更宽容在您看来是因为思想上被引入歧途而犯的错误。

III

不过，我仍继续向伯林问一些关于宏大论题的问题，而他也继续耐心作答。其中当时令我尤为印象深刻的，是在我问他是无神论者还是不可知论者时得到的回答：

> 我既不是不可知论者也不是无神论者。我的困难在于，对于我来说，上帝要么是一位我并不信的长着胡子的老人，要么是我不理解的其他东西——一种灵性的存在，永恒的造物主（如果没有人的位格），至高无上的存在——我根本就不知道这是什么意思。我就如同一个不通音律之人，却能意识到其他人都能够被音乐打动；我尊重这一现象，然而完全

不知道他们所体验到的是什么。我又像是一个面对三角学的孩童。由于我不知道"上帝"是什么意思，所以不能说我是在否认他或者怀疑他。（写于1991年11月15日）

我于11月19日回信：

您对自己关于上帝立场的描述是最合我心意的，即使仅仅是因为它与我自己的立场几乎完全吻合。长期以来，我都相信需要有一个新词来形容我们这样的人："不可知论者"的意思是不知道的人；"无神论者"的意思是不相信的人；但是没有一个词来形容我们这种"不理解的人"。

我还继续深究我对伯林的多元主义以及他关于某种形式的共同人类道德的信念的理解，这二者形成了一种互补。尽管这一主题在其思想中居于中心位置，但他并未对其进行系统的书面论述，他散见于各处的评论则既不完整又吊人胃口，有些还含糊得令人感到沮丧，甚至有自相矛盾之嫌。在1991年11月19日，我写道：

在致贝阿塔·波兰诺夫斯卡-塞古尔斯卡的一封信中（《确定不移：1975—1997年书信》，第281页），通过援用维特根斯坦"家族相似性"的比喻，您解释了自己关于不同人以及不同群体之相异道德准则的观点。这令我大吃一惊，因为甲的面孔与乙的面孔相似……而丙的面孔与丁的面孔相似，则有可能甲的面孔与丁的面孔之间毫无相似之处。不过，它当然对于您有关人类道德共同核心的如下观点至关重要，即某些最低限度的内容是所有真正意义上的人类道德观点所共有的，对吗？在这种情况下，家族相似性难道不是一个过于宽泛的意象吗？

伯林的回信写于 1991 年 11 月 22 日：

> 我想我确实认为所有人类道德观均包含最小限度的相同内容。但是，即使事实并非如此，如果甲与乙相似，乙与丙相似，而甲一点也不像戊，更不必说己与庚，那么对于任何一系列既定的文化来说，仍然还是存在足够多的共同元素，使其彼此能够相互交流。不过，如果甲与乙之间毫无共同之处，交流就会中断，而它们也不能被视为同一人种的一部分。我不肯定这后面接下来会发生什么，你或许可以研究出结果。

这一回应并不能令我满意。这种非传递类型的家族相似性不足以支撑理解并与其他所有人相互交流的普遍人类能力——伯林反复不断地坚称这一能力的存在。在我看来，他的第二句话是不能被接受的。

1992 年 1 月 28 日，我请教伯林："您认为宗教信仰是一件私人事务吗？"以及"您相信邪恶吗？"我问第一个问题，是因为马丁·加德纳（Martin Gardner）在其对《扭曲的人性之材》一书的评论中提出形形色色的问题，其中之一是关于伯林的宗教

第 10 章 多元主义与宗教

信仰的。令他感到迷惑不解的是，找不到（依他之见）与宗教信仰完全相关的某个具体化的语境。[25] 他邀请读者们为他提供答案，而我写信告诉他说我知道。出人意料的是，他请求我同意出版这封信（我认为它并不足够有趣），而伯林也并未反对，除了表示不同意说他不是信徒的一个短句之外。在我看来那句话完全无妨，所以我向伯林表达了这样的观点："向探讨重大人类问题的作者了解如下问题是合情合理的，即他们的宗教观点是什么，为什么会持此观点，以及他们是否认为其宗教观点对于自己的职业活动来说具有重要性。"我还加了一句："不过也许您对此有异议？"伯林在信上评注道："就像是 J. S. 穆勒（J. S. Mill）在被问到一个类似问题后所说的，我有异议。"关于邪恶的问题，我所写下的话如下，括号内是伯林在原信上的批注：

您相信存在邪恶吗？我所说的恶并不是指任何类型的客观实体，而是指对于某种不可接受之行为的解释，无论是个人行为（是的）还是集体行为。您认为针对犹太人的大屠杀在某种程度上基于对犹太人本质的经验性的认识错误，这种观点令我惊奇，让我想知道对您来说邪恶是不是可以说是不得已的最后假设（并不完全如此）。我在您的作品中发现您似乎更愿意相信人是犯了错误而并非本质上是坏的，关于这一点我错了吗？（是的，错了）当面对萨达姆·侯赛因（Saddam Hussein）这样的人时——事实上是当面对"普通"罪犯、凶手等群体中的任何一员时——简单地说我们要对付的是一个下流卑劣的坏家伙似乎更为自然而然。您是否认为

351

这样的解释只是一种逃避或借口？（不，萨达姆·侯赛因确实是邪恶的。）

伯林对于宗教信仰问题那穆勒式的拒绝回答并不能令我满意，于是在1992年2月7日，我在这一点上又进一步逼问他：

> 您像穆勒一样认为一个人的宗教观点是件私人事务，这令我倍感好奇，想知道这是为什么。当然这并不是由于我想劝您别这么想，而是因为我想去理解您为何持这一观点。我看得出来，对于一个未任公职的普通公民来说，这便是一个颇有争议的立场（即便是在这种情况下，见证的问题也会浮现出来），而对于（像您这样）一个职业涉及历史以及解释社会和政治事务的人来说，该立场似乎就远为更不容易辩护了。毕竟，综观历史，在如上领域中，神祇当被认为是一个关键的考虑因素，即便是无神论者也通过神灵缺席的方式来表明其重要性。因此，人们似乎是完全自然而然地想要知道某社会／政治思想家的宗教信仰是什么，为何持此信仰，宗教信仰对于其理论观点的重要性如何，如果在他看来二者毫不相关，则为何如此。或者，您是否认为这类询问就和出租车司机打听乘客情况一样是犯了某种天真无邪的错误？如果是这样的话，那么我认为绝大部分往昔的伟大哲学家们都不会同意。

在同一封信中，我又引入了一个新话题：

您是否认为选举一个反民主的政府也应当是一项民主权利？当然我想到的是在阿尔及利亚发生的事情。[26] 这个问题是个悖论，我的脑子绕不过弯来：它具有那些自我指涉的逻辑悖论的特点，而我们俩对这类逻辑悖论都很熟悉。

伯林写于1992年2月10日的回信详尽而充分，出色地扩展了我在上文中已引用过的他关于自己宗教信仰的叙述：

> 关于宗教信仰的隐私性问题，启发我观点的人是约翰·斯图尔特·穆勒（John Stuart Mill）。在竞选议会议员时，他说自己准备好了回答所有问题，只有关于其宗教观点的问题除外，说这与公众无关。[27] 无论是对是错，我都对此非常钦佩。有些事情是人们不愿意谈论的，为何思想家就应该去坦白这些事呢，即便它们对于其观点确有影响？毕竟，一个人对于自己的父母都可能持有各种各样复杂的看法——仇视、怨恨、性方面的并发症，还有根据现代精神病理学理论天知道是什么的情感。不过，即便是现在我依然认为，关于约翰·梅杰是否能够被称为有俄狄浦斯情结的打探不应当被认为是完全正当的，至少在我以及与我持同样观点的人看来不正当。
>
> 不过，我完全准备好要告诉你关于我自己以及我的宗教信仰的事。它非常简单。我是在一个犹太家庭中长大的，家人信奉并非严格意义上的东正教，而是持一种相当宽松的信仰，就如同隔一段时间会去一次教堂，但肯定不是每个礼拜

日都去的那种英国家庭所持有的基督教。这种家庭对于圣公会基督教的教诲有一种模糊的信念，然而并不允许其搅扰他们的日常思想。我记得墨尔本勋爵（Lord Melbourne）有一次曾说过类似这样的话："如果允许宗教干涉我们的私人生活的话，那么会成什么样子呢？永远也不能这样。"[28]无论如何，我从前曾被带到俄国和伦敦的犹太会堂（synagogue），发现它无聊到可怕，但是也并非令人不快，而且我还相当欣赏其圣歌。

我的困难在于，当我开始思考这些问题时，却不能为"上帝"这一概念关联某种意义。对于我来说，他要么是米开朗琪罗画笔下那位长着胡子的老人，我对于他的相信程度，不会多于甚至是稍稍复杂世故的这类人中的许许多多人；要么我也不知道"上帝"的意思到底是什么。一个具有属灵位格者，或是主宰着世界的神圣力量，或是某个创造了万事万物并指引其发展进程的人等观念，对我来说绝对没有任何意义。恐怕出于我那严格刻板的经验主义，我无法为"上帝"这一概念赋予任何意义。

因此，说我是无神论者并不对，无神论者知道"上帝"这个字眼是什么意思，只不过拒绝承认其存在。我也不是不可知论者，因为不可知论者不确定上帝存在还是不存在。我则与这二者完全没有关系：我是根本不知道上帝是什么意思。我就如同一个不通音律的人，尽管意识到其他人都在心情愉悦地欣赏音乐，甚至全身心地沉浸其中，但我一点也不知道那是怎样的一种体验。

第10章 多元主义与宗教

另一方面，我却能理解所谓的宗教情感，比如巴赫的清唱套曲（cantatas）或是清唱剧（oratorios）所表达的宗教情感，或者是莫扎特或贝多芬或布鲁克纳（Bruckner）的弥撒曲（masses）所表达的宗教情感，而且我还能与之产生某种共情——是感情上的，而不是对其对象的共情。不仅如此，我还会去犹太会堂，一年至多四次，部分是出于情感上的原因，在我父母的祭日到来时去那里为他们做祈祷，因为我这样做他们会很欣慰；部分则是由于我喜欢那里的圣歌；我还喜欢让自己与犹太群体产生认同——喜欢感觉到自己是一个连续存续了三千年之久的群体中的一员。但是，我也完全理解我的其他一些犹太朋友的感情，他们并不想有任何这种感觉，也从不去犹太会堂。

我该如何解释所有这些呢？特别是将其与我的社会、政治、哲学观点联系起来解释？我看不到其中有多大的关联。

令我充满宗教情感的唯一情境，并不是在教堂或是清真寺或是犹太会堂的礼拜仪式上（所有这些仪式我都能够在某种程度上有些欣赏），而是在我聆听某一类型的音乐之时——比如贝多芬去世之后发表的四重奏作品。

另一方面，我发现一些人，比如弗雷迪·艾耶尔或是特雷弗-罗珀，都是丝毫不掺水分的无神论者。他们纯粹是否认与指责这整件事（弗雷迪曾经是这样，特雷弗-罗珀仍然如此，但更为小心谨慎）。他们并未去理解人们依靠什么生活，我则自称可以理解，因为我相信自己拥有这种理解，理解宗教情感及其对于人们性格和生命的作用与影响。我还能

355

对你再说些什么呢?

你提到了伟大的哲学家们。他们中的一些人会同意我的看法——斯宾诺莎(Spinoza)无疑会同意,尽管上帝才知道他所说的"上帝"是什么意思。我并不知道他所谓的"神或者自然"(*deus sive natura*)[29]对于他自己以及对其他任何人来说意味着什么。马修·阿诺德(Matthew Arnold)将他形容为一个对上帝心醉神迷的人,[30]这在我看来非常荒谬。我怀疑,在理论上信奉上帝的康德,以及自称是路德宗信徒(Lutheran)的黑格尔是否能够清楚明白地解释他们自己相信的到底是什么。我在这方面的导师也是大卫·休谟,他一定会同意我的看法。我还应该补充说,宗教诗歌当然能够打动我,比如说《圣经》的某些部分,或者是诸如赫伯特(Herbert)[①]、克拉肖(Crashaw)[②]、沃恩(Vaughan)[③]等人的诗作。但是这与我的哲学观点或政治观点又有什么关系呢?只有上帝(如果他存在的话,无论这可能意味着什么)知道……

民主主义者是否有权选举一个反民主的政府?在民主国家,人们有权投票选举他们喜欢的任何人,他们也确实这样做了。如果他们选举了一个反民主的政府,那他们便是倒霉的大傻瓜,应当采取法律措施来阻止他们这样做;然而,如果他们想要自杀的话,我也不明白怎样才能阻止他们,除了剥夺民主选民投票给非民主政府的权利之外,而这在我看来

---

① 指威尔士诗人乔治·赫伯特(1593—1633)。——译者注
② 指英国玄学派诗人理查德·克拉肖(1613—1649)。——译者注
③ 指英国玄学派诗人亨利·沃恩(1622—1695)。——译者注

是太过了。当民主主义的少数派被某个庞大的如亲法西斯主义的多数派所压制时，情势对前者来说会非常艰难。这与在阿尔及利亚发生的情况并不相同，在德国所发生的就几近这一情形。但是没有人能够否认，依照魏玛共和国（Weimar Republic）的民主法律，将希特勒任命为总理是合法的。这颇为类似审查制度问题：应当存在针对反社会的电影、作品等的审查制度吗？淫秽色情作品或者种族主义的攻击为什么应当接受审查？

我不得不对上述说法加以修正。如果有一个政党——如民族阵线党，开始威胁要接管英国的各个机构，那么我认为就要通过某种非民主的立法方式力阻他们这样做。但是即便是到了这种程度，情况也很难说，民主主义者在这一点上很可能与我产生意见分歧。让我给你举一则过去的故事为例。魏玛共和国那些具有独裁倾向的德国保守主义者对自由主义者说："在自由主义制度之下，我们被允许说我们想说的任何话，投票选出我们想选的任何道路；这是你们的原则。在我们的制度之下，你们将被禁止表达你们的观点，或是被禁止朝着错误的方向投票，因为这是我们的原则。这里面有什么错吗？"因此，我们便回到了老路上，即自由国家必须禁止任何严重威胁到自由的力量。你想怎样理解我的话就怎样理解吧。

我在情人节这一天回信：

您关于自己宗教观点的叙述极为有趣，我非常高兴并感激您写了这些。您拒绝"无神论者"与"不可知论者"的标签与我自己对此的拒绝形成了确切的对应,这给予我极大的满足感。尽管如此,关于宗教观点的隐私性问题,我们之间仍然存在部分分歧。恐怕这得归咎于我,因为我怀疑自己在说到某政治哲学家当然要说明其宗教观点时,没能足够清楚准确地表明自己的意思……

首先,我并不是大力主张一个人的宗教背景、经验、情感等种种个人细节应当被公开。我很乐意承认,那是一块私人领域(尽管在事关我自己时,我也并不倾向于一定要坚持这一点)。我的意思是,一个人在关于神祇问题上的形而上的立场(如果我可以这样表达的话)——无论这一立场是积极的、消极的、开明的,还是无论什么——不能不成为其理论观点的一部分,如果他是政治思想家,特别是如果他对于其研究主题的历史感兴趣。毕竟,他的部分任务,就是描述并评价往昔那些大思想家的政治观点,而对于其中许多人来说,上帝曾经扮演过中心角色,若没有上帝,他们的思想建构就会轰然坍塌。那么,在论及历史上某种政治思想的神学内容时,他又如何能够避免给出某种结论呢?

您当然以含而不露的方式给出了相当多的意见。但是我认为,您从来也没有像您批评法西斯主义那样直接批评过宗教信仰。然而,宗教信仰,至少在其传播广泛的普遍主义伪装之下,难道不是不宽容、独裁主义、极权主义以及压制消极自由的一个源头吗?其强大有力丝毫不逊色于那些更为具体的政治信念中的任何一种，而后者遭到了您的猛烈抨击。如果情况确实如此，那么宗教信仰就应当受到同等对待，或许对它的批判甚至应该更为激烈一些。

我当然并不是要宣称（更不是要请您同意）宗教一无是处，这样说是不合理的。就像您一样，我并不想否定其起源在任何意义上是有关宗教的精神维度、神圣性，或是这整套东西中的任何一部分。即便如此，还是与您一样，我对于这一波段的声音也是略微聋聩的，而在这一问题上，我不希望成为另一个弗雷迪·艾耶尔，这也与您一致。但是，在我看来仍然清楚明白的是，一旦宗教萌芽植入普遍主义教条的躯体，则我们必然就会得到压制自由的种子，甚至都不用等到教条扭曲变形或是堕落败坏的那一天，它们就会结出专制压迫的果实。我强烈怀疑您会对这一点持有异议，但是我并不知道为什么。出于同样的原因，我也不理解为什么宗教没有在您反自由主义的"魔鬼学"中扮演一个更为重要的角色。

就在同一封信中，我问了最终成为我这方面漫长的一连串努力中的第一个问题，而这一连串从未获得完全成功的努力是为了澄清伯林的多元主义："无法运用理性对不同价值进行合理排序，这为什么并不是多元主义的后果呢？出于什么理由让我们可以说专注于火车车次搜集不如致力于解除痛苦那么高尚？"

伯林于1992年2月18日回复道：

我是最不可能否认宗教不宽容犯下了可怕罪行的人。每

359

个人都知道犹太人、宗教裁判所、17世纪巴黎的天主教教徒，等等。我想只有佛教徒相对较为无辜。不过，我认为有过错的并不是宗教，而是教权主义（clericalism）——掌握权力的宗教，制度化的宗教。我并不致力于为政治教义写史，或者是评判政治思想家们，或者是整体分析其观点。我认为，如果任何人对我的作品感兴趣，会发现它们足以传达我感兴趣的东西，即对诸如"自由"这样的词汇的歪曲，也会发现，我反对专制主义，特别是反对那些相信完美解决方案的人（比如神学家）。因此，我便不需要直接言明这一切。当然，如果我要写洛克，就必须引入他关于教会与基督教的看法，写霍布斯的时候也是如此；但是，如果我去写康德，诚然他确实持有某种宗教观点，然而这些观点非常外在于最重要的东西，或者是非常外在于其作品中被认为是影响力最大、最为重要的东西。黑格尔说自己是路德宗信徒，但是他的这一说法并不重要，如果他说了什么相反的话，似乎也并不会产生多大区别。

当然，哲学家对于上帝的看法会造成其不同的观点；但是我看不出有什么原因让我必须对此加以探究；我并不是在为哲学家写个人传记。而且，我也并没有如此激烈地攻击法西斯主义，除了间接批评之外。总体来说，我想我对于宗教迫害的立场已经足够鲜明，不那么清楚的只是像我这样的人应该为宗教教派留下什么样的空间：穆斯林将自己隔离起来，极少参与主流英国文化，这种做法正确吗？我对于锡克教徒（Sikhs）及对巴基斯坦与印度所进行的战斗有何感想？或者是对于俄罗斯教会中的某一宗派与民族主义、新法西斯主义的联合有什么想法？我并不认为自己需要去探讨这些问题：很清楚，如果一个人是自由主义者，则他的观点必定全部是自由主义的，这就是我的看法。宗教在政治哲学家的思想中扮演了什么样的角色，这是写作哲学传记的主题，或是对其政治观点之动机的追溯，而我对这些没有多大兴趣。

在终极价值相互冲突的情况下，多元主义者没有必要一定要选择其中一种价值而放弃另一种；他也不必去谴责其他人的价值，即便该价值与他自己的价值相反，甚至不宽容后者，尽管它也是客观的。不存在包罗一切的首要原则这一事实并不必然意味着，个人、团体、政党、教会等就不能为自己创造出这样一个原则。我准备这么说，就像维柯曾经说过的一样，荷马式的价值观并不是我们的价值观，然而它们是终极价值；而且你有理由说，尽管它们可能是终极的，却与你自己的价值发生冲突，因此，它们就必须被置于第二、第三、第四位。我认为这里没有任何自相矛盾之处。最后，一个人有时候不得不进行选择——只相信自己所相信的东西，只以他自己的行动方式来行动。如果有人问你原因何在，你也不是总能给出理由——但这仍并不必然包含不划分等次之意。

最后一段话重申了我已经讨论过的一些有问题的观点，但并没有直接回答我的具体问题。显而易见，我在当时无法面对不断去重

复自己的困难这一状况,即便是现在也无法面对。我在 1992 年 3 月 3 日的回信中写道:

> 非常感谢您在 2 月 18 日给我回信,信中您(最有帮助地)解释了您为什么没有更明确或更充分地猛烈抨击宗教。尽管我理解您的话,但是我们两人对此的看法还是存在差别,对这一差别的解释也许部分地出于个人背景,而并非是思想上的。简单地说,宗教在我看来骨子里便是反自由主义的,可以说比您所允许的远为更加深入骨髓。依我之见,宗教并不需要教权主义等来使其堕落变质。它那与经验主义背道而驰的对上帝启示的笃信,(更为重要的)其根深蒂固的一元主义与完美论倾向,对我来说都意味着,我无法将其视为生活中的一个中立成分,不包含对好或是坏的内在偏见。如同以往我坚持您并不认可的某种观点的所有情况一样,我期望自己最终能够明白您是正确的(以及为什么是正确的),但是不懂装懂毫无益处。
>
> 在某种程度上可以说,您作品中的政治信息现在已经成为正统——参见福山(Fukuyama)关于历史终结的论述?——但是它对于宗教隐含的可能影响还有待真正实现,至于对伊斯兰教及其他原教旨主义运动的作用则肯定尚未达到。这就是我为什么试图更加强调您作品中这一方面的另一个原因。

天知道我提到福山是什么意思:现在我无法理解这一点,除非我当时仅仅是（我希望是带有讽刺意味地）提及福山所认为的自由主义之民主在全世界范围内所谓的最后胜利。在1992年3月10日的回信中，伯林写道："福山是在胡说八道：他的预言不管在短期还是在长期内都无法实现。我还没有（读）也不会去读他的书。"

正是在这个时候，我实际上已放弃努力，不再试图充分并清晰理解伯林关于多元主义与宗教信仰关系的看法。现在看来，我当时应该尽更大的努力去试着列出自己对他的解释感到不满的理由；若是我获得成功，我们就可能距离理解更近一步。而没能走近这一步，成为我们之间的通信交流留给我的最大遗憾之一。

无论如何，伯林与我的最后一封通信使我感到，我们之间的分歧并不似我此前感觉到的那般宽如鸿沟。在20世纪90年代早期的某个时候，我写了一篇关于多元主义与宗教的文章，题目是《严肃对待多元主义》(Taking Pluralism Seriously)，文章试图对我在本章中记录的这场令人沮丧的讨论做一个总结。我无法放弃如下信念，即伯林的多元主义思想对宗教信仰具有不言而喻的明确含义，尽管他并未在其已出版的作品中公开明确地表达这些，而且在我对他提起的时候，他似乎对其表示抗拒。这是我感觉自己对之有话要说的一个伯林式的话题，可能我想说的话甚至还颇为新颖；我在头脑中对此反复回顾了无数次，并且毫不留情地逼迫伯林加以回应。现在是时候将其公开，并将我的论点坦露给批评界了。

我试着在某哲学刊物上发表该文，但是未获采用（表面上，文章遭到拒绝的理由在我看来非常滑稽，据说它没能对二次文献进行足够的讨论：对亚里士多德、柏拉图、维特根斯坦等人的作品都说得太少），不过该文章于1995年确实被翻译成荷兰语并发表在名为《纽结》(*Nexus*)[31]的文化期刊上。我的论题与之前向伯林提出的一样：如果一个人严肃认真地对待自己的多元主义信念的话，那么大多数主流宗教信仰都会被他拒斥，因为它们有着内在固有的一元主义主张。这样说非常地政治不正确，然而政治不正确当然与它是否是真实的这一问题毫无关联。到现在应该已经清楚明白，我并不是在鼓吹（也不支持）不宽容宗教信仰及宗教实践：我的挑战是思想上的和逻辑上的。在这一阶段，我尚未对上文中介绍过的内部多元主义与外部多元主义加以区分。现在我应当说，与宗教相互抵触的是文化多元主义，而不是价值多元主义，因为一种宗教或许可以是内部多元主义的。不过我相信，这一澄清可以嫁接于我的论点之上，且并不会令其失效。

1996年，一位哲学家问我关于这一领域是否写过什么东西，我便把这篇文章拿给他看，而他给出了有些负面的回应。在写给伯林的信中，基于我的这篇文章，我说自己当不了哲学家。这引起了伯林的注意，他向我索要这篇文章，想看看我写了些什么。我将文章寄给了他，他于1997年1月21日给我写了一封信。这封信更偏向于宽宏仁厚，而不是公平公正，这完全就是他的特点。不过我也相信，如果他与我分歧严重的话，是不会这样写这封信的。这一点自然令我非常高兴。我觉得，或许我终于设法向他说明了自己关于这一话题的论点，并且确定获得了他的赞同。

> 我兴致盎然地读了你的文章《严肃对待多元主义》，确

实满怀钦佩。我认为这是一篇出色的文章，你不必对此过于谦虚——我很高兴它得以发表，即便是仅以荷兰语发表。我想我几乎同意你所写下的每一个字。也存在一些我可能与你有所偏离的点，或者是认为你说得不太对，但是由于它们过于微不足道，我也就不打算将其一一列出了；如果你真的想要我这样做的话，我会重读文章，然后在我们下一回见面的时候可以一起把它过一遍——不过实话实说，这些问题太过微小，不值得劳神费力。唯一令我感到惊异的地方，是你造成了这样一种印象（你并未正面这样说——开始时你对其加以否认，接下来却给人以恰恰相反的印象），即所有终极价值都彼此冲突。不过，它们并不是这样：幸福与自由、平等与知识等观念之间就并无抵牾之处。我认为这是你略微误导了读者对你自己观点的理解的唯一一处。无论如何，我就该文向你表示祝贺，我认为这是一篇好文章，我真的这样认为。

在写于1997年1月30日的回信中，我说我有兴趣想知道他认为错误在哪里，但结果我们再也没有进一步讨论这篇文章。

第11章
道德核心与人类视域

1992年年初,托马斯·莫特纳(Thomas Mautner)邀请伯林为其编纂的《哲学辞典》(*A Dictionary of Philosophy*)撰写一篇介绍伯林哲学思想的"哲学自画像",[1]这本辞典中收录了若干在世哲学家所写的这类词条。伯林口授了一段,但篇幅过长,于是他请罗杰·豪舍尔与我一起将其压缩至必不可少的750个英文单词。我们分别准备了各自的版本,最后所采用的是我那一版,不过也许仅仅是因为它符合字数限制。这篇文章中包含了关于多元主义与相对主义的讨论,这引出了我在1992年3月13日星期五对伯林提出的一个问题:

我甚至都不知道这个问题是不是有道理,但还是让我来问问您吧。简短说来是这样的:对于您来说,在反驳相对主义的过程中,是什么扮演了首要的(独一无二的?)角色?是不是"道德核心"呢,即所有已知价值体系都有对普遍人性的最小需求?或者是对于我们并不共同拥有的价值的共情能力?或者有可能有时候是这个,有时候又是那个,取决于据称相对的是哪些价值?我可以将问题进一步扩展,但是在

第 11 章　道德核心与人类视域

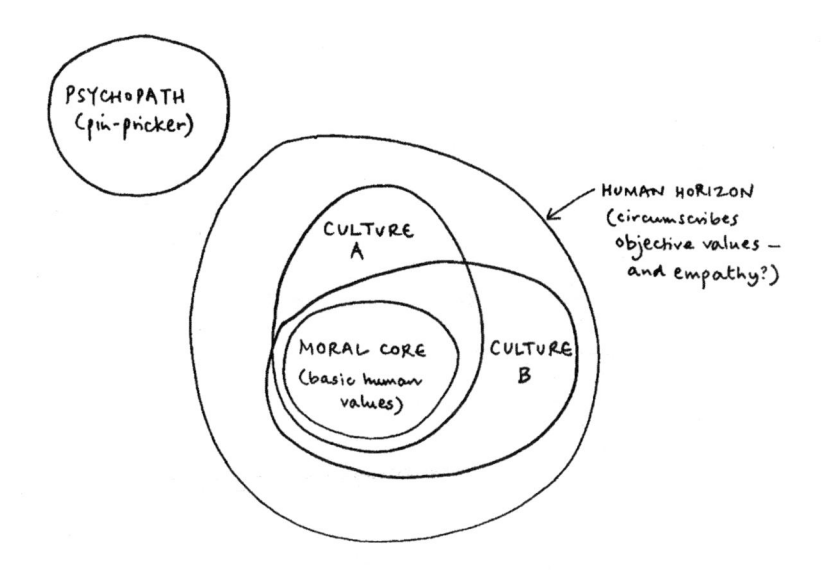

Rules:

Nothing within the human horizon conflicts with the moral core.

To be an objective value, a value must be part of a constellation of values which includes the moral core.

Queries:

If this view is true, are there such things as subjective values, or only pseudo-values? If the latter, all true values are objective, and the epithet 'objective', used of values, is redundant?

Are the limits of empathy indeed the same as the human horizon, or can we empathise with the psychopath?

Are all true values ultimate, or are there non-ultimate values (such as?)?

笔者在 1992 年画的欧拉图（Euler diagram），据称是描绘了伯林文化多元主义观点的某些方面这一阶段不会，以免您给我兜头浇一盆冷水。

您或许会说，我所提供的这两个选项是同一现象的两个不同方面，因此将它们分开来看是完全人为的。也许您相信，我们的共同人性既会产生出基本价值的一个共有核心，也使我们能够对位于该核心边缘区域的非共有价值生出共情。因此，以通常理解相对主义的方式来理解它，相对主义就是错误的，因为只有在一个更为广泛的意义上，相对主义才是真实的，即，因为我们的诸种价值之于我们的人性来说都是相对的，不是因为我们的价值是由某种高于人类的指令所规定。

我随信附上一幅您观点的示意图，画此图是为了试着厘清我自己的思路，而我也很有兴趣知道道德核心的标记应当有多宽。在这张纸上您还会看到……我所想到的一些问题，比如与您关于客观价值和终极价值的概念有联系的问题。如果我所说的完全是胡言乱语，请您一定要直接指出来！……

在《以赛亚·伯林对话录》（第114页）中，您说您关于普遍道德真理的信念并不假定存在任何不可变更的东西，还说您不能保证有任何不会变化的事物。在我看来，颠覆这些事实所需要的变化是如此之巨大。如果这种变化确实发生，那么我们将与之打交道的世界与我们所知道的世界之间将根本不存在能够辨认出的连续性；然而，抛开这一点不谈，尽管您并不假定存在任何不可变更的东西，但是您确实设定了某些如我们所知的对于人类来说至关重要的东西，这样说难道不正确吗？也就是说，如果洞察理性之真理的直觉能力（您说您缺乏这种能力）被视为不可洞悉独立于经验之外的某种先验真理，而只可洞悉以往所有人类（同时可能有资格涵盖原始文化或处于文明前阶段的文化）所持有的那些经验性真理，则这种直觉能力就不再是什么神秘的东西。换句话说，据此，理性之真理就会仅仅是关于人性的真正概括。您或许会回答说，理性之真理恰恰不应如此。

稍加解释可能会有助于理解示意图。在探讨被我称为"道德核心"的东西时，伯林十分符合规范地使用了莱兰的圣文森特（St Vincent of Lérins）的表述（讽刺的是，这是个天主教的正统表述），"那些在所有地方被所有人永远相信的东西"。[2] 我顺便提一句，这里所暗含的道德普遍性之标准是共识，而不是对人类共同的善有所贡献。这两个标准并不一定会产生同样的结果，重后者而轻前者则是道德进步的源泉之一。伯林经常未能将这二者分开。

伯林常常用精神变态的"扎人疯子"这个形象为例说明他所谓的位于"人类视域"之外的态度与/或行为是什么意思。以下是这一反复出现的例子的一个版本：

设想出现了这样一个人，他将尖针扎入别人的身体。于是我问他："你为什么要这么做？"那个人答道："因为我喜欢。"我说："你喜欢给人施加痛苦吗？""不，并不是特别喜欢。"乐于施加痛苦会是一个可以理喻的目的，以我的理解就是施虐狂。然后我又问他："既然如此，你为什么这么做呢？"他说："因为我很喜欢这样。""可是你知道，这样做会给他人带来巨大的痛苦?"他答道:"是的,我知道。""但是,反过来他们也可能对你做同样的事。""不,他们不会,因为我比他们强壮,我能够阻止他们。"到现在为止一切还说得过去。但是随后我说:"然而你为什么要这样做呢?"他回答说:"我就是喜欢这么做呀。我喜欢将尖针扎进富有弹性的表面。""如果我给你一只网球,扎网球的感觉也一样好吗?""当然了,感觉一样好,"他答道,"就像人的皮肤一样。"至此,我就不能够理解他了。制造痛苦对他来说是无足轻重的一件事,是与扎网球没有区别的一件事,与这种人交谈令我完全陷入困惑不解之中。我重复道:"你是在施加痛苦。"而他说:"那又怎样呢?你为什么要提这个?"这句"那又怎样呢"意味着我们并不是生活在同一个世界中。我称他为疯子。像这种精神有问题的人应关进精神病院,而不是监狱。[3]

那么,人类视域就是能够被算作人或者是心智健全之人的外部界限,超越这一界限,则共情力无法渗入。伯林将此界限之内的价值都称作是"客观的",因为它们并非任意的,不是因人而异、各不相同的(如相对主义者所坚称的那样),并非对他人来说不可理解,而是基于人性的那个世界的稳定特征,就像是这个世界的其他内容一样可以被人的经验所认识。因为我们生而为人,所以能够理解其他人想要做什么,即便他们追求的价值与我们自己的有所不同:我们可以想象自己处于他们的位置,从他们所站之处的角度来审视世界。伯林还认为这些价值是"终极的",非工具性的："存在一个客观价值所组成的世界。我所说的客观价值的意思是，人们为了他们自己的利益而去追求的那些目的，对于这些目的而言，其他东西都是手段。"（《扭曲的人性之材》第2版，第11页；《对人类的恰当研究》，第9页）

必须指出，关于核心与视域，伯林对比喻的运用有时候充满混乱，未能保持一致，他关于该话题写给我的一些信件亦是如此。有些时候，伯林将这两个比喻呈现为对同一个现象的不同表述：或许可以将该现象称为"核心视域"（corizon）。但是这个观点是有问题的，别的且不论，哪怕仅仅是两个比喻无法很好地结合起来这一点便成问题，因为其中的每一个都只代表了需要加以定性的部分状况。认定共同价值的一个核心，暗含的意思就是也存在一个由非共同价值所构成的边缘地带。按照伯林的叙述，这些价值依然是我们所能够理解的。但是，假设存在将所有可理解的价值囊括其中的视域，便留下了这样一个问题：处于视域之内的诸种价值是否可以被划分为我们所有人都共有的价值以及非共有的价值这两类？为了不纠缠于冗长乏味的语义讨论，就得决定如何描述人类价值的图景，以达到清晰说明的目的。我的示意图正是为此而做的一次尝试。

暂且把示意图和核心及视域都抛到一边，让我来试着直截了当地（重新）表述伯林的观点。存在人性这种东西，而且人性设定了边界，规定了什么可以被认作是人所特有的；共同的本性使我们能够去理解其他人，能够对其产生共情，无论他们在时间、空间还是信念上与我们的距离有多么遥远。人们确实能够彼此理解，甚至跨越巨大的鸿沟去理解，这是对相对主义的反

371

驳，后者相信我们之间并不存在共同点，使我们能够去与其他人交流，理解他们以及与他们产生认同。确实存在的共同点并不必然会引向意见一致，但是它的确防止人们对其他人的内心生活以及动机茫然无知。我们在面对其他物种、某个所谓的神祇、外星人或是物质世界时，就会体会到这种一无所知的感觉。我们会产生这样的疑惑：我们与其他人之间这种相互理解的范围实际上到底有多宽呢，特别是当其他人与我们在历史或人类学意义上的距离相当于两个极端之间的距离时？伯林经常提及维柯的如下信念，即需要做出"惊人的努力"[4]（《启蒙运动的三个批评者》第2版，第147页；请比较《观念的力量》第2版，第72页）才能进入这些人的头脑之中，不过伯林毫无疑义地将这段话的意思解读为，这件事是可以做到的。就这次讨论而言，我认为他是正确的。

在这里我应当说明，我对于伯林观点的叙述，尽管为他本人所接受，却并未得到伯林评论家们的普遍接受，[5]尤其是乔治·克劳德（George Crowder）。他的著作《以赛亚·伯林：自由与多元主义》（*Isaiah Berlin: Liberty and Pluralism*, 2004）是关于伯林思想的佳作之一。此人怀疑这一看法是代表了伯林的观点，还是反映了真实的情况，尽管它看起来似乎清晰明了。克劳德认为，该看法无法作为合理可信的观点去替代道德普遍主义者的观念。根据后者，真正将一种文化与另一种文化区分开来的，并不是该文化认可诸种人类价值中的某个不同子集，而是它以不同的"厚"的方式阐释了同一个普遍的"薄"的价值。大致说来，"薄"与"厚"指的是某种价值的抽象程度或是具体程度。

第11章 道德核心与人类视域

举例来说,一种"薄"的价值是为他人着想,而该价值"厚"的体现则可能是在公共汽车上将自己的座位让给比自己更需要的人。

我们该如何在这两种解释之间进行抉择呢?这取决于我们判断个体化价值的标准。正如我之前已经指出的,价值并不是自然物,因此标准的选择便必定会有些随意武断。我们可以说,文化甲追求厚价值丙而文化乙追求厚价值丁,或者是文化甲与乙都追求薄价值戊,尽管是以不同的厚形式(价值的具体程度),即戊$_丙$与戊$_丁$。如果丙与丁天然地彼此关联,则后一种说法可能更为自然;如果不是,则前一种说法更自然。如果是介于二者之间的例子,则可能很难做出抉择。让我们暂时对两个选项都保持开放态度,稍后再回到这个问题上来。

依照克劳德的理解,则示意图中标为"核心价值"的那一块应比我所画的宽得多,或许要扩展到与人类视域外延相同的地步(在这种情况下,"核心"的概念就会变得不适用了),不过无论如何是包含了不同的文化,而不是被不同文化所囊括。对于克劳德来说,这种观点具有一个优势,就是强调"道德核心"的共同价值一定是"薄"的,或者说是高度类型化的,这与特定文化更"厚"、更为具体的价值形成对比,而我的示意图没有强调这一点。但是核心必须如此吗?"不可杀人"的诫命(《出埃及记》20:13)有多"薄"呢?

克劳德也看到了在阐释伯林立场时这一不同观点的优势。他争辩说,该观点有助于回答两个问题。首先,我们如何能够与其他文化的价值产生共情,同时又并不与它们共有这些价值?克劳德将伯林"人类视域"的意思解释为：由于存在所有人都追求的某些普遍目的，这一事实使我们都能够被认同为人类。正是因为我们"和这些遥远的人物具有共同的价值"，我们就可以去理解他们（《扭曲的人性之材》，第11页）。根据这一解读，共同的道德核心便与人类视域的外延重合，而"核心"的比喻意义可能会就此失却。

我不认同克劳德将自己对人类视域的描述当作是对伯林观点的解释，无论其说法本身独立的合理性如何。在伯林的用法中，被视域圈入其中的，并不是我们所有人追求的那些价值，而是出于我们的人性而对我们来说具有意义的那些价值。正如伯林所说，并不是所有人都在追求我们可以理解的一切价值："价值与态度的多样性是有限的，其中有一些是某个社会自己为自己创造的，另一些则是其他社会制造出来的。"（《扭曲的人性之材》，第79页）他还说："所有人一定拥有某些共同价值，否则他们就不再是人，同时也有一些彼此不同的价值，否则他们之间便无差异，而事实上人与人的差异是存在的。"（《观念的力量》，第12页）如果上述说法是正确的，那么将核心与视域等同便站不住脚了。克劳德对此的回应是，那些我们能够理解但并不追求的价值，实际上只不过是薄价值的不同厚版本，我们仍然会以其他形式追求同样的薄价值：这使我们回到了在我们二人的观点之间实际上是否存在实质区别这个问题上。我认为实质区别是存在的。用伯林举过的一个例子来说明，骁勇善战、荣誉与光荣等荷马式价值常常被拿来与现代军国主义的负面作风加以对比。如果说反战主义与军国主义以或多或少的伪装形式存在于所有的个人价值体系当中,这种说法的矫揉虚假会令我感到震惊;不过,如果我是反战主义者,我仍然能够理解战争贩子,即使我全身没有一块骨头是好战的。

反之,第二个问题是这样的:如果其他文化的特定价值并没有我们与之共有或应当与之共有的普遍价值的证据(伯林认为是有的),则我们与这些文化产生共情的能力如何?克劳德的答案是,我们能够与其他文化的这些价值产生共情,因为它们都是我们确实共有的更为类型化的价值的不同具体阐释。也就是说,即使是在最为陌生奇异的行为中,也会辨认出我们自己最基本的宗旨,哪怕仅仅只是依稀可辨。[6]比如说,阿兹特克人(Aztec)的人祭便可以被理解为对于生育与繁衍这一普遍关注的特殊表达,无论它是多么大错特错的表达。爱德华·韦斯特马克(Edward Westermarck)就采纳了此观点,他将人祭描述为"获取生命保障的一种方式——根据我们的观念看来,毫无疑问是荒谬的,然而并不是一种恣意妄为的残忍行为"。[7]

克劳德认为,并非所有的价值都可以用这种方式解释清楚——作为"薄"的人类价值或是作为对"薄"价值的特殊表达——但是他建议将其当作未来进一步探究的一个可能的假设前提。他相信,伯林会被他的建议所吸引,尽管伯林赞同我的示意图。这些想法仍然是推测性的,因为伯林在这一领域的实际评论是如此零散而不系统,并且缺乏具体实例。尽管如此,还是有一个伯林常举的例子,克劳德的模式看起来显然对其并不适用,这就是在历史上渐次出现新价值的例子,如真诚、真实性和多样性等。按照伯林的说法,它们直到18世纪才被发现。如果伯林是正确的，那么这些"厚"的具体体现所对应的"薄"价值又是什么呢？我认为，这些新价值（还有更多的新价值将会出现）对于人类来说潜在地是可以被认识到的，这是由于人性的存在。但是在文化或技术条件尚不成熟时，它们是不会被发现或者是创造出来的。人性中包含着未实现的潜能，在其实现之后，可以被识别为真正属于人的，就如同音乐与艺术领域的革命性发展无法被预见一样。然而当其发生之时，便会最终赢得认可。荷兰围海造田获得的土地可以用来发展农业，但是在筑好堤坝和排干海水之前是无田可用的。

现在，我将回到伯林与我在1992年的通信上来。伯林在4月13日的回信中写道：

> 拒绝相对主义的基本原因是"道德核心"。多元主义与相对主义不能相容，是另一个独立的信条，而如你所说，我接受多元主义的原因在于与属于其他文化的、我们可能与之共有或非共有的价值产生共情。我不明白这样的回答为什么会给你兜头浇一盆冷水。你说我出于这两个理由而相信相对主义是错误的，这么说很正确；另一方面，这一点也是真的，也就是没有第一个理由，即不同文化或不同人中绝大多数价值体系之间的共同点，第二个理由也无法成立。这令人感到迷惑不解吗？我希望并不是。
>
> 你的示意图非常棒，我认为它确实代表了我的观点。
>
> 至于你的问题，我认为确实存在主观价值这样的东西，它们在任何意义上都不是终极的，而且可能无法得到他人

第11章 道德核心与人类视域

的共情,如关于口味的问题,对于这种或那种事物的不重要的个人偏好。我大概完全不能与无法忍受音乐之人产生共情——我仅仅是注意到存在这样的人,而他们无法忍受音乐这一点也是真的。因此,我认为在涉及非终极而且有时候相当微不足道的口味差别等问题时,你可以用一种完全合理有效的方式来谈论主观价值,即在这些例子中,并没有作为前提的共同点:完全缺乏同情,或者也许是缺乏理解。

依我看来,你无法与精神变态者产生共情,不过关于这一点我也许是错误的。我想有一些人自称能够做到这点。他们能够做到就做到吧。但是我认为精神变态者就是人们无法与之交流的人。

存在不存在非终极而真实的价值?"真实"是什么意思呢?价值就是价值,对于那些对他们来说是真实价值的人来说,这些价值就是真实的。或者,你说的是否是其他什么意思?

我不确定自己有没有将这些问题点解释明白。如果确实没有,请再给我写一封信,尽管那样做会让帕特抓狂。

由于我并没有立即回信答复这些点,那么现在就让我对其加以简短评论。首先,我并不理解,为什么非终极价值应该被认为是主观的,与客观终极价值相对。我猜想,伯林的意思可能是,终极价值的客观性在于它们被人们广泛地共同拥有这一事实(至少是部分如此)。然而,喜欢甜食的口味,以及对于节奏感强的音乐的爱好都是人们广泛地共同拥有的。在我看来，所有价值都是同等主观，或是同等客观的，再不然则是既同等主观又同等客观的，取决于这些对立的术语是如何定义的。不过，诸种价值在重要性与可变性方面存在差别——价值的这些方面并不能为客观/主观的区分所（充分）体现。

伯林写过一篇文章，题目是《主观伦理学与客观伦理学》，我将其作为《浪漫主义时代的政治观念》一书的附录之一予以出版。伯林这样写道：

> 政治与社会行为的规则，以及最重要的道德行为的规则，旨在管理人的内在与外在生活。显而易见它们至关重要，而且似乎需要一个更为坚实的基础，比出于个人脾性的微妙莫测想法更为坚实，也比受制于短暂影响的偶然随意的突发奇想更为坚实。（《浪漫主义时代的政治观念》第2版，第325页）

情况确实如此。但是伯林并没有在该文本余下的部分中提供这样一个基础，仅仅评论道："价值声明，比如说政治声明，既不是主观的也非客观的，只是与主观或客观的那些声明完全不同。"他也没有继续具体说明种类间的差别是由什么所构成的，尽管在1993年7月20日的一封信中，伯林写道："很久之后我还会回到这一主题——非先验的被普遍接受的价值，等等。"

得到普遍接受正是标准之一，以此为基础，他后来将被普遍接受的价值称为客观价值，这与他在《主观伦理学与客观伦理学》中表达的观点相对立。现在，客观性问题似乎就是关于被广泛接受的和/或重要的和/或终极的和/或被人性所规定的和/或享有被这些标准的某种不确定的组合所规定的地位。伯林从未在任何地方充分而明确地陈述过他的立场，原因当然有可能在于他自己的头脑中对此也不是很清楚，或许只是停留在直觉的层面上。不管怎么说，给予伯林怀疑所带来的好处似乎是正确的，至少在第一个例子中是如此，而且我们可以看看，能否从其各种各样不完整的陈述中引出一个既连贯一致又能够站得住脚的立场。我尝试用示意图所做的正是这件事。

1993年年初，伯林请我为他给罗纳德·H.麦金尼（Ronald H. McKinney）文章《走向后现代伦理学：以赛亚·伯林爵士与约翰·卡普托》（Towards a Postmodern Ethics: Sir Isaiah Berlin and John Caputo）的回应起草一份摘要，该文发表于《哲学家索引》（*Philosopher's Index*）上。[8] 以下是他对我的草稿的修改：

> 在纠正对其立场的一些误解时，伯林澄清了他自己的伦理观。他建立在经验主义基础之上的关于人类共同价值的概念设立了可以忍受的人生最低标准，由此也设定了向人与社会开放的相互冲突的道德与文化选择的范围界限。每个人都有权利去抗拒处于此范围之外的任何东西，这一边界也就是"人类视域"。伯林明确地区分了多元主义与相对主义，并且拒斥一切先验的价值观念。他解释了自己对于那些拒绝接受人类共同价值之人的态度，指出这些持异见之人什么时候应被视为疯狂，什么时候则应被当作罪犯。

读罢伯林的这段文字，我不禁又想请教他对核心与视域的进一步区分，因为我对这二者混淆严重：

> 共同的道德核心与人类视域是两个不同的事物，还是同一事物，抑或是同一事物的不同方面？我以前认为它们是两个事物，区别如下：共同核心是任何可以接受的道德体系、文化、生活方式中最小限度的道德内容，如通常说来杀戮是错误的，应该讲真话，等等。任何拒绝接受这一核心的生活态度都无法满足人性的要求。另一方面，人类视域则为更多的道德与文化组成部分之可变性和多样性设定了一个外部边界，使这些组成部分被添加于核心之上，造就了这个世界所包含的不同道德体系与文化。人性并不是无限可变的，与此相应，被我们认作是可理解的人类生活方式也是有界限的。您提到"圈围起多元价值的藩篱"（《扭曲的人性之材》第2版，第318页），这非常有帮助。
>
> 但是您的一两则评论令我怀疑自己可能在核心与视域之间进行了过于泾渭分明的划分。您说某个试图"使人类社会注定毁灭"的人会被置于"共同人类价值的视域之外"——该短语中同时使用了这两个概念。您还说，"一种文明由另一种文明激发出来，并很有可能毁灭另一文明这一观念"在您看来"与一个最小限度共同人类价值的世界（即核心）并不一致，因此，这一观念也超越了所谓的选择的正常范围，也就是人类社会如要能够继续存在下去可获得的选择之范围（即视域）"。（《扭曲的人性之材》第2版，第317页）

第11章 道德核心与人类视域

那么，我们是否能够区分未能体现核心和落于视域之外这二者？后者的一个例子是您所举的用针扎人者。您说他的行为是"不可理喻的，即处于可以获得、能够选择、终极的价值之视域以外"。（《扭曲的人性之材》第2版，第318页）但是，是不是可以同样说，这一行为触犯了包含在核心中的一个原则，即一个人不应该无端地给他人造成痛苦？我想处于视域之外的任何东西都与核心相冲突，但是并不是所有与核心相冲突的东西都位于视域以外，是这样的吗？如果情况如此，则那个希望使人类社会注定毁灭的人难道不是有违于核心然而仍然处于视域之内吗？

您很明显将在道德上不可理喻与处在视域之外相等同，这给我造成了另一个主要困难。如果这二者是相同的，应该没有处于视域之外然而可得到理解这样的例子，您提到施虐受虐狂（sadomasochists）、拜伦式英雄、毫无道德观念的亡命之徒、超尼采的悲情浪漫主义者（ultraNietzschean tragi-Romantics），说您确实理解他们，然而同时也拒绝接受其价值。这些人遭到拒斥是否并不是因为他们位于视域之外，而是由于他们触犯了核心？

如果情况如此，则并不是所有位于视域之内的东西都是可以接受的。事实上，您确实说过，可能存在这样一些终极价值，您承认它们是人之价值，但是它们令您感到厌恶，而您准备运用所有可能的手段对其加以抗拒。（您能否举一个例子，这样我就能确定自己是不是正确地理解了您的意思？）但是，在您不愿采纳其他人的价值的同时，也接受它们代表了从可获得的选项中做出的同等合理合法的选择这一点，难道不正是多元主义观点且因此不应遭到拒斥？据此，处于人类视域以内的任何东西都是可以接受的，尽管并非强制人们一定要接受，除非它们又位于核心之内。或许以下说法可以解决该困境：一种道德要得到接受，它就必须既处于视域之内，同时又与核心保持一致。那样的话，则您希望抗拒的价值令您感到厌恶，是因为它们触犯了核心。不过，您的话似乎更像是在说，有些价值尽管通过了上述两项检验，然而您还是要与之作战。或者您并不是这个意思？……

我还有一个与之无关的问题。您说，根据您对于相对主义的理解，另一个社会中的价值可能是"任意的，充其量是晦涩难明的，尽管并非一定是不可理解的"。我试图找到一个例子来说明任意但同时又可以理解的价值，但是没能找到。您能帮我找一个吗？……

我试着去寻找据称是您中心多元主义思想之先声的韦伯的文章。随此信附上一篇候选文章，[9]但我有理由相信，这并不是其中最好的一篇。您知道这篇文章吗？您认为它确实表述了与您相同的思想吗（尽管更为灰暗，而且其灰暗程度难以比拟），还是并非完全如此？

伯林于1993年3月2日回信，他写道：

如你所猜测的那样，共同核心与人类视域正是同一事物的两个不同方面，而不是两个事物。共同核心与其说是任何道德、文化等的内容，还不如说是可接受性的限度。人类价值、文化等之子集的多样性受到共同价值或是视域的限制，但是在它们都是多样性所有成员的组成部分这一意义上，这些子集又并非与共同价值截然不同，而且如果没有它们，多样性的结构本身便无法成立，也就是无法被人理解（我以能够为人所理解作为标准来识别被多元性所容纳的各种各样的价值、文化等，如你正确指出的，它们的数量并非是无限的）。因此，我要坚持说，"未能体现核心"和"落于视域之外"是无法区分的。我不能理解用针扎人者，因此，对于我来说他就处于终极价值的视域以外。我能够理解想要摧毁某种文明的人，或是对人类生活毫不在意的人：他们处于人类视域之内，在核心里，但是任何接受了我的价值星座的人都无法接受如上这些人的价值。我还坚持认为，身处许多时代、许多地方的许多人都是无法接受这些价值的。

"许多"这个词是可变的。做一个多元主义者，意味着能够将自己置于其他人的位置，而其他人所追求的价值和他自己的价值非常不同，甚至有可能与其完全对立[10]：我可以拒斥荷马式的世界（如维柯所描述的那般），尽管从中能产生旷世杰作，但是这个世界残暴、刻薄、野蛮，等等。尽管如此，我还是能够理解它。我所能做的一切，就是声明我自己的观念，即我认为什么是可以允许的，什么是不可允许的，并且相信或希望这可以形成对于许多地方的许多人来说都正确的一道光谱，尽管肯定毫无可能是每个人。换句话说，就是明确地区分什么是可以接受的，什么是能够理解的。休谟提到的那个想以摧毁世界的方式来缓解自己小指疼痛的人对我来说简直不可理喻,这种想法逾越了核心及视域。区别存在于(这样的一个人与……?)如下这些人之间:野蛮人、拜伦式局外人、纳粹分子或是那些认为黑人不完全是人而是比我们自己更近似于动物的人,等等。(我们能够理解这些人?)虽则存在区别,但我们还是会毫无愧疚之意地前去与后面这些人作战。为什么呢?因为我要保卫唯一的文明,没有它我就会认为人生不值得度过——显而易见,其他人并不同意我的看法。我应该坚持说,这并不仅仅是我个人的看法,同时也是来自于我的文化的其他许多人的看法,以及许多生活于往昔时代的人,希望还有未来的许多人——他们接受大部分我所相信的东西。也就是说,他们看待这个世界的视域与我自己的视域大大重合。然而最终,我相信我所相信的东西,维护我所维护的东西,对我来说终极的东西就是终极的。与此同时,我仍然会理解其他人的目的,即使该目的是摧毁我认为具有最低限度价值的一切,即没有它们,我会认为以我的意义来看生活就不值得去过。因此,我希望尽己所能去反对它,在极端情况下,需要时可以献出生命。在这个意义上……希望毁灭人类社会的这个人是处于核心以及视域之内的。我也许能够理解他那尼采式的动机,然而他是与我势不两立的死敌。

我在这里打断引文,表示自己无可奈何。伯林的这通回复,非但不清楚不明确,而且显然与他稍早时候关于我对其观点所画的示

第11章 道德核心与人类视域

意图所说的话相当不一致。在那幅图中，核心与视域是外延非常不同的两个明确概念——核心价值是位于人类视域之内的一个子集。一个人不能同时接受这两种解释。所以，他应该更倾向于选择哪一个呢（如果其中确有一个可选的话）？

选择稍早时候那种解释的原因之一，在于它使我们能够区分两个边界：一个围起人类道德最小限度的需求，另一个则圈入人类道德最大限度的多样性。从这个角度看，核心包括了所有道德体系中普遍的成分，视域则限制了一些额外的组成部分，但并不是某个具体道德体系中的所有成分；视域之外的则是那些非人道和精神不健全的东西。

然而，如果这两个比喻只是指代同一条界限的不同方式的话，我们便既缺少边界又缺乏区分。现在，我们就只能将人道与不人道的分开，却无法将人道的进一步细分为普遍的和根据文化的不同而可变的，除非用（不同的）"厚薄"之分来支持这种细分。遗憾的是，这种做法缺乏解释力。

另一方面，如果伯林以我的图示所表明的方式来清晰地理解这两个比喻——此处且不管他说过他确实是如此理解的这一事实——那么他便不会在后面的这封信中如此表述其含义。在表面看来，信中的话支持了上文中描述过的乔治·克劳德的阐释（TK），其侧重点是，恶行与善行都处于视域之内。不仅如此，核心这个比喻也并不是伯林自己的原创，尽管在我运用该比喻之后，他接受并采纳了它。不过，这一比喻所试图体现的观点当然已存在于他思想的中心，因为他常常会讲到某个普遍道德的最低限度（如我们所见，就像是哈特所说的自然法则的最低限度内容

385

一样)："所有人都接受的最低限度的道德价值，没有它们，人类社会就会分崩离析，而且出于准生物学上的原因，离开它们，人类就无法避免灭亡。"(《自由论》第4版，第206页)对最低限度的这一描述中暗含了对核心价值和边缘价值的区分，而在克劳德的阐释中，该分别被模糊处理或者是完全没提。克劳德对此也并不在意，因为对于他来说，所有在文化上具体独特的人类价值都是"薄"的普遍价值的"厚"版本，从而没有任何价值居于核心之外然而又处于视域之内。

这种混乱能够被根除吗？我认为是可以的。问题在于这些比喻本身，而不是它们所试图描述的现实。这可能意味着，最好将比喻摈弃不用，因为它们会遮蔽而不是澄清情况。但是我不愿意过于轻易地抛弃它们，原因是它们确实有助我们——或者至少是有助我——将伯林对人类道德体系的理解形象化，只要我们认识到其局限，而且不指望它们在每一点上都与其旨在阐明的现实保持步调一致。

主要的困难在于，核心具有双重功能。首先，它具体规定了在任何可以接受的道德体系中必须存在的那些成分；其次，它为我们提供了拒斥某些观点的标准，根据这些标准，那些观点被视为非人类的。这是两个彼此独立的不同功能，然而也是某些共同原则的积极与消极方面。每个核心价值或原则都既对每个人要求一些东西（例如，尊重生命），同时又排除掉其对立面（例如，对生命漠不关心）并将其斥为非人道的。核心价值既是所有人类价值的一个子集，也决定着什么属于非人类的。不可能以我所设计的那种示意图来表示出这种双重角色，因为如此一幅图只能描

第11章 道德核心与人类视域

绘出不同集合之间包含与排除的关系。这就是我为什么在自己的图示上附加了一条规则——"人类视域之内的任何东西都不能与道德核心相冲突",目的就是表达核心的第二个功能——决定视域落到哪里。或许我应该更清晰地表达这一点,说"任何与核心价值相冲突的东西都处于人类视域之外"[11]。这一图示描绘了核心的第一个(集合论的)方面,而我现在所引用的这封信则强调了其第二个(设定标准的)功能。我们不能说其中的一种阐释就是正确的,而另一种就是错误的,因为它们照顾到被考察的情况的不同方面。让我通过一个类比的例子来试着把这点说清楚。

请想想那些结构合理的建筑物。它们全都必须满足某些核心要求,如合乎需要的地基,具体到深度、宽度、选址、用料等方面都要符合要求。假设这些要求全都达到,那么便可以于此地基之上建造结构合格的建筑,而结构合格之建筑的变化范围也是大到无限的。可以用欧拉图来表示这些:良好的地基是表示基本建筑属性一个子集中的一部分,而这个子集又处于一个更大的集合之内,后者是合格建筑的所有可能属性。但是这个大集合也有界限,即一个建筑学可能性的视域,具有超出此视域之外属性的建筑迟早会坍塌。这一界限是由图示子集中的基本属性所设定的,但是这一事实却无法以同样的图示方式加以展示,除非有人创造出某种专门符号,比如说用划掉的箭头将基本子集与大集合之外的区域连接起来。

总之,只要将核心的两个功能清楚明确地分开,就应该可以避免混乱。从第一个功能的角度来看,我们可以说,符合要求的地基是一座合格建筑的一个积极必要条件,而斜屋顶则不是。

387

我们可以将合格建筑的特征区分为所有建筑实例均具有的特征，以及那些能够而且确实有所变化的特征。以这种方式来看，欧拉图表示出了基本特征与附属特征之间的关系：任何一座建筑必然包括这二者，即对于任何建筑来说都必不可少的基本特征，以及一些其他特征，尽管它们并不是本质性的，却使建筑的完成成为可能，因为只有基本特征是无法建成一座建筑的（可能甚至还可以说，一座建筑也具有一些并非至关重要的非基本特征，这一点本身是至关重要的）。

不过，从核心第二个功能的角度来看，核心要求负向决定了建筑合格性的界限。因此，它们意味着地基不牢的建筑注定会坍塌。在这个意义上，核心与视域是同一现象的两个方面，即建筑结构合格性的界限。核心决定了视域的范围，然而两者并不是等同的，因为还有一片区域处于核心之外然而在视域以内，其中包含可能但并非关键的建筑特征。

尽管我们已得出一种方法来理解核心与视域之间的同化，然而，将这两个概念等同，还是令我感到既毫无裨益又不自然，尽管它们都是用来标记边界的。核心的概念并不是轻易地符合于人道与非人道的区分，因为它通常是将同一类别当中更中心一些的成分与不那么中心的成分分离开来。苹果核是苹果的一部分。当我们说"核心价值"的时候，意思是某种道德体系中必不可少的最基本价值；核心之外的价值仍然是价值，尽管其扮演的角色不那么关键。所有人类价值放在一起，又被另一道更大的边界（苹果皮？）圈入其内，在此边界之外的东西则无法与之产生共情。处于该边界之外就是"越轨出格"，就是逾越了人类视域的

第11章 道德核心与人类视域

藩篱。

伯林所举的用针扎人者就是逾越了视域边界，因为他不理解或是不接受不应无端给他人制造痛苦这一核心原则，或者是应当把其他人作为目的而不是仅仅当作实现我们的目的之手段这一原则。再重复说一遍，以这种方式，核心的内容就规定了视域的范围。这就是诱使我们将核心与视域混为一谈的根源所在。但是应当抗拒这一诱惑，因为它错误地辨识规则，以及规则所需要或是排除的东西，就好像是说交通限速等同于超过速度限制。

伯林本人并未在我们的通信中单独回答这些问题。他很可能并不倾向于用图示的方式来使人类道德领域视觉化。事实上，考虑到解释我的图示所遭遇到的困难，或许这样也好。伯林也并不寻求对人类道德体系的一种综合、系统的叙述。针对不同的目的，他使用了不同的类比，这些类比之间可能并不能成功地结合起来，从而形成一个超级类比，能够适用于他在不同时候以及不同语境中想要说明的所有问题点。当他思考普遍道德的最低限度时，同意以核心对其加以表述便是自然而然的。不过当他思考人类道德体系的外部边界时——某个人逾越了这一边界的观点、行为与信仰，我们无法与之产生共情——视域或藩篱的意象便出现了：那是一个界限，超越该界限则我们无法理解。

现在回到被我的插话所打断的信上来。伯林继续写道：

> 我并不认为，任何不可理喻的东西都是位于视域之外的——在视域之外，是的，但并不是超越囊括了所有可能的（但并非无限的）终极价值的视域。

389

如果这不是对他口授内容的错误记录的话,那么我猜想第二次出现的"视域"一词指的是地理学意义上的地平线。[①] 不管怎么说,伯林的意思是清楚的:人类视域划定了可以理解的范围界限。

> 我拒斥拜伦式英雄、悲情浪漫主义者……的原因,并不是由于他们处于那条地平线或是那个核心之外——依照我的理解,他们是在其内部的——而是因为他们使得我在自己那一隅的生活,使终极价值所有可能集合中我的那套特殊变体(伯林在此处一定是漏掉了"变得不可能"或是"变得不可接受"——帕特·乌特钦)——这就够了。当然,并不是所有处于视野之内的东西都是可以接受的,至少对我来说不是——我并不认为其他人的价值总是构成"从可获得的选项中做出的同等合理合法的选择",借用你的措辞来表达。不过,这些确实是人的选择。它们不会使选择它们的人成为非人类,但是它们肯定并不是全都合理合法——合法性首先是由核心、由视域所赋予的,也就是说,没有它们社会便无法继续存在,没有它们人便不能被认作是人。但是其次,它们与我自己特定的信念集合相对立。这两点并不相同,第二点是第一点里面的一个子类。
>
> 我不知道这样解释是不是让问题更明白了一点。也许这并不是你所认为的我的观点,但至少在我看来这就是我此刻的想法。换句话说,有些价值确实是核心以及视域的一部

[①] 原文"horizon"一词的含义包括地平线、视野、范围等。——译者注

分，然而我要极力反对它们。

倒数第二段话中的倒数第二句一定也存在记录错误。伯林在此处列举了道德合法性的两个来源。第一个足够清楚：与核心/视域的兼容性。但是在"它们与我自己特定的信念集合相对立"前面漏掉了一些东西。他的想法似乎是，道德合法性（依我的观点看来）同时也要求，所涉及的道德与我自己的信念不发生冲突。如果不进一步论辩，这看起来接近于某种形式的相对主义。毕竟，我为什么更愿意选择我自己的信念，而不是其他人与我相对立的信念？这一难点在这些讨论中一次又一次地反复出现，对于我来说是在理解伯林观点时最严重的未解决之症结。在下文中我们还会回到这个问题上来。不过，在这里，让我将注意力转向一两个不清楚的问题点上。

伯林谈到了那些处于视域之内然而对他来说不可接受的价值，并且称其为"人的选择"，但是它们并不是与他自己的选择"同等合理合法"。他脑海中的此类价值是什么呢？它们不可能是触犯核心的价值，因为他说过，自己论及的这些价值处于核心之内，他说这样的选择"与我自己特定的信念集合相对立"。也许，为了追求军事荣耀这一价值而战可以作为一个例子。如果我是个反战主义者，则军事价值肯定"与我自己特定的信念集合相对立"，但是它们无论如何也是人的价值，是可以理解的价值。如果这一点没有错的话，那么伯林所说的"第二点是第一点里面的一个子类"又是什么意思呢？他说的似乎是，触犯我的信念的价值是触犯核心的价值里面的一个子类。但是，根据假定，我们

391

所考察的所有价值都是处于核心之内的。我陷入了困境，而且我们的设定比我所注意到的更为混乱也并非没有可能。让我们再一次回到伯林的信上：

……你问到关于"任意"等问题。我所说的"任意"的所有意思不过是，无法给出其原因，或是无法给出其明显原因的事。什么是任意但同时又可以理解的呢？比如说，想要搜集大幅油画而不是小幅油画的欲望，不是由于你发现前者更具吸引力，而仅仅就是想要大幅油画罢了，毫无道理可讲。这样做的人并不是疯了，尽管他是古怪的。他的目标和我的判然有别；他或许是狂热极端的；碰巧这种搜集行为满足了他的某种深层欲望，精神分析学也许能够或不能将他从这种欲望之中解脱出来。不合情理？肯定是的。任意的？肯定是的。不可理解？并不是。我知道该如何与这种人共同生活，怎样对他说话，怎样询问他的理由，怎样认识到他懒得给出任何理由，因为他认为没有必要这么做。我不知道自己是否把问题解释得更明白一些了，我希望如此。

关于韦伯：很惭愧地说，我从来也没读过他的书，而现在我感觉去读他的书为时已晚。不过我认为你是正确的；我想我们意见一致之处在于，他认为休谟是正确的而康德与柏拉图是错误的，即对于事实的陈述属于科学领域，与价值领域不同；事实陈述不能造就价值陈述，尽管存在中间区域，人们不能肯定自己所运用的来自这一领域的指代物究竟是事实还是价值。（"他品德高尚"这句话是赞誉之词，还是仅仅表明此人遵循这个或那个人确定的规则行事，而该规则并非必须要接受？如为后一种情况，这句话就是关于某人行为的纯粹事实陈述了。）于是，韦伯关于价值冲突表达的所有东西——真与美、圣与善，等等——确实与我相合。换句话说，他接受终极价值就是接受它们之所是，人们仅仅是遵循其指引而前进，它们可能彼此冲突，然而仍然都是终极价值——他称其为多神论，一时是这个神，一时又是另一个神，一些神祇可能与其他神祇彼此为敌。在这种情况下，人就必须做出选择。尽管这说起来很糟糕，但最终，一个人必然要做出选择——他可以给出选择的理由，但理由最终只能来自某种更大、更宽、更深刻的选择。因此，韦伯当然是一位盟友，但是在我提出自己观点的时候，并不知晓他说过关于这些的任何话，情况就是如此。

以上是这封信的最后两段，其中包含了一些有趣的、可以加以讨论的观点，但在此处讨论会使我们远离主题。不过，还是有一点特别值得强调。伯林写道："他可以给出选择的理由，但理由最终只能来自某种更大、更宽、更深刻的选择。"这句话肯定了我的观点，即，根据我们已然投身其中的生活方式来合理化我们的选择，对于那些追问我们为什么选择这条道路的怀疑论者来说，并不是一个真正的答案。怀疑论者可以继续说："非常好，那么你又如何证明，你所投身其中的那种生活方式而不是另一种生活方式是正确的？"如果他仅仅回答"因为它就是我的"，则怀疑论者便获得胜利，因为他展现出其价值与选择最终都来自一个毫无理由的承诺，或者是来自某个传承下来的传统，遵循该传统仅仅是因为它传承下来了。只要该传统没有触犯核心就够了：我有权遵循自己生长于其中的传统，并且捍卫它，使其不会被敌对的传统摧毁。伯林关于占主导地位的文化权利的思想就是从此而来。

可以想见，伯林的信令我异常困惑。所以，我于1993年3月3日致信伯林，信中写道：

> 我承认，您信中的话令我震撼，因为它肯定与我对您观点的理解彼此冲突，而我的理解源于您已出版的作品。我必须进一步消化您的信，并且再一次阅读您在已出版作品中探讨相关问题的那些段落，看看混乱能否消失。

我还回应了伯林所说的他对韦伯的认识，对于关注确定伯林支持价值多元主义理论之原创性程度这一问题的人来说，这是个有趣的话题：

> 您说您在提出自己的观点时（我想知道那是什么时候？！）并不知道韦伯的观点，这令我很感兴趣。因为您曾经提到过（在《自由论》第48页/第1页）《政治作为一种志业》(Politics as a Vocation)，而这正是韦伯触及此类问题的文章之一，因此之前我以为这表明您了解韦伯。您所引用的与我查阅的是该文的同一个翻译版本（TK注释）。更直截了当的评论来自另一篇文章，即《科学作为一种志业》(Science as a

Vocation），特别是第152页上的这段话："对生活最终可能的诸种态度是不可调和的，因此它们之间的斗争永远也不会结束。因此，我们就有必要做出一锤定音的选择。"这难道不是对您那种多元主义的一个相当出色的简短总结吗？

我应当补充一点，伯林引用韦伯话语所要阐明的问题，与多元主义毫无直接关系；引述出现在写于20世纪60年代晚期的《自由四论》的导言当中。

记录中出现了一段空白间隙，它可能隐藏或并没有隐藏关于主要问题更进一步的讨论。在这段间隙期间，我阅读了约翰·格雷（John Gray）为"现代大师"（Modern Masters）系列丛书撰写的关于伯林思想研究的书稿。这套丛书的主编是弗兰克·克莫德（Frank Kermode）。若干年前，我就曾经建议，应该委托人去写作这样一本书，但克莫德对这个主意不屑一顾，说伯林还远远不是一个举足轻重的人物。那是在我所编纂的伯林文选问世之前。显而易见，文选为伯林所带来的巨大关注令克莫德改变了想法。

1993年4月29日，关于格雷的书稿，我给伯林写了一封信：

> 我已经阅读了约翰·格雷关于您的那本书的第一版草稿，他当然为您感到骄傲……书中只有两个问题令我担忧。一个是他的如下观点（并非您的思想，但同时也不能说与您的意见相左）：多元主义真正意味着，自由主义仅仅是众多不同生活方式的一种，并不具有特别的优先性。我无法相信

> 您会接受这一说法,即使仅仅因为您曾说过(《自由论》,第216页)"多元主义及其包含的一定程度的'消极'自由"。或许约翰会回答说,这种程度的消极自由算不上是完全的自由主义……
>
> 另一个问题有关人类道德统一性的本质与程度——我们曾不止一次地讨论过这一老话题。多年以来,您关于此话题的言论可能并不是完全连贯一致的,即使这不过是因为您的观念有所发展。无论情况是什么样的,约翰的叙述肯定是有些摇摆不定的:有时候他说的好像是我们只有某些基本类别是共有的(我不能确定是哪些),有时候又仿佛是在说,存在某些可以说是在人类学意义上具有普遍性的社会规范。我赞成第二种更为广义的说法,哪怕仅仅因为,在我看来它在对抗相对主义方面是必不可少的。

这两个担忧在我眼中都是很重要的。第一个问题是由乔治·克劳德在发表于1994年的一篇题为《多元主义与自由主义》(Pluralism and Liberalism)的文章中首次公开提出的,[12]自此以后出现了关于多元主义与自由主义关系问题的大量二次文献。讨论聚讼纷纭,无法达成共识。尽管克劳德自己在他那篇最初的文章中拒绝接受多元主义必然内含自由主义这一论断,后来他的思想却发生了转变,已在多处论说二者之间存在上述联系,尽管其理由已经超越了伯林明确直言的论述。我引自《两种自由概念》的那些话制造了不少困惑,特别是因为伯林在《以赛亚·伯林对话录》第44页似乎说了意思与之相反的一些话:"多元主义与自

第 11 章 道德核心与人类视域

由主义并不是相同的概念,甚至不是有所重叠的概念。有一些自由理论并不是多元主义的。自由主义和多元主义这二者我都相信,但是它们在逻辑上并无关联。"(请注意,伯林并没有说有些多元主义的理论不是自由主义的,尽管确实存在这样的情况。)更糟的是,伯林随后似乎马上又收回了他刚刚说的话,争辩说,考虑到多元主义,"不管多么勉强,最低限度的宽容不可或缺"。这或许也无法与彻头彻尾的自由主义相提并论,但它已是朝着那个方向迈出的一步。无法否认,伯林关于这个问题的立场是不明确的,尽管他声称,多元主义与选择之间的联系毫无疑问是存在的:

> 我们在日常经历中所遭遇到的世界,是一个我们于其中面临着在同等终极目的以及同等绝对要求之间进行选择的世界,对其中一些目的、要求的实现不可避免地意味着对其他目的、要求的牺牲。事实上,正是出于这个原因,人们才为选择的自由赋予如此巨大的价值;因为,如果人类得到保证,在地球上的人们可以实现的某个完美的状态下,他们所追求的诸种目的将再也不会彼此冲突,则选择的必要性以及选择的痛苦都将不复存在,随之消失的还有选择自由的重要中心地位。(《自由论》,第 213—214 页)

以及:

> 我认为,如果人类的目的有很多,而且并不是所有目

在原则上都彼此兼容，则发生冲突的可能性——以及发生悲剧的可能性——就永远也无法从人类生活中完全消除，无论是在个人意义上还是在社会意义上均如此。那么，在绝对的要求之间进行选择之必要性就是人类境况的一个无可避免的特征。(《自由论》，第 214 页)

据我了解，第二个担忧并没有引起如此巨大的关注，不过，它在伯林自己作品中的某些问题点上有所表现。下面是《政治理论还存在吗？》一文中的一段：

> 我们用来定义人的基本范畴（以及与之相应的概念），诸如社会、自由、关于时间与变化的感觉、痛苦、幸福、生产力、善与恶、对与错、选择、努力、真理、幻觉等（举出这些例子完全是出于随意），都并不是关于归纳与假设的问题。将某个人设想为人，其实就是让所有这些概念都体现其作用；因此，说某个人是人，然而选择或者是真理的概念对他来说毫无意义，则会是非常古怪的：这将与我们为"人"所赋予的意义相冲突，这并不是一个用语言定义的问题（因为语言可以随意更改），而是作为内在于我们的思考方式而且（作为一个"赤裸裸的"事实）很明显不得不如此思考的方式。(《概念与范畴》第 2 版，第 217 页)

此处，伯林似乎是在说，我们不得不通过诸如他所罗列的某些

第 11 章 道德核心与人类视域

中心概念与范畴来思考人。不过在这里并没有具体的道德规范，除非我们有意加以演绎，从中推导出一些指令，要做对的事而不是错的事，或者是要讲真话而不是撒谎之类。说我们不得不透过某种镜片来观察世界，并不等于坚持说所有正常人都必须同意特定的道德原则。谈论善与恶、对与错，就必然引出诸如什么是善什么是恶等问题。确定这些概念下具体囊括了什么则是更进一步。这正是我在格雷书稿中注意到的含混不清之处，它似乎为相对主义留了一道敞开的大门，因为不同的人对是非对错持有不同观点。莎士比亚让其笔下的哈姆雷特说出如下台词："世间本无善恶，全凭个人想法而定。"（《哈姆雷特》2.2.269—2.2.270）哈姆雷特认为丹麦是座监狱，而罗森格兰兹（Rosencrantz）与吉尔登斯吞（Guildenstern）并不这样想。为了达到最大限度可能的普遍道德共识——这当然是个值得去追求的目标——我们不仅需要从对人性的审视中提炼出一个概念框架，还要提取具体的道德判断。或许在道德语言中便以某种方式暗含着这些判断。维特根斯坦论道："如果语言要作为交流的一个手段，就必须不仅在定义上，而且要（尽管这听起来很古怪）在判断上达成共识。"[13]但是怎样达成共识则需要详细说明，而不仅仅是按字面意思理解。

伯林在 1993 年 5 月 3 日予以答复。尽管（正确地）不愿意干涉格雷的文本，但他还是回应了我提出的这两点问题：

> 多元主义意味着，自由主义仅仅是可能性之一……你是正确的，我并不认为我确实相信这个。我承认还有其他看待

399

人生的方式，就好像自由只不过是我们所追求的价值之一一样；不过，正如存在一种对自由的感觉，[14]没有它我们就无法追求我们正在追求的那些价值（至少是出于我们自己之选择的，作为我们自己行为的创造者），在我看来自由主义实际上唯一真正教导了如下原则的学说，即如果说它并没有鼓吹其他这些观点的可取性，至少也宣扬了宽容其他观点的可取性——当然条件是这些观点中没有一个会摧毁它们运作的框架，或是真正威胁到它。

关于依我之见多元主义所内含的消极自由这个问题，我认为它并非不可与彻头彻尾的自由主义相提并论——除非约翰·格雷以某种特别的方式来定义自由主义。如果确实如此，则他可能是对的。但是如此一来，他关于自由主义的概念必然甚至比我的概念还要宽泛……

关于人类的道德统一性问题。我们确实曾经讨论过这点，断断续续地持续了很长一段时间。我同意你的意见，即便我在这一主题上曾经态度模糊不明或是反复无常。"只有某些基本的类别是共有的"肯定不够，这仅仅意味着，每个人都为类似于"善""恶""对""错"等范畴赋予了某种意义。但是如果不存在共同点，如果没有足够数量的人在足够长的时间内对特定价值的认定和接受，那么就会如你正确感觉到的，相对主义的危险将探出它那令人厌恶的脑袋。问题在于：理解其他人的观点、文化等是否等于共有规范标准？我认为是的。我想如果你说"我知道按照这种或那种文化我可能会怎样生活，将这种或那种价值作为占据统治地位的价

第11章 道德核心与人类视域

值去相信时我可能会怎样生活"，这并不是接受该文化及这些价值，而是在我看来，仅仅是理解便创造出一个共同点的集合。这可以理解吗？真实吗？我并不是很肯定，但我希望如此。

"一个共同点的集合"是什么呢？在我看来这一短语有一层较弱的意思和一层较强的意思。较弱的意思是，我们只不过是共有同一个概念库，可以说是同一个分析与理解道德问题和困境的工具箱。较强的意思则是，我们共同拥有一些具体道德原则。现在已经很清楚了，关于理解却不赞同这一点，需要比伯林所提供的更进一步的解释。如果我们既理解我们与之共有的道德态度又理解我们并不与之共有的那些，则二者之间的区别是什么呢？有时候是经验性的错误：那些我们不赞成的道德态度搞错了事实。然而这能够涵盖所有的情况吗？难道非共有与共有的态度仅仅是通过出于理性而又任意的选择区分开来？或者，关于边界应该划在哪里，又是否可能有一个连贯一致的论点？这条边界是否就是善与恶之间的边界？

在1993年5月5日的回信中，我写道：

我与约翰·格雷就此进行了长时间讨论，成功说服他重新思考我提请您注意的那两个问题：您的意见极为有用，而我也很高兴，因为您总体来说支持我的判断。我希望当您阅读最后完成的这本书时，会同意这是本合情合理地公平而准确的著作，而且毫无疑问对您十分友善。

401

我不记得在我们讨论后格雷做了哪些改动，如果他确有修改的话。不过伯林手里确实有一本成书，他在书页空白处偶尔批注，表示自己对其表述的同意或不同意。

一个月之后（1993年6月7日），我又重回"战场"，再一次致信伯林。他当时因跌跤正在住院。我写道：

> 您不止一次说过，作为相对主义之对比的多元主义，在您对它的理解中最重要的一点，就是它使属于不同文化或无论不同什么的人能够相互理解，而相对主义则将他们形容为分别居住于隐士般封闭的世界里，根本无法与其他的世界产生交流。我是这样理解这一点的，如果我的理解没错的话：人性若是要具有任何道德上的或是形而上意义的统一性（我虔诚地希望它有），那么无论是在实践层面还是在理论层面，跨越文化边界的相互交流都至关重要。
>
> 但是令我感到困惑的，是您所举的用来描述相对主义特征的一个例子："我喜欢咖啡，你喜欢香槟。"——也就是口味的差别。这令我感到困惑的原因在于，在我看来，喜欢咖啡的人很容易就能对喜欢香槟的人的选择感同身受，反之亦然。我们都知道口味的偏好是怎样的，而且也轻易便能想象拥有另外一种口味偏好会是怎样的；事实上，我们的口味可能随着时间流逝而改变，而这也使得在这一领域产生共情变得更加容易。我还要进一步说，在不同口味之间产生共情要比（比如）一位18世纪的苏格兰人与一位荷马时代的农民之间产生共情容易得多，也比您讨论过的任何其他相似类型的

第 11 章　道德核心与人类视域

共情的产生要容易得多。

若是我在这一点上是正确的，则要么咖啡／香槟并不是一个概括相对主义的好例子（但是我也说不清它为什么不应该是个好例子），要么多元主义与相对主义之间的重要区别并非在于共情是否可能。

如果我们采纳后一个选项，则多元主义与相对主义之间的关键区别性特征又是什么呢？或许根据相对主义，有没有可能是"无所不可"，即对于什么能够被算作是一种价值或道德，不存在任何限制？而多元主义则坚持认为人性对于什么能够算作在这一标题之下设定了界限（您的"人类视域"）？也就是说，相对主义将我们所拥护的以及我们的原则描述为是极端任意的，而多元主义则将它们视作是从共同人性中剥离出来的，并且坚持认为，其共同的来源将它们捆绑在一起，从而形成一种可以相互理解的关系。

即便在这一点上我是错的（至少作为对您的观点的理解之一），我还是面临着这个问题：咖啡／香槟的例子看起来明显不能解释可理解性的失败这一点。您同意我的看法吗？

即使伯林曾经回复过这封信，我也找不到回信了。我在写信之后不久便去医院探望伯林，而从我的下一封信可以看出，我们曾口头讨论过我的这些问题。我确实记得自己有一次曾当面询问他对于咖啡／香槟例子之不恰当性的意见，并提到孕期妇女可能会产生相当非同寻常的口味。这在我看来是一个清楚明确的例子，说明在同一个意识范围之内如何可能产生不同口味间的共情。这是

探索思想

他与我发生争执的罕见场合之一。是由于我不知怎么就正中了要害,还是仅仅因为我的固执己见激怒了他?我无法肯定。

当我听说伯林恢复情况良好,便又给他写了一封信:

> 这个好消息鼓励我大起胆子来接受您的建议,在我前往阿克兰(Acland)探望您时,您(或许是仓促轻率地)提出了这一建议,让我就那个我们反复讨论的话题进一步逼问您,也就是关于多元主义与人的道德统一性的话题。
>
> 您常常遵循罗素与詹姆斯的说法,[15] 说理解一位思想家的关键,就是要辨识出存在于其所有具体论点背后的指导性思想,并且加以理解。这没有理由不适用于我尝试去理解您的努力。我想知道,如果我能够正确抓住您言说背后的"原动力",则我是不是不应该被如下事实那么困扰,即在某些方面,这些言说无法平息从我自己引而不发的长期思考中生发出的所有问题。(而为什么这些言说就必须做到这一点呢?您的目的没有理由要与我的保持一致。问题在于,我在您的话中发现了如此之多令人极度满意的东西,这就使我要在做出如下结论之前最大限度地从中获取它们对自己的启迪。这一结论便是,可能有好几条路将人引出您的"花园",但您是不愿踏上它们的!)下面我将阐述自己的观点。
>
> 我不敢奢望辨识出您的全部主要观念[idée(s) maîtresse(s)],不过看起来可以肯定地说,您对于多元主义兴趣的部分源泉,在于它为自由主义提供了一座堡垒(以对抗一直令您深恶痛绝的极权主义);另一部分源泉在于,相较于任何

第11章 道德核心与人类视域

一种相对主义,多元主义都为文化多样性提供了一个更为现实也更令人满意的解释,而相对主义对属于不同文化环境的成员之间的相互理解,或者是对价值观相异的个人之间的彼此理解丝毫不抱希望。

我与您一样也对这些感兴趣,不过还有一个我要同样予以强调的兴趣点(结合您的作品,我认为这是一个典型的俄国式的兴趣,但对我本人而言,这并非我这一兴趣点的来源)。这就是我们应当做什么,应当如何生活,可以接受之行为的范围界限是什么等"该死的终极问题"。在我看来,如果一个人认为这类问题至关重要,则无论在哪一种道德运作的图景之中,他自然都会去寻找某种方式来在可接受的与不可接受的行为之间划一道界线,并且寻求阻止不可接受之行为的正当理由。

当然,关于所有这些您已经说了很多,而我自然一点也不会否认,这类问题很吸引您,否认这一点是非常荒谬的!但是,您所说的理解其他人不可接受的行为(比如说,杀害犹太人的纳粹分子,以及杀害穆斯林的塞尔维亚人?)一直以来就令我感到有些担忧。我将试着解释为什么。

我想到约翰·梅杰(John Major)的一席话,说要少一点理解而多一点谴责(尽管我并不愿不去理解,也并不急于为了谴责而谴责,这一点当然不难理解);罗杰·豪舍尔有一次曾对我说,他感觉您对道德的叙述"没有排除掉足够的东西"。当您从犯了经验错误的信念角度来解释异常行为时,您似乎是设定,只要是在可能的情况下,则该解释大概

405

率是正确的。但是还存在另一种情况，就是行事之人对于为其行为做任何理性的正当性辩护丝毫不感兴趣，只是想要去做他们现在正在做的无论什么事情。用旧式术语来说，他们是邪恶的，或至少是恶的。比如，在某些纳粹分子的头脑中，纳粹活动很有可能确实是受到您所提到的那种错误信念的支持，但是我敢打赌，许多纳粹分子则纯粹是仇恨犹太人而已，并没有什么出于理性的理由，而且也并未对其相应行为感到丝毫疑虑和不安；而且，即使他们确实是出于错误信念，如果其错误被指出，他们也不会对此印象深刻。为什么我们就应该设想，在其他条件都不变的情况下，人会符合理性或者是有所裨益地行事？遗憾的是，这和经验并不相符。相反，善意有时候看起来仅仅是特殊境况下开出的一朵脆弱的花。

不过，不管对于错误行为的真正解释是什么，我们在某种道德观点中所寻找的东西之一，就是在对与错之间划定界限。对于多元主义者来说，"对"具有多重意义，而且处于内部冲突的状态中，但是它仍然是有界限的。您为划定理解界限赋予优先性的处理方式有时候似乎遮蔽了识别（不同？）边界可接受性的需求。比如说，您说您能够理解极端尼采式的浪漫主义者，以及纳粹分子（考虑到某些错误的信念），但是不能理解将尖针扎入人体的人，或者是奸污老妇并偷走其微不足道的可怜积蓄的青年。前两类人是处于"人类视域"之内的，而后两类人则想必是位于其外的。到现在为止一切还说得过去。但是，这四类人当中哪一类是可以接受的或者是可以容忍的（或者，是应予以限制的），这无疑是一个附加问题了。某些事情是可以被理解的，然而是邪恶的。这就是我为什么感觉"共同核心"——所需的共同道德基础的基本最低限度，在我们拒绝接受特定行为形式的时候就会求助于这一共同道德基础——与人类视域并不是一回事（可理解性的边界），也是为什么我会颇为关心您有时似乎将二者同化这一问题。

总而言之，我在您那里未能看到的（或许是错误的？），是承认纯粹的卑劣恶意是人性的一部分，其分量就如同仁爱善意一样（如果不是更多的话）；没有看到的还有对于可理解性问题与可接受性问题的明确区分。我希望您能告诉我这是个可怕的重大误解。

当然，在可理解性与可接受性这两个领域并不完全重合这一问题上，如果我是正确的，则核心与视域所设定的范围界限是等同的这一观点便不能成立，而如前所述，某些伯林思想的阐释者正是如此认定的。伯林于1993年7月5日回信，他写道：

> 你说我对于多元主义兴趣的源泉或许在于它为自由主义提供了一个堡垒，这样说当然是相当正确的，但并不是完全正确。首先，没有多元主义，自由主义也可以产生，例如邦雅曼·贡斯当（Benjamin Constant）或者甚至是 J. S. 穆勒赞同思想自由与表达自由，然而并不是出于多元主义的原因。不过，如果有多元主义，则某种自由主义必然随之而来，这

一点是真的。不过，我想我对于多元主义的兴趣是我内在固有的——仅仅就是我对多样性观念的深切热爱，以及对人类经验的多样性感到喜悦，这无疑是关于我的一个纯粹的心理学上的事实。不过，威廉·詹姆斯（William James）认为，人们的哲学观与他们的禀性及性格相关。这与罗素所说的并不完全一样，但是同样正确：有些人喜欢统一、整洁、井井有条、一切事物都从一个单一中心出发——事实上，这种人就是"刺猬"；另一些人则更喜欢丰富多彩、缺乏条理、多样性以及偶然奇迹。这种奇迹能够打断具有因果联系之连续性的严格死板流程。我不否认自己属于第二类人。

关于"该死的终极问题"，你是对的。关于这一点以及你的中心问题，我有可能受到我最喜爱的俄国人物的影响。关于邪恶之人与邪恶行为：你完全正确——并不仅仅是错误的经验命题会导致可怕的行为；我仅仅是说（即这样说仅仅是为了）我否认纳粹分子简直是疯子这一看法，人们有时候会这样想，同时我也是为了解释那些并非邪恶的普通德国人的行为。他们参与这一极其可怕的行动是因为他们认为这是正确的，是为了国家的利益，是为了打赢这场战争，归根结底因为犹太人是"白蚁"，从根基处破坏着德国人为之奋斗的美好生活的一切可能性。但是这就把你的那类问题排除在外了：罪犯仅仅因为罪行本身而犯罪，恶人仅仅因为恶行本身而作恶，等等——弥尔顿笔下的撒旦、拜伦式英雄，等等。（去理解）[16] 并不是去原谅。我一直坚定不移地相信这一点。我记得奥斯汀曾经对我说："如果我们都不能原谅自

第11章 道德核心与人类视域

己,而我们确实常常不能原谅自己,那么为什么要去原谅别人呢?"这真是很典型的他的话。而且,人当然必须谴责邪恶,与邪恶进行斗争;人是否理解邪恶并不会以任何方式使邪恶变得更可容忍。那么,人为什么要这么做呢(即,邪恶/与邪恶做斗争?)?

共同核心当然与人类视域并不是一回事。这是你的中心问题,而我很乐意尽己所能回答它。共同视域完全与可理解性相关——关于这一点你是正确的;共同核心则是那些中心人类价值——必须承认存在某种程度的变化,但是无论如何在个人层面中,只不过是(1)可以被认为属于中心人类价值的那些价值,以历史的角度观之,就是许多地方、许多时代,等等,尽管绝不是所有地方与所有时代——并不是囊括一切的;以及(2)一个人准备为之而战的价值,在某些情况下还准备好为之献出生命,无论这些价值是否会改变或为他人所拒斥,等等。因此,它最终归结为一个人自己的个人视域,而此视域必然是某种社会视域的一部分。后者不仅仅是他所归属的同时代文化的视域,而且也延伸到了过去,不过归根结底,它不过就是一个人决心委身于此的东西,准备好为之辩护的东西,以及准备好以共同信仰、共同核心来解释的东西。对于我来说,这就是我所不接受的那些客观道德——康德、穆勒、教会,等等——唯一的替代选项。

但是,当斯图尔特·汉普希尔说到"绝对的恶"的时候,我并不肯定自己是否理解这一点。我很清楚他是什么意思。这样做并不会造成什么伤害，即试着理解最可怕的行为、最糟糕的人以及最恶劣的人类性格——也就是原罪，像弗洛伊德一样，我当然相信它的存在。尽管这并不是一个人拒斥或谴责或与之斗争或对其他一些人发动战争的理由，这些人在他看来会摧毁一切他所相信的东西，因为他不仅仅是主观地相信这些东西，而且还以其作为持续存在的人类观点的一部分——或者，至少是人类观点中的一条具体道路，他感觉自己认同于这条道路。我的意思是，即使有人说："我能够理解托尔克马达（Torquemada）①为什么要屠杀人——考虑到他所处的环境、他的信仰、西班牙天主教教徒的普遍观点、想要拯救灵魂的欲望，等等——不必将这种行为谴责为彻底不合理性的或不可理喻的……"——克莱顿主教（Bishop Creighton）就是基于此与阿克顿勋爵（Lord Acton）论辩。这并不意味着就不许一个人认为它彻底邪恶，这不仅仅是因为宗教裁判所法官们的恶劣品质，还出于其内在固有的败坏，即使其动机可以从人的角度来解释。换句话说，就是以绝对价值的名义来谴责它。绝对的意思是，在一个非绝对的、经验性的世界中所能达到的绝对程度，即仍然是许多区域、许多时代、许多人。也就是说，我赞同阿克顿而反对克莱顿：你可以理解自己所能够理解的无论什么，但是没有理由不去谴责，即使你能够想象自己若是处在另一个地方并受到另一种影响的另一个人，也会犯下这些罪恶。

---

① 托尔克马达（1420—1498），西班牙宗教裁判所第一位大法官，被称为"中世纪最残暴的教会屠夫"，曾判决处死万余名"异端"。——译者注

第11章 道德核心与人类视域

我不能肯定，这些是否比我之前对你说过的话要连贯一致得多。这封信对你有帮助吗？

长长的倒数第二段肯定并不是像我所希望的那般清楚明白或是连贯一致。这要部分归咎于伯林口授文章时所用的那种螺旋滑梯式扭来绕去的句法，但是我认为这并不是唯一的问题。有些东西肯定是清晰明确的。存在一个中心的价值集合（或原则集合？这二者可能是同一现象的不同方面），作为一个关于经验性观察之事，它为大多数时代中处于大多数地方的大多数人所接受。还可以补充说，尽管伯林在此处并未言明，但该集合的存在是因为这些价值都是源于人性：从希望生存并繁荣发展的人类基本需求中来。无论如何，这些共同价值就是伯林对于某些其他道德研究者所谓绝对、先验价值的经验性替代价值。如果经验主义者在寻找可以说是所有正常人共同拥有的价值，那么他们充其量只能如此。我们捍卫这些价值，是因为认为它们是我们的人性本身所内在固有的。

但是现在有一块灰色区域附着其上，即"一个人准备为之而战，甚至准备好为之献出生命的价值，无论这些价值是否会改变，或是否会为他人所拒斥"。这些价值的地位到底是什么？它们在这里是不是被置于一个单独的类别当中？或者，伯林是不是在谈论关于同一种价值的第二个标准？如果是前一种情况，则它们为什么区别于另一类共同价值？是因为它们"会改变"吗？但是伯林又不厌其烦地反复说，没有任何经验性的东西可以保证不发生变化。或许我们所谈论的是比起真正中心的价值来更有可能

411

发生变化的价值？这似乎更有接近其意的希望。有一些价值对于我们至关重要，然而对于身处其他时代、其他地方的其他人来说可能就并非如此关键了。因此，存在一个在经验意义上接近普遍的人类价值的集合，在某个特定语境中，更多的价值会被认为是同等重要的，尽管在此语境之外它们就不会被如此看待。这就解释了伯林所说的"一个人自己的个人视域"是什么意思，尽管若称其为"一个人自己的个人道德核心"意思可能会更加清楚明白，后者可以说是伯林描述人类道德之普遍核心的一个定制说法。以我的欧拉图来看，它们是构成我的文化之一部分的那些价值，但是并不位于共同核心之内。这也符合它们"为他人所拒斥"的可能性。这就是说，这些价值并不构成其他文化不可协商之内容的一部分，而在我自己的文化中，它们则属于这部分。

这种阐释的问题在于，如果它是正确的，则伯林本可以在陈述自己的立场时轻易地将这一点讲得清楚明白。而他并没有这样做这一事实令我感到，要么这种阐释实际上并不正确，要么就是伯林调用了一幅被他直观理解的图景，但他从未深思熟虑地将其想清楚，也没有明白地加以表述，或者，也可能两种情况兼有。有时候他所说的话似乎是指向一个方向，有时候则指向另一个方向。让我们将此问题暂时搁置，先继续往下看。

如果伯林确实谈论的是在包含于共同核心内的价值以外附加的价值，则我们如何为它们辩护？有些人拥护与我们不同的附加价值，而我们双方的附加价值可能彼此不容，我们该对这些人说些什么呢？我们只能诉诸宽容吗？如果只能如此，那么这是哪一种宽容呢？是认为某种价值是错误然而仍然对其加以宽容，还是将被宽容的价值看作完全合理有效的选择，只不过与我们自己所赞成的选择相抵牾？不管是哪种情形，仅有宽容都无法解决所有这些碰撞冲突。在不得不做出决定的具体情境中，为了其他价值，某些价值就要被牺牲掉。

伯林接下来继续说，"个人视域……必然是某种社会视域的一部分，后者不仅仅是他所归属的同时代文化的视域，而且也延伸到过去"。这想必是说，我们的个人原则与承诺不是（不能是）孤立地想象出来的，而是有一个社会维度，并且成为文化形态之历史性连续过程的一个部分。但是，他接着又再次回到第一个类别："归根结底，它不过就是一个人委身于此的东西，准备好为之辩护的东西，以及准备好以共同信仰、共同核心来解释的东西。"

伯林在这里所说的是什么呢？我对此还是无法十分确定。让我们再次回到欧拉图中所示的第一原则上来。存在道德态度的中间核心，为所有正常人共同拥有；然后是一个由可以理解的价值所组成的更大的集合，它处于不同文化变体的范围内，而不是属于严格意义上的所有人类；而在这些之外，则是非人类的与非理性的。再重复一遍，对我来说，中心问题是解释同时既理解又谴责如何可能。伯林举出了托尔克马达的例子，认为我们能够理解其行为，是因为"考虑到他所处的环境、他的信仰、西班牙天主教教徒的普遍观点、想要拯救灵魂的欲望，等等"。这一解释依赖于将被理解但是受谴责的行为者之罪行归咎于虚假错误的信念，就如同伯林关于纳粹主义所说的一样。不过现在他又添加了进一步的因素——"宗教裁判所审判者的恶劣品质"及其行为的

"内在固有的败坏"，"即使其动机可以从人的角度来解释"。伯林还接受"原罪"的观念，即人有作恶的天生倾向。

这为我的问题提供答案了吗？我们理解然而谴责邪恶行为，因为我们自己也是有缺陷的，并且知道犯错是怎么一回事，知道贪婪、自私、残暴等是什么。这当然是理解邪恶行为的一个因素。所以，我们现在就有两种方式来阐释我们想去谴责的那些行为：行为者方面的错误信念，以及作恶的天然倾向。源于正常但有害的人类冲动的邪恶行为是可以理解的，但无法以这种方式来理解伯林所说的用针扎人者的行为。看起来，在我们解释纳粹分子与托尔克马达时，需要同时调用两种解释。我们在其行为中看到的，是得到虚假错误信仰加强并被其合理化的邪恶作为，反之亦然。错误信念使得人们更轻易做出恶行并且为之寻找借口，而原罪则令虚假错误信念更加具有诱惑力。

如果参照上述澄清再读一遍伯林那段话，就会发现它更有道理了。不过还是存在一些摇摆不定之处，这可能表示，这幅图景尚不完整。首先，伯林提到共同核心中存在"某种程度的变化"。这似乎是重申如下认识的一种方式，即，不能期待这种经验性的类别会永远滴水不漏，并在所有可能的世界中都具有明确固定的边界。人性是依照情况而定的，并非必然如此；它并不是被一项神圣谕令所规定的，而是在历史中逐渐发展，或许在不同地方以不同方式发展（即便存在物种归属的某些生物学标准，这种共同归属将所有人都联系在一起），而一切本性都充满了变化。上古人类的道德标准——更不用说其祖先——一定不同于我们的道德标准；事实上，我们都不用上溯到一代人以上，或是在当代世界

第11章 道德核心与人类视域

扩展到很远以外，便会发现核心道德信仰的差别。一些真正的基本原则，那些与生存需要及繁荣发展机会紧密相关的原则，现在可能变得更加接近于普遍。但是即使在基本原则中，也总会有一些的起源相对晚近。在人类历史的大部分时间里，无缘无故的军事侵略和开疆拓土都被认为是顺理成章的和有正当理由的；实际上，时至今日它们仍旧存在且颇为活跃。"在永恒的相下"（*sub specie aeternitatis*），奴隶制仅仅是在不久之前才刚刚废除，而君权神授的观念似乎也是在很晚近的时候才被抛弃。甚至就连伯林所概括的那种程度——"许多地方，许多时代，等等，尽管绝不是所有地方与所有时代"——或许也过甚了。因此，核心中存在多样性的主张是很容易被接受的，至少是在多样性基于人们实际上认定的价值这一前提下，而不是以人性所需的东西为根基。

接下来，关于个体差异方面有模糊不清之处。伯林提及"一个人自己的个人视域"（用"核心"来概括可能更好？），仿佛每一个个人都拥有一套量身定制的价值集合，与人类整体共有的价值存在一定程度上的差别。必须承认，这一核心中的一部分是在历史进程中社会地形成的——没有人是道德孤岛。但尽管如此，在不同的个人、群体、文化、历史时期之间，还是存在多样性的空间。用伯林的话来说，一个人自己的个人核心，事关"一个人决心委身于此的东西，准备好为之论争的东西"，但是随后他又有所退却，补充说它是一个人"准备好以共同信仰、共同核心来解释的东西"。现在看起来，与此相关的再次是所有人都共同拥有的那些信念。这里似乎确实存在某种混乱，即便不是伯林头脑中的混乱图景，在我看来这也是一个混乱的解释。

415

关于这一点我所能做的，最多就是再一次参考我的图示。它不仅提供了一个共同拥有的核心，也就是"在一个非绝对的、经验性的世界中所能达到的绝对程度"的那些价值中的核心，而且也允许在一个共有的人类视域的界限范围内存在多样性，即，"人们感觉自己认同的人类观中的一条路径"。在核心原则当中，会发现对邪恶人类倾向的拒斥。关于某种倾向是善的还是恶的可能存在疑问。在古代，耀武扬威的荷马式价值可能被认为是积极正面的，但是今天我们对其某些表现形式却持强烈的保留态度。应该为时间流逝中——无论是个人还是一种文化的生命周期里——更大的道德复杂性以及更深的理解留有发展空间。不管怎样，关于我所提出的理解与拒斥如何能够结合起来这一问题，其答案如前文所述，存在于与我们共有的道德原则相冲突的人的自然倾向这方面。这看起来与我们正在讨论的这封信中伯林所说的话是一致的，尽管他的话并不清楚明白。

在写于1995年2月22日的一封信中，我再次回到这一话题上。我在信中提到我们最近的一次会面，并且重回关于对恶行的解释这一老问题：

> 从我们上一次谈话中，我了解了（但是像往常一样了解得还不够！）多元主义等，我们下一次一定要谈得更深入一些，如果您能够忍受的话。您给我留下这样一种印象，即依您之见，对于邪恶然而理智的行为而言，其最大的目的无非是反社会：有些活动比其他活动更能满足人们共有的最小限度的要求，我们便有理由对前者赋予更大的道德优先性。这

就会使得诸如"邪恶"以及"有害"这些概念失去神学家与其他人为其指定的意义：它们将只不过是"反社会"或诸如此类词语的加强版。我不知道这是不是真的是您所想的。

从您所说的话里，似乎还可以引出这样一层意思，即在人们理智地追求的所有目标中，有一些他们最好不要去追求，也就是说，在具有客观多元性的目标中，不仅存在许多好目标，也有一些坏目标。在那些坏目标里，也许又有一些属于您所谓的为大多数时代、大多数地方的大多数人所共同拥有的目标这一类别。比如说，可能自私就是一个例子。在这种情况下，这种共有性就不能成为道德认可的基础了吧？在某些时代，人们普遍接受了在后来被认为是错误的行为或习俗，如奴隶制。如果普遍观点可以这般变化的话，那么它是否就不能成为正确性的标准？

如您所见，我一如既往地糊涂。在我面对的所有难点之下是这样一种感觉，就是对您来说，错误行为的唯一来源是经验性谬误，而并非简单的人格之恶。如果您确实相信这一点的话，则这可能体现了您自身人格的纯洁性，但是，对于我们所知道的很多真实的人而言，这看起来是不是过于宽宏大量了？

没有其他情况的话，也许我们可以再约定一次会面，继续这场无穷无尽的讨论。

伯林对帕特·乌特钦说："我选择'其他情况'。"我并不怪他。别的姑且不论，我似乎是忘记了他已经承认自己相信原罪。

417

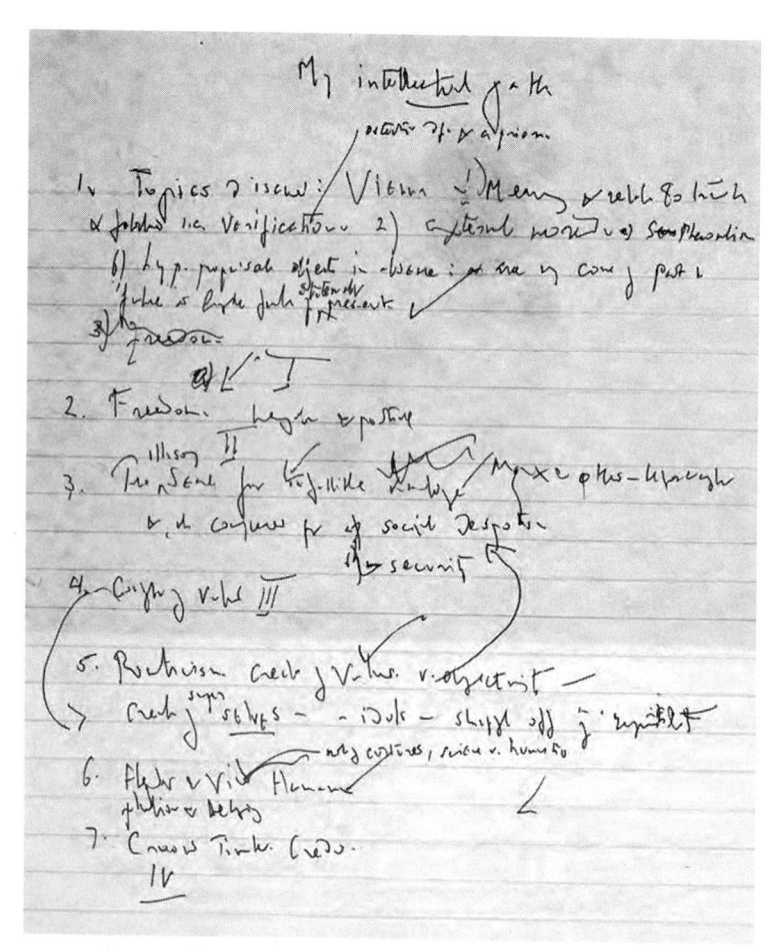

伯林为其最后一篇文章《我的思想道路》（My Intellectual Path）
（1995 年）所拟的写作提纲

第 11 章 道德核心与人类视域

关于"邪恶"的问题于第二年再次浮出水面。当时伯林在其《我的思想道路》一文中使用了这个词,他写道:"我并不像有些人那样认为纳粹分子是真有精神疾病或神志不正常,而仅仅认为他们犯了邪恶的错误,在事实上完全被误导了。"我追问他为什么用了"邪恶的"一词,以及他是否暗指应归咎于纳粹分子的错误信念这一意思。伯林以错误信念来解释纳粹行为,有时似乎是放过了他们,暗示即便纳粹分子的信念是错误的,他们的动机也是良善的。那么,这些信念又怎么会是"邪恶的"呢?一个人要为自己(所有)的信念负责吗?如果是这样的话,则信念所导致的行为不也就是邪恶的吗?如果该行为是邪恶的,那么将邪恶归于信念而不是直接归于行为则又有何裨益呢?我的问题未能成功说服他改变自己的用词,而我也仍然认为这个句子是有问题的。

第12章
结　局

1997年1月28日，我致信伯林，询问他我能否出版《个人印象》一书的第2版增补本，在其中新增原版面世之后新写的文章，或许也可补充某些未能收录于内的早期文章，特别是《战时华盛顿的犹太复国主义政治》与《我生命中的三条主线》（TK）两文。伯林于1997年2月1日回复道："勿要仓促行事。"在我提供给他的15篇备选文章中，他仅仅同意增加5篇（而且这5篇当中还有一篇最后也被放弃了）。关于他所称的"两篇犹太文章"，伯林写道：

《华盛顿的犹太复国主义政治》当年曾制造出如此的大张挞伐，以至于我最不想做的一件事就是让这个问题重回视野。因此，请暂时不要出版它——在我过世之后，不管你想做什么都可以。关于《三条主线》也是如此。我知道它是一篇相当不错的自传式自白，但是我认为它过于私密——我宁愿它不在我的有生之年面世。当然，叶礼庭肯定已经读过这篇文章了，他可以从中摘取他想要的任何章句。除此以外，不要在我生前出版该文。

第12章 结局

三天之后，伯林寄给我一本早期版本的《对人类的恰当研究》。他写于书页上的题词是："致亨利，来自合著者以赛亚，深怀难以言表之情。"这自然令我感动万分。

1997年3月24日，我询问伯林关于其作品的评论家与批评者的事：

> 我越来越好奇您对于基于您作品的二次文献的态度，而评论您的作品已然发展成为一个蓬勃的产业。我们曾在过去讨论过这些，您表示自己总体说来对此十分超然物外。不过，由于在此之后评论的数量有所增加，我便突然想到要问问您对于这些家伙有什么想法，因为他们都在不休地争论您所说的这个或那个是什么意思，以这种或那种说法是不是真的符合您暗含的意思，等等。您会不会感到忍不住想要站起来说："让我来告诉你我是什么意思，让我来告诉你在我看来从那个里面是否能推导出这个结论，而且让我来告诉你为何如此。"
>
> 我脑中所想的尤其是关于多元主义与自由主义关系的激烈讨论。当然是约翰·格雷著作的最后一章在这个问题上一石激起千层浪，尽管在较早时候也出现了一些讨论此问题的文章，如马克（Mack）与克劳德的文章（您和伯纳德曾回应过该文）。贝阿塔·波兰诺夫斯卡-塞古尔斯卡也曾论述过该问题，还有格雷姆·加勒得（Graeme Garrard）和乔尼·斯坦伯格（Jonny Steinberg）正在酝酿的文章……尽管他们的方式不同，但他们都想知道的一点是，您是否认为多元主义的

421

> 真理从逻辑上必然引向自由主义作为政治秩序地位独占鳌头的结果，或者是，如约翰·格雷所断言的那样，多元主义的隐含意义恰恰相反——自由主义只不过是多元主义摸奖桶中盛装的许多"奖项"中的一个，而非自由主义的"奖项"也必须被给予公平均等的尝试机会。
>
> 关于这个问题，您究竟有无意愿发表一个权威声明呢？我猜想您并不想。如果所有这些文章都出现在20年前，您会不会更有卷入论战的意愿呢？或许不会：也许对此您也没有一个清楚明确的答案？我非常想知道，但是，如果您不太愿意写信的话，我也并不想让您写，所以，何不到我这里来共进午餐呢？我们有太长时间没见面了。

我记不起我们是否如这封信中所约的见过面，也没有找到对该约定的文字回复，不过我确实记得，伯林有一次在万灵学院的早餐室里用午餐时对我说，以这种方式来就各种观念进行辩论十分正常，而对此他的心态完全轻松自在，感觉没有必要参与其中。我钦佩他这份伊壁鸠鲁式的超然物外，但是也为他没能解决已提出的那些问题而感到遗憾，特别是没有说明他本人关于多元主义与自由主义之关系问题的信念。我怀疑伯林甚至对于自己头脑中关于这一点的想法是什么也不甚清楚，尽管他也给出了一些提示，如我在第11章中所述。

1997年6月，沃尔夫森学院的成员受到邀请，要为1999年的沃尔夫森学院年度讲座建议一个题目。我在学院文件的复印件上给伯林留下便笺征询他的意见，问他如果我提议用"以赛亚·伯林的思想"这一题目来纪念他的九十大寿可不可以。伯林在那张纸上贴了一张便利贴，上面写着："等我去世之后再说——到那时——你想做什么都可以。我敢肯定你是这样想的。I. B."

1997年6月12日，我在新学院参加了由克里斯托弗·皮科克（Christopher Peacocke）组织的一次研讨会。这是牛津哲学家系列研讨会的倒数第二场，主题是伯林1950年发表于《心智》刊物上的《经验命题与假设陈述》一文。第二天我向伯林报告：

> 正如所料，它主要说来是非常技术性的和"分析性的"。我怀疑您是否确实想将其通读一遍。研讨会对于您论文的评价是完全正面的，甚至可以说是赞扬性的。皮科克认为您是正确的，而且您的思想可以进一步以各种不同方式深入研究，而他自己探索了其中的一些方式。
>
> 文章的结语最为出色。他提到了乔纳森·格洛弗（Jonathan Glover）代表《新学院新闻》(New College News)对您进行的一次访谈。您在访谈中讲述了关于谢费尔（Sheffer）的故事，*还讲述了自己放弃哲学的两点原因：(1) 这一学科的累积性进步是不可能的；(2) 您的聪明才智不足以让您出色地研究哲学。而皮科克断言，您的这篇文章有力地反驳了以上两点原因！我要说的就是这个！

---

* 关于这个故事，即与哈佛大学的 H. M. 谢费尔的会谈是如何开始并变得愈加充实，以及导致伯林放弃哲学的思想过程，请参见《概念与范畴》第2版，第 xxvi 页。——原注

不久之后，皮科克将他的文章寄给我，他的原话如下：

> 在1945年之后，伯林的思想转向主要是道德与政治学领域的问题，以及观念史。根据伯林自己的说法，他之所以从形而上学及意义理论转到其他领域，主要是受到了与谢费尔一次谈话的巨大影响。伯林对这次谈话之影响最为震撼人心的描述出现在乔纳森·格洛弗代表《新学院新闻》对他进行的一次深度访谈中（1996年12月）[1]。伯林自述：

>> （谢费尔）说，尽管逻辑学、心理学或历史学等学科能够取得进步，但是在哲学领域，同样的问题一直反复被提出，根本就没有累积性进步这回事。在乘机返回英格兰途中，我一直在思索他的话。机舱里光线很暗，无法阅读，而且也很不舒服，我无法入睡。过了一会儿我想，自己其实并不是真的想知道那些哲学问题的答案——我永远也成不了一流哲学家——我不是像奥斯汀或艾耶尔那样的人……（第7页）

> 于是，关于伯林的这次深思熟虑，我们从中发现了两个主题：其一是哲学本身不可能有累积性进步，其二是伯林本人无论如何也不会成为一流哲学家。但在我看来，伯林的论文《经验命题与假设陈述》为如上两个主题提供了反例。

伯林写给我的最后一封信的日期是1997年6月16日。我将该

第 12 章 结局

信寄还给他时附上了一个手写的问题,他又连同自己的答案一起还给了我,还有一则附加的评论,是关于我寄给他的一篇研究其作品的文章(我不记得是哪一篇了)的。他认为该文"相当不错——格雷说我主张在两个不能兼容或不可通约的价值之间'艰难抉择'去追求其中的哪一个,针对格雷的这一夸张说法,这篇文章可以说筑起了一道防御性的围栏"?最后,我于 6 月 30 日给伯林写了一封信,信中询问了一些琐碎的小问题,他的回答由帕特·乌特钦写在原信上并寄还给我。至此,伯林与我之间的通信便悄然结束了。

7 月 22 日,伯林病倒,从此再也没能康复。我在 10 月份的时候再次探望他,发现他疲惫不堪、形容枯槁。我向伯林报告了以其名字命名的系列讲座中的第一场,由 J. G. A. 波科克(J. G. A. Pocock)在基督圣体学院主讲。我在讲座结束后拜访了波科克,他很善意地给了我一份其讲稿,开头是对伯林热情洋溢的大加赞誉,我将其朗读给伯林听。他闭着眼睛听我念,当我问是否要继续读下去时他评论道:"到现在为止全是废话。"他并不想让我继续读,在读了一小会儿讲稿之后我们便转向了其他话题。艾琳不希望我令她的丈夫过于劳累,于是打断了我们的谈话。当我走出医院路过我们刚才会面的那间病房的窗户时,我朝里面望了一眼,伯林似乎是睡着了。我暗自思忖,自己可能再也见不到他了。

我的直觉没有错。11 月 6 日一早,帕特·乌特钦的电话打到我家,说伯林由于心力衰竭,就在午夜之前于阿克兰医院与世长辞,而在当天他还接受了一个小手术。帕特请我通知叶礼

425

庭此事，我马上就照办了。这个消息对叶礼庭来说很难接受，对我来说也是一样。我伤心欲绝，比以往任何时候都更为充分地认识到伯林对于我意味着什么。柏拉图《斐多篇》(*Phaedo*)的结束语立即浮现在我的脑海中："艾克格拉底（Echecrates），这就是我们的朋友的结局，我们可以肯定，在他那个时代我们所认识的人当中，他是最优秀的一个，也是在智慧与判断力上最可靠的一位。"[2]

第13章
尾 声

《个人印象》第2版于1998年问世，书中增补了《我生命中的三条主线》一文，因为伯林曾说过，一旦他离世，此文便可出版。我在自己的序言中加上了这样一段附言：

以赛亚·伯林于1997年11月5日与世长辞。随后此书被交予出版社，但并未正式印刷。本书的主体部分，并没有做任何改动，不过现在时机已到，可以增补一篇文章作为尾声，那是伯林于1979年5月在耶路撒冷发表的一次讲演的略经缩减的版本。当时他因对自由观念的贡献而获颁耶路撒冷奖。这篇打动人心且富于洞察力的文章……对于我以及对于我与之商议的其他人而言，一直就是属于这本书的，因为它实际上就是一篇自传式的个人印象。我曾不止一次向伯林建议，它应当在它本该归属的地方再次出版，但是他总是给出同样的具有典型伯林特色的回复，说这篇文章在他看来过于个人化，或许过于关注于自我了，因此不适宜在其有生之年结集再版；不过，在他过世之后，我可以做我认为最合适的事。令我沉痛而遗憾的是，现在我可以自由地为本书添加这最后一笔了。

探索思想

就在同一年,《对人类的恰当研究》在美国出版,我也在自己为该版所作的序言中加上了一段附言,其结尾正是我对上一章末尾处所引柏拉图那段话的呼应:

> 由于我是在以赛亚·伯林去世仅仅五周之后便写下的这些文字,我自己想松弛一下,暂时脱离编辑那略显正式的惯常风格,并表达这样一个希望,希望伯林生前所发表作品的这部回顾性选集现在能够恰如其分地扮演另一个额外角色:致敬我热爱的这个人,我这个朋友。在我所认识的人当中,这位朋友不仅是最卓然出众和最令人愉快的,而且,在许多方面,他都是最睿智的人,在判断力上最确定的人,以及最优秀的人。

我写作眼下这本书已是在伯林去世20年之后。在这些年中,我继续完成自己的任务,在伯林身后于1999年至2006年间又陆续出版了他的7卷作品,随后又编订了四卷本伯林书信选集(于2004年至2015年出版)。后一项工作得到了许多人不可或缺的帮助,我在序言中已对他们一一致谢,特别是与我共同担任编辑的詹妮弗·霍尔姆斯(Jennifer Holmes)和马克·波特尔。

尽管我与伯林的通信已结束,但是在我每日打交道的那些文本中,我强烈地感受到他的存在。有时,我要用到伯林讲座的录音或是一些手写材料,这也有助于使我们仍在为其作品的出版而一起工作这一感觉保持与延续下来;而获得伯林家人的支持更令这种感觉进一步加强,特别是伯林遗孀艾琳(直至她于2014

年在刚刚度过百岁寿辰之后去世）与其出版商继子彼得·哈尔班，以及其他共同受托人。

在伯林离世之后的很长一段时间里，我都在与衰弱性抑郁症做斗争。我相信自己迟早会遭受这一病症的折磨，因为我有抑郁症家族遗传史；但是抑郁症对我发起攻击的这个时机，使如下推断变为可能，甚至是极有可能，即伯林去世之后我所经历的丧亲之痛令抑郁症加剧，至少在初始阶段是如此。伯林不是我的父亲——我自己那优秀的好父亲无可替代，他比伯林多在世两年——但伯林之于我个人是在思想上为我指路的北极星，是真正人性化的学术研究的一个激励人心的典范，一个以积极入世的方式阐释了人类卓越性与生命圆满性的模范。

参考文献及题外话

伯林与笔者之前的往来信件保存在笔者手中，引用信件时以日期标注，大部分日期已在文中给出。

序　言

1　《阿诺德·本涅特日记》（*The Journals of Arnold Bennett*），纽曼·弗劳尔（Newman Flower）编（伦敦等，1932—1933年），第二卷（1911—1921年卷），第62页，《刺猬与狐狸》第2版第9页注释1曾引用该句。

导　论　天才与迂夫子

1　牛津大学博德莱安图书馆，费希尔手稿147号，第60页。该评论是关于弗兰克·帕克纳姆（Frank Pakenham，后来的朗福勋爵）的，他可能是"家庭大学丛书"（Home University Library）中马克思卷的作者，该卷后来的作者是以赛亚·伯林。费希尔是该丛书的编辑之一，而利弗就职的桑顿·巴特沃斯出版公司（Thornton Butterworth），当时是该丛书的出版商（丛书后来转给牛津大学出版社出版）。

2　叶礼庭录音带4。

3　《高文爵士与绿衣骑士》（*Sir Gawain and the Green Knight*），J. R. R. 托尔金（J. R. R. Tolkien）与E. V. 戈登（E. V. Gordon）编（牛津，1925年），序言，第v页："一堆斜体字、星号和括弧，均是编辑留下的痕迹。"

4　《问卷》（Fragebogen）（普鲁斯特问卷，Proust Questionnaire），《法

兰克福汇报杂志》(*Frankfurter Allgemeine Magazin*)，1993年1月22日，第27期。

5 《哲学导论》(An Introduction to Philosophy)，布莱恩·麦基采访（"思想家"十五期系列采访中的第一期），1976年5月23日录制，1978年1月18日在英国广播公司二台播出，修订后以《以赛亚·伯林爵士与孩童的疑问》(Sir Isaiah Berlin on Men of Ideas and Children's Puzzles)为题出版，《聆听者》，1978年1月26日，第111—113页。这段话在第112页，进一步的修订版本题为《哲学导论：与以赛亚·伯林的对话》(An Introduction to Philosophy: Dialogue with Isaiah Berlin)，收录于布莱恩·麦基（编），《思想家：当代哲学的一些创造者》(*Men of Ideas: Some Creators of Contemporary Philosophy*)（伦敦，1978年），第14—41页，这段话在第28—29页。此处所引段落的版本为伯林发言的文字转录稿。

6 《人是我的风景》(Menschen sind meine Landschaft)，阿尔弗雷德·舒勒引用，《遗作中的断章与讲座》(*Fragmente und Vorträge aus dem Nachlass*)（莱比锡，1940年），第51页。请比较伯林于1968年8月16日写给玛丽埃塔·特里（Marietta Tree）的信，伯林书信集第三卷《添砖加瓦：1960—1975年书信》，第359页。

7 2003年5月28日写给亨利·哈代的电子邮件。请比较《以赛亚的书》中尼古拉斯·亨德森（Nicholas Henderson）的《一位哲学家的漫步》(A Philosopher's Stroll)一文。

第1章 开 端

1 《1945年和1956年与俄罗斯作家的会面》第一稿中的最后一句话（后来被伯林删去）（收入《个人印象》一书）。

2 第一期出版于1973年；在该刊物于1988年复刊时，刊名改为《罗慕路斯》(*Romulus*)。

3 这首晚祷赞美诗于10月21日星期日演出，该曲目的另一次业余演出可登录以下网址收听：http://www.wolfson.ox.ac.uk/~hardy/dugpubs/tunes/tmr/Track10.wma。

4　申克（一位罗马天主教徒）和我（一个不信教者）成为了圣弗莱兹怀德圣公会的教堂执事。牛津大学圣公会会吏长（Archdeacon）卡莱尔·威顿-戴维斯（Carlyle Witton-Davies）听说此事后，便解除了我们的职务。

5　摘自 P. A. 塞尔吉恩科（P. A. Sergeenko）论托尔斯泰的著作《托尔斯泰及其同时代人》（*Tolstoy i ego sovremenniki*）（莫斯科，1911 年），第 13 页。

6　P. V. 安年科夫，"不平凡的十年"（Zamechatel'noe desyatiletie）（1880 年），《文学回忆录》（*Literaturnye vospominaniya*）（莫斯科，1960 年），第 17 章，第 218 页；P. V. 安年科夫，《不平凡的十年：文学回忆录》（*The Extraordinary Decade: Literary Memoirs*），亚瑟·P. 门德尔（Arthur P. Mendel）著，欧文·R. 提图尼克（Irwin R. Titunik）译（安娜堡，1968 年），第 86 页。

第 2 章　一项计划诞生了

1　阿诺德·马林森，《五十周年：担任牧职五十周年金禧纪念作品选集》（*Quinquagesimo Anno: An Anthology of His Writings Published to Mark His Golden Jubilee Year in the Priesthood*），亨利·哈代编（牛津，1974 年：罗伯特·杜格代尔）。书名用典是教皇皮乌斯十一世（Pope Pius XI）于 1931 年发表的教皇通谕《五十周年》（*Quadragesimo anno*），遵循教皇通谕的惯例，其篇名根据通谕开篇第一句话所定："Quadragesimo anno expleto"，意为"至今已过去五十年"（自上一道教皇通谕出现以来）。该书的第 2 版重新命名，书名为《蓝色学位帽之下：1923—1985 年间的作品杂集》（*Under the Blue Hood: A Hotchpotch 1923—1985*）。第 2 版于 1985 年面世，当时作者刚刚离世不久，至今仍在印刷发行。马林森的另一本书《斜塔，或不再竖直》（*The Leaning Tower, or Out of the Perpendicular*）（牛津，1982 年）也是类似情况。蓝色学位帽指代作者所获得的牛津大学文学学士。

2　或者说其实只有 37 个条目，因为有一篇他人写的文章被误为伯林的，以及一篇由四部分组成的文章和一篇由两部分组成的文章被计为6篇。这封信保存于牛津大学博德莱安图书馆,伯林手稿186/100。

3 写于1970年2月2日的信件,牛津大学博德莱安图书馆,伯林手稿186/168。伯林并没有明确表示要将以前出版过的或是即将出版的集子排除在外,但他最终肯定会这么做的。

4 参见我为《启蒙运动的三个批评者》撰写的导论。

5 牛津大学博德莱安图书馆,伯林手稿209/229。

6 牛津大学博德莱安图书馆,伯林手稿209/317—318。

7 牛津大学博德莱安图书馆,伯林手稿210/53—54。

8 牛津大学博德莱安图书馆,伯林手稿210/64。

9 牛津大学博德莱安图书馆,伯林手稿210/67—68。

10 1972年9月10日致韦登菲尔德与尼克尔森出版社的朱利安·沙克伯勒(Julian Shuckburgh),牛津大学博德莱安图书馆,伯林手稿368/229。

11 《一个魅力无穷的沙龙:以赛亚·伯林与众不同的天赋》(A Glamorous Salon: Isaiah Berlin's Disparate Gifts),《文汇》第43卷第4期(1974年10月号),第67—72页;这篇文章在一个长长的脚注中罗列了以赛亚·伯林的许多文章(第70页,注释6),并得出了恰如其分的结论:"如果一段时间内还是没有伯林文章选集,有人能编出一份书目清单也算是个次佳选择。"

12 《以赛亚·伯林书目》(A Bibliography of Isaiah Berlin),《利西达斯》第3期(1975年),第41—45页(以及后来的增补与修订),现在这份书目在网上持续更新,网址为:http://berlin.wolf.ox.ac.uk/lists/bibliography/index.html。

13 伯林写信给《观念史杂志》的菲利普·维纳(Philip Wiener)(1960年10月11日),说:"这是在20世纪40年代的某个时候写的。"如果这种说法正确,则其写作时间应早于《刺猬与狐狸》(1951—1953年)。因此,该文应该是伯林在写作了关于卡尔·马克思的书(1939年)之后观念史方面所写的第一篇重要文章。

14 比如,一篇对《G. K. 切斯特顿诗集》(The Collected Poems of G. K. Chesterton)的未署名评论,1928年刊印于《圣保罗校刊》(Pau-

line)(伦敦圣保罗中学的一份杂志),当时在该校任教的一位男教师指认此文为伯林所写;还有1952年公布于《泰晤士报》上的对哈依姆·魏茨曼(Chaim Weizmann)的追加讣闻。伯林某些未出版的作品后来也出现了类似情况,尤其是后收结于《现实感》中的一些文章:当我把伯林亲笔订正的打印稿拿给他看时,他问道:"你确定这是我写的?"

15　尽管我在3月6日曾评论道,"对于大多数作品来说,可能有两种或三种分类方式,相应地,也就有细分材料并将其分别独立出版的多种方式",即单独结集出版。

16　我记不起我们是在什么时候达成一致意见,认为应当有各卷导论的。不过伯林1977年11月21日的信则提供了写导论这件事最可能的最近时间。

17　未标明日期的手写明信片,可能写于1979年8月,关于《反潮流》一书。

18　后来的一次演出(2004年5月18日)中,由另一位女高音歌唱家(艾莉森·伊登)和另一位伴奏者(马修·加德纳)表演,可登录如下网址欣赏:http://www.wolfson.ox.ac.uk/~hardy/dugpubs/tunes/tmr/Track18.wma。

19　这段文字的出处不明。

20　这封信的其他部分见于伯林书信集第四卷《确定不移:1975—1997年书信》,第12—14页。

21　《观点》(Viewpoint),《泰晤士报文学增刊》,1980年12月26日,第1464页。

第3章　关于哲学卷的信件,或名"胆怯退缩"

1　最初以《科学史的概念》(The Concept of Scientific History)为题发表,该文共26个段落(显然没有什么意义),每一段前面均冠以英文字母表中的一个字母。

2　《证实》一文重刊于G. H. R. 帕金森(G. H. R. Parkinson)(编),《意义理论》(*The Theory of Meaning*)(伦敦,1968年);《经验命题与

假设陈述》收入罗伯特·J. 斯沃茨（Robert J. Swartz）（编），《知觉、感觉与认识》（*Perceiving, Sensing, and Knowing*）（纽约，1965年）；《科学史的概念》收入亚历山大·V. 梁赞诺夫斯基（Alexander V. Riasanovsky）与巴恩斯·里兹尼克（Barnes Riznik）所编的《历史写作中的概括》（*Generalizations in Historical Writing*）（费城，1963年），以及威廉·H. 德雷（William H. Dray）所编的《哲学分析与历史》（*Philosophical Analysis and History*）（纽约，1966年）。

3　论述浪漫主义的文章包括《欧洲的统一及其变迁》（*European Unity and Its Vicissitudes*）（1959年）与《浪漫意志的神化：反抗理想世界的神话》（*The Apotheosis of the Romantic Will: The Revolt against the Myth of an Ideal World*）（1975年）。这两篇文章都已收入《扭曲的人性之材》。我没有提到《浪漫主义革命：现代思想史的一场危机》（*The Romantic Revolution: A Crisis in the History of Modern Thought*）（1960年），因此文当时尚未出版，但是我于1996年将其收入《现实感》一书。关于犹太研究的文章中最重要的一些于2000年收入《观念的力量》；关于苏俄研究的文章结集为《苏联的心灵》一书并于2004年出版。

4　我的博士论文《主观经验》（*Subjective Experience*）（牛津大学，1976年）第三章"感觉术语是何意？"（What Do Sensation Terms Mean?）开篇两段引言中的第二段引自《经验命题与假设陈述》："词语的意义受到我的外在或内在关于因果关系的信念的影响，而且这种影响常常很深，分析一个表达法是什么意思，可以很好地展示某个特定社会中流行的各种各样关于实体的或社会的、心理的信念抑或假设。这些东西若发生变化，则会影响到词语的意义。"（《概念与范畴》第2版，第70页；我的论文可登录如下网址查询：http://www.wolfson.ox.ac.uk/~hardy/lists/unpublished/DPhil-searchable.pdf，第120页）

5　请比较伯林所述的W. A. 斯普纳（W. A. Spooner）有一次对罗伊·哈罗德（Roy Harrod）的评论："哈罗德先生，您绝不能认为您不是您曾经认为自己是的那个人。"（《添砖加瓦：1960—1975年书信》，第235页）

6 迈克尔·达米特（Michael Dummett），《意义理论是什么？II》（What is a Theory of Meaning? II），见加雷思·埃文斯（Gareth Evans）与约翰·麦克道尔（John McDowell）（编），《真理与意义：关于语义学的论文》（Truth and Meaning: Essays on Semantics）（牛津，1976年）。

第4章 《选集》

1 《以赛亚·伯林2：自由及其敌人》（Isaiah Berlin: 2 Freedom and Its Enemies）节目录影带；这些卷当然最初是以精装书形式出版的。

2 《以赛亚·伯林2：自由及其敌人》节目录影带；这条评论的对象是 E. R. 多兹，他选择以赛亚·伯林作为其"达夫·库珀奖"（Duff Cooper prize）的颁奖人。多兹因《失踪人士：一部自传》（Missing Persons: An Autobiography）（牛津，1977年）一书在其出版当年获奖。

3 致亨利·哈代的信，写于1980年12月19日。

4 连载期间为1972年10月3—6日及8—11日；雅林-莫尔的回应发表于10月18—20日。

5 我了解14篇英文评论。如果该书既以精装本又以平装本出版，则其读者覆盖面会大得多。1969年，平装书（当时大多数是早些时候出版的精装版图书的再版）按评论界术语来说是略逊一筹的书。

6 "Crescat pecunia Wolfsoniensis!"（"希望沃尔夫森学院财源广进！"）以赛亚·伯林在亨利·哈代1979年6月9日致伯林来信上手写的批注。伯林于1975年3月15日卸任沃尔夫森学院院长，当天正好是我26岁生日。

7 这段摘录中的最后两段也出现于《确定不移：1975—1997年书信》，第60—61页。

8 《编辑以赛亚·伯林的作品》（Editing Isaiah Berlin's Writings），《英国图书新闻》，1978年1月号，第3、5页；在《利西达斯》上再次刊印，第34—35页；在如下网址亦可见：http://berlin.wolf.ox.ac.uk/writings_on_ib/hhonib/EIBW.html。

9 该引文略微不准确，而这正是真正的伯林风格。在其《冒险之事》

（*Something Ventured*）（伦敦等，1982年）一书第2页，C. M. 伍德豪斯（C. M. Woodhouse）提起以赛亚·伯林时，说他是"牛津大学里唯一一个会将'认识论的'（epistemological）一词发成一个音节的人"。

10 诺埃尔·安南，《我热爱的一个人》（A Man I Loved），见休·劳埃德-琼斯（Hugh Lloyd-Jones）（编），《莫里斯·鲍勒：庆典》（*Maurice Bowra: A Celebration*）（伦敦，1974年），第53页。

11 《自由四论》与《维柯与赫尔德》。他仅仅出版了一本"像样的"著作，是卡尔·马克思的一部思想传记，但那是在很久以前的1939年面世的，尽管当时它还在以第3版（很快就出现了第4版，现在已是第5版）继续印发。还有一些单独出版的文章（其中一些在下一段中会提到），以及《启蒙的时代》（*The Age of Enlightenment*），后者是从伯林论述启蒙运动哲学家的作品中选编的一本选集，再加一篇导言和一篇评论。

12 这个题目是以赛亚·伯林在剑桥国王学校的一次晚宴后选定的。如果我记得不错的话，当时是在人类学家梅耶·弗蒂斯的房间里。我此前提议题目应反映这卷书主题的反正统特点。在场的人有弗蒂斯、伯林、艾琳·凯莉、经济学家韦恩·戈德利和我。伯林是搭我的车去参加这场晚宴的。

13 我不应该暗指以赛亚·伯林认识罗斯福，因为他们二人从未谋面。

14 这段文字出处不详。

15 1977年12月8日的信件。

16 牛津大学出版社保留着"建议文件"，其中就包括这封信，这些文件是关于已经讨论但尚未写入合同的可能出版之书的。

17 1978年2月6日。已完成的文章长达25,000个英文单词，并且在该书中全文出版（英文版）（很难说成是"塞进去"）。

18 《以赛亚爵士的历史烙印》（Sir Isaiah's Brand of History），《星期日电讯报》，1978年1月15日，第14页。

19 附在一个信封背面手写的便条，未注明日期。

20 《夹心人》（The Men Between），《新社会》（*New Society*），1978年1月19日，第142页。

437

21 1978年2月2日。

22 关于《对人类的恰当研究》的评论，发表于《泰晤士报文学增刊》，1997年8月22日，第3页。

23 帕特·乌特钦致亨利·哈代的信，1997年12月12日。

24 《浪漫主义的根源》第2版，第182页。17年前，在1980年12月9日的一封信中，伯林曾将科里尼对《个人印象》一书的评论（见《第七块领地之梦》，《伦敦书评》，1980年12月4—17日，第19—20页）描述为"相当空洞——我不知道科里尼是谁，但是他关于纳米尔所说的话并不正确，尽管他对我很客气，但是有些高人一等的感觉——实际上，我并不喜欢这样"。在同一封信稍后某处，伯林又写道："在我看来，科里尼的论述是有些似是而非的刻苦钻研之作。"

25 《世界观》(Worldview)，1978年10月号，第52—53页，此段位于第52和53页。

26 很明显，这是一个典型的关系"有所改善"的故事：见《添砖加瓦：1960—1975年书信》，506/2（伯林常常将引号写作"'"）。

27 日期不明的一封信（信的首页已遗失）。泽尔丁的文章见《俄罗斯评论》(Russian Review)第38卷第3期（1979年7月），第364—365页。

28 索福克勒斯，《安提戈涅》(Antigone) 523。诺埃尔·安南为《个人印象》所写的导言中被删去的引语。

29 伯林写给安南的信件中有一些被收入伯林书信集的最后一卷，见《确定不移：1975—1997年书信》86—90，95—97，98—100，104—105。

30 为什么我没有向汉普希尔提出撰写导言的请求？或许因为他曾经是我的导师，但是他作为导师并没有给我留下深刻印象，而且我也未能从他的著作《思想与行动》(Thought and Action)（伦敦，1959年）中受益多少。后来，我读了他的《天真与经验》(Innocence and Experience)（伦敦与马萨诸塞州剑桥，1989年）一书，才修正了自己之前由于孤陋寡闻而做出的错误评价。这是一本非常精彩的著作。

31 1986年，以赛亚·伯林将彼得·伯克的《维柯》形容为（除了别的之外）"勤勉认真的、小心缜密的"。帕特曾问我："这两个形容词的区别何在？"（帕特·乌特钦致亨利·哈代的信，1986年8月26日）

32 在同一封信中，伯林故作正经地讽刺出版商书目单中《反潮流》一书的推荐词："我想读者也会对这一事实感到震惊，我居然将摩西作为思想家而为他写一篇文章——不过，就让它那样吧。"这是由于写广告词的人犯了错，误将莫泽斯·赫斯（Moses Hess）写作摩西（Moses）。

33 我（尚）未找到此处提到的伯林做出该评论的那封信。

34 我指出伯林对于谨慎地同意我将一篇关于犹太主题的文章收入文集，可能是源于被公众当作犹太作者而可能产生的普遍尴尬。我这样说一定是过于缺乏策略和对他人感受的敏感体察了。

35 比如，威廉姆斯强烈反对出版《浪漫主义时代的政治观念》。他告诉我他自己觉得其中的某些部分乏味无趣（我相信他也认为我出版伯林的某些即席讲演是错误的）。同样的负面建议也来自普林斯顿大学出版社的一位读者。不过，《浪漫主义时代的政治观念》还是在伯林遗稿受托人之一阿兰·瑞安的热情支持下于2006年出版。

36 2018年6月，我的遗稿受托人同伴们拒绝了我关于出版一本新文集的建议。我计划收入该文集的，除了其他以外，还有伯林论述音乐的一些文章。

37 或许我应说清楚，我对文中内容加以查对的场合，大多数都是在某处直接引文或隐含引文需要指涉其出处的时候。若是我要查对每一处事实的话，这些书可能就永无出版之日了。但这样做也不可避免地意味着我漏掉了某些讹误，其中的一些随后经人指出，并且在后来的版本中得以订正。

38 安东尼·阿伯拉斯特，《视野与修正：以赛亚·伯林〈自由四论〉文本注释》（Vision and Revision: A Note on the Text of Isaiah Berlin's *Four Essays on Liberty*），《政治研究》（*Political Studies*）第19卷第1期（1971年），第81—86页。这篇文章事实上的确包括讨论以赛亚·伯林对于马克思之看法这部分内容，但是仅仅讨论了

439

伯林在《自由四论》中体现出的观点，却并没有参考《卡尔·马克思》一书。

39　这段文字出处不详。

40　当帕特·乌特钦写信通知我伯林改变主意的时候，她说自己的那张便笺"毫无疑问对于'一位年轻的出版人与一位年迈的哲学家之间的通信选集'来说是必不可少的……又及，将通信选集的名称改为'一位年轻的出版人与一位年迈的摇摆不定者'（或者可能是'亲爱的老傻瓜'）"。

41　《以世界公民为目的的普遍历史观念》(Idee zu einer allgemeinen Geschichte in weltbürgerlicher Absicht，英文译名为 Idea for a Universal History with a Cosmopolitan Purpose)，《康德作品选》(*Kant's gesammelte Schriften*)（柏林，1900—），viii 23.22。

42　我在这里将不再重述伯林所关心的那些具体点，不过对此感兴趣的读者可以阅读伯林 1980 年 6 月 9 日写给我的信，该信已上传至以赛亚·伯林虚拟图书馆，网址为：http://berlin.wolf.ox.ac.uk/published_works/a/l4supp.pdf。

43　L. 科皮洛夫（L. Kopylov）、T. 波兹尼亚科娃（T. Pozdnyakova）与 N. 波波娃（N. Popova），《原来如此：安娜·阿赫玛托娃与以赛亚·伯林》(*'I eto bylo tak': Anna Akhmatova i Isaiya Berlin*，英文译名为 *'That's How It Was': Anna Akhmatova and Isaiah Berlin*)（圣彼得堡，2009 年）。请比较约瑟夫·冯·齐策维茨（Josephine von Zitzewitz），《原来如此：关于安娜·阿赫玛托娃与她"来自未来的客人"以赛亚·伯林的新理论》(That's How It Was: New Theories on Anna Akhmatova and Isaiah Berlin, Her "Guest from the Future")，"评论"，《泰晤士报文学增刊》，2011 年 9 月 9 日，第 14—15 页，以及《个人印象》第 3 版，398/1。

44　首印数为 5000 本，重印数为 2000 本。霍加斯出版社档案，雷丁大学（Reading University），手稿 2750/A/94, 163。

45　《泰晤士报高等教育增刊》，1981 年 1 月 9 日，第 22 页。

46　《思想的国度》(Countries of the Mind)，《泰晤士报文学增刊》，1980 年 12 月 26 日，第 1459 页。

47　后来以《自由的头脑》(The Liberal Mind) 为题发表,《文汇》,1981 年 5 月号, 第 83—86 页。

第 5 章　平凡的十年

1　关于某些背景信息, 请参考: http://www.wolfson.ox.ac.uk/~hardy/lists/publishedwritings/malcolm.html。

2　作为一个善意的反讽, 我最近建议为丛书写一本关于伯林自己的书。该丛书已纳入"极简导言"中, 但我的想法被拒。

3　尼古拉·巴达洛尼 (Nicola Badaloni),《G. B. 维柯导读》(Introduzione a G. B. Vico)(米兰, 1961 年)。

4　其西班牙语译本先行面世, 然后是英文译本, 发表于《新维柯研究》(New Vico Studies) 第 17 辑 (1999 年), 第 1—5 页 (包括伯克的一篇回应文章, 第 7—10 页), 以及《启蒙运动的三个批评者》第 2 版。

5　前一个版本首先发表于《纽约书评》,1998 年 5 月 14 日, 第 52—53 页, 后又刊印于《处女作与绝笔》; 后一个版本在 2002 年收入《自由论》。

6　在 1988 年 9 月 16 日亨利·哈代写给伯林的信中, 引用了这封无法找到其出处的信。

7　伯林在 1960 年给出的讲座日期可能比他在 1988 年给出的日期更为准确, 尽管由于战争原因, 在 20 世纪 40 年代进行的任何工作都必定是在这十年中的最后时期, 所以这两个日期相差得也并不多。

8　https://berlin.wolf.ox.ac.uk/lists/nachlass/hamann.pdf。

第 6 章　《扭曲的人性之材》

1　后来我确实找到了这处 (经过润色的) 引文 (《概念与范畴》第 2 版, 第 293 页;《扭曲的人性之材》第 2 版, 第 20 页;《自由论》, 第 10 页;《添砖加瓦: 1960—1975 年书信》, 第 102 页注释 2;《对人类的恰当研究》第 2 版, 第 16 页)。

2　伯林于 1928 年 12 月参加了古典文学的"合格考试"(Pass Moderations）[这是"荣誉考试"（Honour Moderations），即第一次公共考试的一个略微简单的版本]，然后便于1929年的"希拉里学期"（Hilary Term）继续学业，攻读"大课程"，即古典学课程的第二部分。

3 牛津大学博德莱安图书馆，科林伍德（Collingwood）部，12/6，第3页。

4 1989年4月18日信件的附件。

5 1989年4月28日。这部传记是理查德·A.勒布伦（Richard A. Lebrun）所著《约瑟夫·德·迈斯特：一位思想上的好战分子》（*Joseph de Maistre: An Intellectual Militant*）（金斯敦与蒙特利尔，1988年）。伯林在4月21日写道："我颇为勉强地同意，对自从我开始研究他以来的过去35年（实际上是50年）当中出现的大约50本迈斯特传记置之不理。"

6 《十九世纪的政治家与道德家》（*Politiques et moralistes du dix-neuvième siècle*），第一辑（巴黎，1899年），第41页。

7 《教皇论》（*Du Pape*），第三卷，第2章，"人之公民自由"（"Liberté civile des hommes"），《约瑟夫·德·迈斯特作品全集》（*Oeuvres complètes de J. de Maistre*）（里昂/巴黎，1884—1887年），ii 338。

8 《对于君权之研究》（*Étude sur la souveraineté*），第2章，"社会的起源"（Origine de la société），同前引，i 318。

9 A. I. 赫尔岑（A. I. Gertsen），《彼岸书》（*S togo berega*），第5章，"安慰"（Consolatio），《三十卷文集》（*Sobranie sochinenii v tridsati tomakh*）（莫斯科，1954—1966年），vi 94；亚历山大·赫尔岑，《彼岸书》，莫拉·布德伯格（Moura Budberg）译，以及《俄国人与社会主义》，理查德·沃尔海姆（Richard Wollheim）译，以赛亚·伯林作序（伦敦，1956年），第108页。

10 即使我最终确实是全职工作的，也仍旧用了25年才完成这项工作。

11 霍华德·卡特，日记，1922年11月26日星期日。牛津大学格里菲斯研究所（The Griffith Institute），TAA档案，i.2.1。在如下网址亦可见：http://www.griffith.ox.ac.uk/discoveringTut/journals-and-diaries/images/large/TAA_i_2_1_035.jpg。

12 见《扭曲的人性之材》第2版，第149页，注释4（至第150页）。

13 罗杰·斯克鲁顿,《自由的谨慎守卫者》(Freedom's Cautious Defender),《泰晤士报》,1989年6月3日,第10版。

14 关于这一短语的来源,请参见《浪漫主义的根源》第2版,第151—152页,以及如下网址:http://berlin.wolf.ox.ac.uk/information/a-z.html s.v. 'bent twig, the'。

第7章 《北方的巫师》

1 《柯立芝,威廉·奥古斯都·布雷武特(1850—1926)》[Coolidge, William Augustus Brevoort(1850—1926)],见J. R. H. 韦弗(J. R. H. Weaver)(编),《国家人物传记大辞典,1922—1930》(The Dictionary of National Biography, 1922—1930)(伦敦,1937年),第211—212页。亨利·哈代于1990年8月31日将这篇文章寄送给伯林,并附上一张便条,上面写着:"它从不同方面令我想起我们两个人!"

2 《扭曲的人性之材》,第157页,注释1;在《扭曲的人性之材》第2版(第159页,注释2,至第160页)中,她变成海伦·库拉金(Hélène Kuragin),从而传达了更多信息。

3 我已经忘记伯林是对谁说的或是写的这句话,但是当我从帕特·乌特钦那里听说之后,它便在我的记忆里熊熊燃烧。

4 以赛亚·伯林在第7章中对屠格涅夫《初恋》(First Love)中一句话的翻译,见《初恋》(及)《海上大火》(A Fire at Sea)(伦敦,1982年:霍加斯出版社;纽约,1983年:维京出版社),第40页,以及伯林书信集第二卷《启蒙岁月:1946—1960年书信》,85/4。

5 这里并没有明确提及维特根斯坦的名字,但显然指的就是他。《启蒙的时代》第275页也略及这种相似性。

6 《第一位浪漫主义者? J. G. 哈曼对启蒙运动的激烈批判》(The First Romantic? J. G. Hamann's Passionate Critique of the Enlightenment),《泰晤士报文学增刊》,1993年10月8日,第3—4页;《启蒙运动的烦恼》(The Trouble with the Enlightenment),《伦敦书评》,1994年1月6日,第12—13页。

7 特别是参见奥斯瓦德·拜尔（Oswald Bayer），《矛盾的同代人：极端启蒙主义者约翰·格奥格尔·哈曼》（*Zeitgenosse im Widerspruch: Johann Georg Hamann als radikaler Aufklärer*）（慕尼黑与苏黎世，1988年）。

8 《北方的巫师：J. G. 哈曼与现代非理性主义的起源》（*Der Magus in Norden: J. G. Hamann und der Ursprung des modernen Irrationalismus*），延斯·哈格斯特德（Jens Hagestedt）译（柏林，1995年）。伯林为这一德文版本撰写了一篇新序，拒不接受德国人关于哈曼的新看法。

9 收入《自由及其背叛》第2版，在如下网址亦可见：http://berlin.wolf.ox.ac.uk/published_works/tcl/；《浪漫主义时代的政治观念》第2版中也收入讲座的讲演稿文本。

第8章 《现实感》

1 伯林全家于1921年移民到英格兰；1919年，他们生活在彼得格勒。

2 1990年10月30日，撒切尔夫人在下议院拒绝欧洲更为集中的权力时所说。《议会议事录》（Hansard），HC（第6系列），第178卷，第873栏："不，不，不！"

3 《人为的辩证法》于1952年在《外交季刊》上发表时题为《最高统帅斯大林与统治术》；1957年伯林又在该刊上发表两篇文章，分别是《俄罗斯文化中的沉默》（The Silence in Russian Culture）与《苏联知识分子》（The Soviet Intelligentsia）（后一篇文章的署名为化名"L."），二者原本就是一篇文章，在收入《苏联的心灵》时，它们重新合并，题目为《苏俄文化》（Soviet Russian Culture）。

4 1991年10月7日的信件，《确定不移：1975—1997年书信》第429—430页，所引段落在第429页。

5 前两篇现已收入《现实感》，而后一篇被收入《观念的力量》第2版。

6 我认为她是自行发出请柬的，结果发现她的上司认为此举不妥。这是英国广播公司反犹主义的一个具体事例吗？

7 摘自《圣经》钦定版扉页上的话。
8 最终，我在"参考资料"部分加入了额外的引文（在甘纳尔·贝克的帮助下），于是它们既有可读性又不会破坏讲演文本的完整性。
9 《世界史》（*Weltgeschichte*）（莱比锡，1881—1888年）。
10 这是伯林本人青睐的题目，尽管出现在其文本前面的并不是该题：伯林于1954年2月12日写给安娜·卡琳的信，英国广播公司书面档案。
11 首先于2004年刊载在《牛津杂志》（*Oxford Magazine*），后于2013年出现在《观念的力量》第2版的附录中。
12 最后由加迪纳撰写了一篇导论，而这本书是献给伯林的密友阿尔弗雷德（Alfred）与艾琳·布伦德尔（Irene Brendel）的。
13 此次讲座的意大利文版以《浪漫主义革命：现代思想史上的一场危机》（*La rivoluzione romantica: una crisi nella storia del pensiero moderno*）为题出现于以赛亚·伯林，《在哲学与观念史之间：自传体采访》（*Tra la filosofia e la storia delle idee: intervista autobiografica*），史蒂文·卢克斯编（佛罗伦萨，1994年：Ponte alle Grazie出版社），第97—122页；德文版本以《浪漫主义的革命：现代思想史上的一场基本危机》（*Revolution der Romantik: eine grundlegende Krise in der neuzeitlichen Geistesgeschichte*）为题发表于《国际文学》（*Lettre international*）第34辑（1996年秋季号），第76—83页。其荷兰语版本题目为"De romantische revolutie: een crisis in de geschiedenis van het moderne denken"，发表于《纽结》第12辑（1995年），第16—42页。
14 该演讲的一个更早版本于1962年在罗伯特·F.肯尼迪（Robert F. Kennedy）的核桃山（Hickory Hill）讨论小组发表；对于这次演讲，该小组一反常态地在约翰·F.肯尼迪总统的要求下在白宫碰头。
15 这里所列的文章最终分别收入"以赛亚·伯林虚拟图书馆"、《浪漫主义时代的政治观念》《观念的力量》《苏联的心灵》和《现实感》（题目为《康德：一个鲜为人知的民族主义源头》，作为关于泰戈尔的那篇文章的补充，而非替代文章）。

16 查尔斯·威尔逊 2018 年告诉我这并不是事实。

17 《以赛亚的智慧》(The Wisdom of Isaiah),《观察家报》(*Observer*) 1969 年 6 月 15 日,第 29 页。

18 《哈姆雷特》1.3.85。

19 这是最终发表于《纽约书评》上的那篇文章。

20 布鲁姆写道:"我感到在宽慰与羞耻之间进退维谷"("je me sens partagé entre un lâche soulagement et la honte")。《人民报》(*Le Populaire*),1938 年 9 月 20 日,第 1 页。

21 在斯图尔特·D. 沃尔纳(Stuart D. Warner)所编的版本中(印第安纳波利斯,1993 年),见第 93 页及其后第 118、169、172、174、180、206、225 页等多处。

22 亦见上书,第 136 页。

23 伯林前后矛盾的又一个例子是,他主动提出我们可以将诺埃尔·安南在《我们的时代:一代人的肖像》(*Our Age: Portrait of a Generation*)(伦敦,1990 年)中所写的关于他的部分作为本书前言刊印。经历了《个人印象》导言事件的一波三折之后,这一建议简直出乎意料,但是这的确是个好主意,而且安南也对文章做了一些修改,以使其更加符合新语境。伯林是在为自己之前的毫不让步补偿安南吗?

24 这里指的是《科学历史学的概念》。这篇文章最初于 1960 年发表于《历史与理论》(*History and Theory*)学刊,题目为《历史与理论:科学历史学的概念》(此题目似乎是错误地借用了该期刊的刊名)。

25 照顾他们的葡萄牙夫妇克劳迪娅(Claudina)和卡西米罗·博特罗(Casimiro Botelho)当时正在拜访他们位于葡萄牙的家。

26 亨利·哈代当时在旁边批注:在去意大利之前实际上已完成。

27 在为该书撰写的序言中,我如此谈到这篇文章:"它所探讨的某些问题,伯林已在其他文章中有所触及,如《刺猬与狐狸》及《科学历史学的概念》,但此文章体现出伯林对这些问题最持续稳定的探讨,所以显然应在本书中占一席之地。"(《现实感》,第 x 页)

28 伯林坚持要看新书的校样,而且在书稿已交付出版商之后还是对其做了进一步的修订,这一如既往地令我抓狂。在做了这些修订之后，他给帕特写了一张便条："请将修改稿赶快交给亨利。他会抱怨连天——但是没办法。"

29　在5月7日的一封信中，伯林又补充道："这是公开指责我将自己插入阿赫玛托娃作品致敬对象的若干文章之一。我并不在意奈曼对此是不是有所行动。无论如何，我打算对这一切都保持一种超脱其上的漠不关心态度。让他们去彼此争论吧。从长远来看，这根本不会有什么分别。"伯林又在我于1997年4月3日写给他的一封信上加了一则批注，表达了相似的观点："在这方面，我的身份被苏联作者们愚蠢地（以及恶意地）加以争论，——无视这些吧。"

30　维克托·埃西波夫（Viktor Esipov），"'Kak vremena Vespasiyana...'（K probleme geroya v tvorchestve Anny Akhmatovoi 40—60-kh godov）"[《"在韦斯巴芗的时代……"（关于安娜·阿赫玛托娃从四旬至六旬期间作品的主人公问题）》]，《文学问题》，1995年6月号，第57—85页。他辩说安娜·阿赫玛托娃通常被认作是致伯林的那些诗歌（见《观念的力量》）实际上并非是献给他的，而且伯林实际上并不是《没有主人公的叙事诗》中"来自未来的客人"。

31　1965年是正确的年份。阿赫玛托娃于这一年来到英格兰获授牛津大学荣誉学位。

32　安纳托利·奈曼是阿赫玛托娃的朋友兼秘书，对于又一次否认伯林是"来自未来的客人"，他如此回应："Vot s kakoi tochki nuzhno smotret' na predmet! Leonid Zykov, 'Nikolay Punin – adresat i geroi liriki Anny Akhmatovoi'" Zvezda [1995] no. 1 ["这可真是个看问题的好方法呦！列昂尼德·赞科夫，'尼古拉·普宁——安娜·阿赫玛托娃诗歌中的致敬对象和主人公'"，《星星》（Zvezda），1995年，第1期]，《今日报》（Segodnya），1995年3月10日，第10页。

33　米哈伊尔·克拉林（Kralin, Mikhail），"Ser Isaiya Berlin i 'Gost' iz Budushchego'"（《以赛亚·伯林与"来自未来的客人"》），见该作者的著作 Pobedivshee smert' slovo: stati ob Anne Akhmatovoi i vospominaniya o ee sovremennikakh（《征服死亡的话语：关于安娜·阿赫玛托娃的研究文章及对其同时代人的回忆录》）（托木斯

克，2000年），第190—221页。该文章的草稿作于1990年，当时准备与以赛亚·伯林的《1945年和1956年与俄罗斯作家的会面》（收入《个人印象》）的俄语译文"Vstrechi s russkimi pisatelyami v 1945 i 1956 godakh"[N. I. 托尔斯泰（N. I. Tolstoy）译，《星星》，1990年第2期（二月号），第129—157页]一同面世，但最终该译文单独刊出，并未和这篇文章一起发表。克拉林在'I eto bylo tak'里提前放出文中的某些内容（TK）。

第9章 非天使亦非疯子：伯林的人性观

1 我曾告诉哈迪，说我认为（现在我认为是错误地认为）头脑与脑子是一回事。"什么一样？"他回击我说。
2 请比较"一切最终都是心理上的"（《未完的对话》，第99页；请比较《未完的对话》，第101页）。
3 这一措辞难道不是将启蒙运动放逐的一些东西又迎回来了吗？
4 "选择的能力内在于理性"（《自由论》，第44页）；"必须重新考虑行动的概念"（《自由论》，第28页）。
5 仍然不清楚的是，到底是什么使得某个价值或目标成为终极的。为什么获得一盘鸡蛋和薯条不能是一个终极目标？如果说原因是它（仅仅）是填饱肚子的一个手段，则听起来似乎不着边际，因为是选择了用一盘鸡蛋与薯条而不是其他手段来达到填饱肚子之目的的，而且可能就是为了想吃鸡蛋与薯条这件事本身而去吃它们的，而与填饱肚子这一功能毫无关系。我将把这个问题搁置一旁，因为并非必须解决这个问题才能阐释眼下的问题。
6 比起某（主张一元主义的）功利主义者在特定情境下计算出最佳的可能行为所导致的价值损失，一个多元主义的选择所导致的价值损失为什么就是更加悲剧性的？即使不能从形势中挤压出更多的效用，不得不放弃进一步效用所造成的损失也可以被视为是同等悲剧性的。这一问题我也将搁置一旁。
7 在更充分的讨论中，可以探讨需求与欲望之间的紧张关系，这二者当然并不必然相互一致。于是便可以追问，其中的某一个是否应该在对于基本人性的描述中居于首要位置。我的金钱是出于需要的（请比较TK）。

8　强烈建议读一读作为这段引文出处的整封信，因为它是对伯林观点最充分、最清晰的表述。

9　该理论最初在下文中得以出版面世：A. H. 马斯洛，《关于人类动机的一种理论》（A Theory of Human Motivation），《心理学评论》（Psychological Review），第50卷第4期（1943年），第370—396页。

10　例如，参见玛莎·娜斯鲍姆，《女性与人类发展：能力路径》（Women and Human Development: The Capabilities Approach）（剑桥，2000年）。

11　不同口味也是来自于人性，那么为什么要认为它与价值不同呢？请比较TK。

第10章　多元主义与宗教

1　《但愿如此，或木已成舟》（巴黎，1952年），第174页。

2　《物性论》，第一卷，第101页。

3　2016年，一家外国出版商在其政府的压力之下，没有事先告知就单方面删减了伯林《自由论》外语译本的许多内容。正如伯林所写："极权主义者第一个要毁灭或是使其噤声的人就是有思想与自由思维之人。"（《自由论》，第346页）

4　1991年4月17日。当然，此处我们需要将"普遍主义信念"理解为宗教普遍主义，而不是普遍主义价值。

5　以赛亚·伯林并未在其作品中使用"人类共同的道德核心"这一措辞，不过他确实在"共同价值"这一说法的相对意义中表达了上述意思，《自由论》，第21页（"人类的共同价值"），第24页；《浪漫主义的根源》第2版，第167—168页；《扭曲的人性之材》第2版，第317页；《观念的力量》第2版，第14页——他答复这封信（TK下面，以及《确定不移：1975—1997年书信》，第407页）及写给亨德里克·霍廷克的信，1983年6月15日，《确定不移：1975—

449

1997 年书信》，第 205—210 页，以及写给贝阿塔·波兰诺夫斯卡-塞古尔斯卡的信，1987 年 6 月 28 日（《未完的对话》，第 100 页），都采用了这种意思。伯林还使用"中央核心"这一措辞（《反潮流》第 2 版，第 1 页；《未完的对话》，第 222 页），并且写到"人的中心需求与目的"及"需求与目标的核心"（《自由论》，第 54 页）。

6 《英格兰的以赛亚》（"England's Isaiah"），《伦敦书评》，1990 年 12 月 20 日，第 307 页，文中所指之处在第 7 页第 1 栏。

7 《两种自由概念》最后一段间接提到约瑟夫·熊彼特的名言："认识到自己信念的相对有效性，而同时又坚定不移地支持它，正是这点将文明人与野蛮人区分开来。"约瑟夫·A. 熊彼特（Joseph A. Schumpeter），《资本主义、社会主义与民主》（*Capitalism, Socialism and Democracy*）（伦敦，1943 年），第 243 页。

8 他还使用了另一个火车的比喻来形容伯林那又长又复杂的句子，说它们就像是横贯大陆的列车，出发时长度正常，但是一路上每经过一站都要挂上几节货车车厢。

9 在《法律的概念》（*The Concept of Law*）（牛津，1961 年）中，哈特主张，自然法存在经验基础，来自于个人和群体维持生存的需求："我们关心的是为了继续生存而做出的社会安排"（第 188 页）；"存在某些行为准则，任何社会组织若是要生存，则必须采纳这些准则"（同上）；"这些受到普遍认可的行为原则在关于人类及其自然环境与目标的基本真理中具有一个基础，可以被认作是自然法之最低限度的内容"（第 189 页）。最后一段引文指出要在需求与利益之上加上目标，使之共同成为道德规则的基础。

10 昆廷·斯金纳的"历史语境主义"（historical contextualism）坚持认为，必须在其自身的历史场景中去理解观念，而不能放在另一个时代语境中对其加以理解：我们不能与柏拉图当场对话，仿佛他和我们共处一室，拥有和我们一样的文化与思想包袱。不能将以往的政治理论著作视为是当前对这些反复出现的论题的贡献。以赛亚·伯林基本上拒绝接受这一观点（请比较 TK）。

11 但是伯林自己声称信奉"客观的多元主义"（《确定不移：1975—1997 年书信》，第 210 页；《启蒙运动的三个批评者》第 2 版，第

245 页，注释 1；《对人类的恰当研究》，第 390 页，注释 1）。不过，伯林的这种客观性是经验性的，汉普希尔的则大概是形而上学的。

12 定义人类出现的时刻并将恒常的人性主张与人联系起来，关于这个问题是存在争论的，不过我在此处不再赘言。

13 伯林在描述 J. G. 哈曼否认一切必然真理时很好地抓住了这一点："不需要在必然事实与偶然事实之间建立桥梁，因为人们生活其内的这个世界的规则，就如同其中的'事实'一样都是偶然的、依情况而定的。如果上帝如此选择，存在的一切事物都有可能是别样的，也仍然可能是这样的。上帝的创造能力是无限的，而人的则是有限的；没有什么是永恒固定的，至少在人类世界里没有什么是这样的——对于人类世界之外，我们则一无所知，至少在此生一无所知。'必然'的东西只是相对稳定的，而'偶然'的东西是相对变化的，但是这不过就是程度问题，而不是种类问题。"（《启蒙运动的三个批评者》第 2 版，第 363 页）

14 《信仰的坚持：一个世俗时代中的宗教、道德与社会》(*The Persistence of Faith: Religion, Morality and Society in a Secular Age*)（伦敦，1991 年）。现在我无法在已出版的版本中找到这样一段话。

15 斯特林·兰普雷克特（Sterling Lamprecht），"伦理学应强调多元性"（The Need for a Pluralistic Emphasis in Ethics），《哲学、心理学及科学方法学刊》(*Journal of Philosophy, Psychology and Scientific Methods*)，第 17 卷第 21 期（1920 年 10 月 17 日），第 561—572 页，引文见第 571 页。

16 令人遗憾的是，伯林似乎又出尔反尔，改变了他之前所说的关于核心为全世界范围所共有的话（TK）。

17 此处，我们或许又一次牵涉核心的普遍价值（"相信自己观点的普遍有效性"）与相信某个既定价值体系是普遍真实的这一信念（"一个普遍主义者肯定不会是个多元主义者"）二者之间的混淆？如果确实如此，我们就需要在普遍价值与普遍主义的道德二者之间加以区分。否则，伯林为什么没有在此处自相矛盾呢？除此之外，没有理由说普遍主义者为什么就不能是价值多元主义者。这就使得伯林句子的前一部分错误而不实，除非他所想到的是文化多元主

451

义，而他自己可能就是个文化多元主义者。最后，如果它相当于宣称普遍主义的学说是普遍真实的，句子的最后部分在某种意义上可以为真。作为一个整体，这个句子是一个明显的例子，说明需要更加清楚明确。

18 这句话是史蒂文·卢克斯一篇文章的题目（源于马丁·霍利斯的一句评论），见《对国际社会与政治哲学的批判性评论》（*Critical Review of International Social and Political Philosophy*），第4卷第4期（2001年），第35—54页。霍利斯的评论，见他的《普遍主义是种族中心的吗？》（Is Universalism Ethnocentric?），见克里斯蒂安·乔普克（Christian Joppke）与史蒂文·卢克斯（编），《多元文化问题》（*Multicultural Questions*）（牛津，1999年），第36页。

19 如我所说（TK），我认为是这样的，但是在当时我并没有领会这一点。

20 但是实际上，他并没有（太）说这个？

21 《启蒙运动的三个批评者》第2版，第403页；约翰·格奥尔格·哈曼，《书信集》（*Briefwechsel*），瓦尔特·齐泽默尔（Walther Ziesemer）与亚瑟·亨克尔（Arthur Henkel）编（威斯巴登与法兰克福，1955—1979年），v 177.18。

22 赫尔德，《赫尔德全集》（*Herders Sämmtliche Werke*），伯恩哈德·苏邦（Bernhard Suphan）编（柏林，1877—1913年），v 509。

23 《对法国启蒙运动的攻击：1. 赫尔德与历史批评》（The Assault on the French Enlightenment: 1. Herder and Historical Criticism）（以赛亚·伯林在"约翰·丹茨讲座"上的第一场讲演，华盛顿大学，1971年2月22日，在如下网址可阅讲稿文本：http://berlin.wolf.ox.ac.uk/lists/nachlass/assault1.pdf, 20—21。

24 我对宗教的这一描述要感谢阿兰·瑞安的启发。

25 《纳粹主义的盘错之根》（The Tangled Roots of Nazism），《维度：犹太人大屠杀研究学刊》（*Dimensions: A Journal of Holocaust Studies*），第62辑（1991年），第26—28页。

26 阿尔及利亚的问题是，占人口大多数的穆斯林能否正当地投票选举一个非民主的伊斯兰政府。1992年1月12日，阿尔及利亚取消其第二轮议会选举，这是该国历史上的第一次自由选举，此举是为了阻止原教旨主义政党"伊斯兰救世阵线"（Islamic Salvation Front）（FIS）上台掌权，该党在第一轮选举中是显而易见的胜者。3月4日，"伊斯兰救世阵线"被军政府正式解散，后者在阿尔及利亚陷入内战之时攫取了权力。

27 "我应该积极并有意地拒绝，让自己免遭任何有关无论什么纯粹宗教意见之主题的盘问。在原则上我是这样做的。我认为，任何人都无权盘问另一个人的宗教意见。" 1865 年 6 月 21 日致查尔斯·韦斯特顿（Charles Westerton）的信，刊印于查尔斯·韦斯特顿的《约翰·斯图尔特·穆勒先生与威斯敏斯特》（Mr John Stuart Mill and Westminster）中，《泰晤士报》，1865 年 6 月 23 日，5e。

28 "墨尔本勋爵无意间发现自己成了一场激情四溢的福音布道的聆听者，不情不愿地听着关于原罪及其后果的说教，此时他一边离开教堂一边厌恶地大喊：'允许宗教侵入私人生活领域的时候，情况就糟糕透顶了！'""一个写日记的人"（即乔治·威廉·厄斯金·拉塞尔），《收藏与回忆》（Collections and Recollections）（伦敦，1898 年），第 79 页。

29 "神或者自然"，斯宾诺莎对于宇宙意义不明的描述，有时候被认为是无神论的或是泛神论的。

30 第一个如此形容斯宾诺莎的是诺瓦利斯（Novalis）而并非阿诺德。诺瓦利斯于 1800 年 2 月 11 日写道："Spinoza ist ein Gott-trunkener Mensch."（斯宾诺莎是个醉心于上帝的人。）诺瓦利斯，《全集》（Schriften），路德维希·蒂克（Ludwig Tieck）与弗雷德里希·施莱格尔（Friedrich Schlegel）编，第 5 版（柏林，1837 年），（ii，包括）第 2 部分（Zweiter Theil），Fragmente vermischten Inhalts, III.《道德观》（Moralische Ansichten），第 261 页。

31 *Het ware pluralisme*,《纽结》，1995 年第 13 期，第 74—86 页。其英文文本见于《一与多：阅读以赛亚·伯林》（*The One and the Many: Reading Isaiah Berlin*），亦见于如下网址：http://berlin.wolf.ox.ac.uk/writings_on_ib/hhonib/taking_pluralism_seriously.html。

第 11 章　道德核心与人类视域

1　牛津，1996 年；修订后再版，更名为《企鹅哲学辞典》(The Penguin Dictionary of Philosophy)（伦敦等，1997 年）。以赛亚·伯林的文章在这两个版本中分别是在第 51—52 页和第 67—69 页。其原稿作为《我的哲学观点》(My Philosophical Views) 一文收入《概念与范畴》第 2 版，第 277—283 页。

2　'Quod ubique, quod semper, quod ab omnibus creditum est.' The Commonitorium of Vincentius of Lérins (434 ce)，雷吉纳德·斯图尔特·莫克森 (Reginald Stewart Moxon) 编（剑桥，1915 年），2.3（第 10 页，第 6—7 行）。

3　《以赛亚·伯林与史蒂文·卢克斯的谈话》(Isaiah Berlin in Conversation with Steven Lukes)（1991 年），《大杂烩》(Salmagundi) 第 120 辑（1998 年秋季号），第 52—134 页，本文相关段落在第 104—105 页。

4　这是对维柯"a gran pena"（"很困难"）略微夸张的说法，《新科学》(New Science)，第 1 卷，第 4 部分，"方法"，第一段结尾处。

5　参见《一与多：阅读以赛亚·伯林》，第 296—297 页的内容重述了此处接下来的话。

6　在克劳德看来，这似乎是伯林《十八世纪欧洲思想中所谓的相对主义》(Alleged Relativism in Eighteenth-Century European Thought)（收入《扭曲的人性之材》）一文中的总体要点。在该文中，伯林坚决主张应当将诸如维柯与赫尔德这样的多元主义者与相对主义者区分开来。相对主义者局限于"没有窗户的盒子"之中，持某种特定的观点，而多元主义者则"坚称我们的需求与能力超越了我们自己文化、民族或阶级的价值"（《扭曲的人性之材》，第 85 页），并且很可能要参照非相对的价值——普遍价值——来评价其他文化。使这成为可能的，在于"'感觉自己进入'遥远社会之心理状态"（《扭曲的人性之材》，第 82 页）的能力。因此，对于克劳德来说，跨文化共情的能力显而易见具有价值的普遍性（《扭曲的人性之材》，第 82 页），而价值的普遍性又保证了这种能力，并且指向多元主义的真理，而非相对主义。

7 爱德华·韦斯特马克，《伦理的相对性》(*Ethical Relativity*)（伦敦，1932年），第188—189页。

8 罗纳德·H. 麦金尼，《走向后现代伦理学：以赛亚·伯林爵士与约翰·卡普托》，《价值研究学刊》(*Journal of Value Inquiry*)，第26卷（1992年）第3期，第395—407页。伯林的答复登载于该刊第4期，第557—560页，后收入《扭曲的人性之材》第2版，题目为《答罗纳德·H. 麦金尼》(Reply to Ronald H. McKinney)。

9 我不知道当时信中所附的是哪一篇文章，不过它应该是以下几篇中的某一篇（中的一部分）：《马克斯·韦伯：社会学文集》(*From Max Weber: Essays in Sociology*)，H. H. 格特（H. H. Gerth）与 C. 赖特·米尔斯（C. Wright Mills）翻译及编辑（纽约，1946年）；《政治作为一种志业》(Politics as a Vocation 1918)，第77—128页，相关部分在第117、126页，以及《科学作为一种志业》(Science as a Vocation, 1918)，第129—156页，相关部分在第147—148、151—153页；《社会学和经济学"价值无涉"的意义》(The Meaning of "Ethical Neutrality" in Sociology and Economics)，见马克斯·韦伯，《社会科学方法论》(*The Methodology of the Social Sciences*)，爱德华·A. 希尔斯（Edward A. Shils）与亨利·A. 芬奇（Henry A. Finch）翻译及编辑（伊利诺伊州格伦科，1949年），特别是第17—18页。至少最后一篇是罗杰·豪舍尔提我注意的。与伯林思想类似的甚至更加引人注目的段落出现在斯特林·兰普雷克特（Sterling Lamprecht）写于1920—1921年间的文章里，以及 A. P. 布罗根（A. P. Brogan）写于1931年的文章。伯林去世之后我才注意到这些文章。我极想知道伯林是否读过这些文章；如果他没读过，则他与这些段落的措辞方式及内容的相似性是很难解释的。见 http://berlin.wolf.ox.ac.uk/lists/pluralism/index.html。

10 这似乎是另一个不符合克劳德之阐释的例子。

11 但该原则任何一个版本都不符合伯林将恶意纳入人类视域的做法，更不用说符合将其纳入道德核心。基于此，我画的示意图可能要完全弃用或大改。

12 《政治研究》(*Political Studies*)，第 42 辑（1994 年），第 293—303 页。伯林与伯纳德·威廉姆斯（Bernard Williams）一起针对该文写了一篇回应，同上书，第 306—309 页（该文后收入《概念与范畴》第 2 版）。

13 路德维希·维特根斯坦，《哲学研究》(*Philosophical Investigations*)，G. E. M. 安斯科姆（G. E. M. Anscombe）译（牛津，1953 年），第 1 部分，§242。这一典型地意义深奥的话语所意图传达的东西可能并不是我在此处所认为的，不过它将我所说的那个意思表达得非常好。

14 我认为这指涉的是"基本自由"、自由意志，它是所有选择与自由行为的必要条件，也是一切价值追求的必要条件。

15 罗素接着桑塔耶拿（Santayana）谈到，任何所谓的知识背后都有着非理性的"动物信仰"；詹姆斯则提到决定我们哲学观点的"脾性"。伯特兰·罗素，《西方哲学史》(*History of Western Philosophy*)（纽约，1945 年；伦敦，1946 年），第 23 章，第 2 段。威廉·詹姆斯，《实用主义：一些旧思想方法的新名称：哲学大众讲座》(*Pragmatism: A New Name for Some Old Ways of Thinking: Popular Lectures on Philosophy*)（纽约，1907 年），讲座一（关于"脾性"的介绍在讲座六）。关于"动物信仰"，见乔治·桑塔耶拿，《怀疑主义与动物信仰：一个哲学体系的导论》(*Scepticism and Animal Faith: Introduction to a System of Philosophy*)（伦敦，1923 年）。

16 伯林的口授在此处断断续续。我添加的最小限度的连接语可能比他实际所说的要少。

第 12 章 结 局

1 皮科克当时不知道弗兰斯·邦德斯（Frans Boenders）的那场采访更精彩，参见《概念与范畴》第 2 版，第 294—296 页。

2 "ἥδε ἡ τελευτή, ὦ Ἐχέκρατες, τοῦ ἑταίρου ἡμῖν ἐγένετο, ἀνδρός, ὡς ἡμεῖς φαῖμεν ἄν, τῶν τότε ὧν ἐπειράθημεν ἀρίστου καὶ ἄλλως φρονιμωτάτου καὶ δικαιοτάτου." 柏拉图，《斐多篇》，118a。

图书在版编目(CIP)数据

寻找以赛亚·伯林:思想形诸文字的探索/(英)亨利·哈代著;王蓓译.—北京:商务印书馆,2022
ISBN 978-7-100-20632-7

Ⅰ.①寻… Ⅱ.①亨…②王… Ⅲ.①伯林(Berlin, Isaiah 1909—1997)—哲学思想—研究 Ⅳ.①B561.59

中国版本图书馆 CIP 数据核字(2022)第 018191 号

权利保留,侵权必究。

寻找以赛亚·伯林
思想形诸文字的探索
〔英〕亨利·哈代 著
王 蓓 译

商 务 印 书 馆 出 版
(北京王府井大街36号 邮政编码100710)
商 务 印 书 馆 发 行
北 京 冠 中 印 刷 厂 印 刷
ISBN 978-7-100-20632-7

2022年9月第1版 开本 880×1230 1/32
2022年9月北京第1次印刷 印张 14¾ 插页 4
定价:78.00元